Lehr- und Handbücher zur entscheidungsorientierten Betriebswirtschaft

Herausgegeben von
o. Universitätsprofessor Dr. Edwin O. Fischer

Bisher erschienene Werke:

Arbeitsbuch zur Finanzwirtschaft für Anfänger

Von

o. Univ.-Prof. Dr. Edwin O. Fischer
Univ.-Ass. Dr. Christian Keber
Univ.-Ass. Dr. Dietmar G. Maringer

R. Oldenbourg Verlag München Wien

Die Deutsche Bibliothek - CIP-Einheitsaufnahme

Fischer, Edwin O.:
Arbeitsbuch zur Finanzwirtschaft für Anfänger / von Edwin O.
Fischer ; Christian Keber ; Dietmar G. Maringer. – München ; Wien :
Oldenbourg, 1999
  (Lehr- und Handbücher zur entscheidungsorientierten
  Betriebswirtschaft)
  ISBN 3-486-24997-5

2. Nachdruck 2002

© 1999 R. Oldenbourg Verlag
Rosenheimer Straße 145, D-81671 München
Telefon: (089) 45051-0, Internet: http://www.oldenbourg.de

Gedruckt auf säure- und chlorfreiem Papier
Gesamtherstellung: WB-Druck, Rieden

ISBN 3-486-24997-5

Vorwort

Das vorliegende Arbeitsbuch ist als ergänzende und vertiefende Lernhilfe zum Lehrbuch „Finanzwirtschaft für Anfänger" konzipiert und richtet sich an Studierende, die erste Kenntnisse in den Bereichen Finanzmathematik, Investitionsrechnung und Emission junger Aktien erworben haben. Das Arbeitsbuch enthält zu diesen Themenbereichen Aufgaben mit Lösungen, die auf die entsprechenden Ausführungen im Lehrbuch abgestimmt sind, wobei vielfach bei der erstmaligen Behandlung einer Fragestellung eine kurze Einführung in den Problemkreis und eine Zusammenfassung der zugrundeliegenden Theorie erfolgt. Dadurch soll den Lesern die Möglichkeit geboten werden, ihr bereits erworbenes theoretisches Wissen zu wiederholen und anhand konkreter Fragestellungen praktisch anzuwenden.

Im ersten Kapitel werden Aufgaben aus dem Bereich Finanzmathematik bearbeitet, wobei zuerst die Themengebiete Zinsrechnung und Rentenrechnung behandelt und anschließend Zins- und Tilgungspläne von Krediten erstellt werden. Das zweite Kapitel ist der Statischen Investitionsrechnung gewidmet, wobei nicht nur verschiedene Verfahren dargestellt und angewendet werden, sondern auch auf die Stärken und Schwächen dieser Verfahren hingewiesen wird. Im dritten Kapitel wird auf die Dynamische Investitionsrechnung eingegangen, wobei zum einen die bekanntesten Verfahren eingesetzt werden, zum anderen aber auch auf Fragen eingegangen wird, die sich aus der teilweisen Fremdfinanzierung von Projekten und aus der Berücksichtigung der Steuerzahlungen ergeben. Im vierten Kapitel werden Statische und Dynamische Verfahren einander gegenübergestellt und auf ihre Vorteilhaftigkeit untersucht, und das fünfte Kapitel widmet sich einigen ausgewählten Sonderfällen in der Investitionsrechnung wie der Investitionsentscheidung bei Kapitalknappheit, der Behandlung von Investitions- und Finanzierungsförderungen sowie der Sensitivitätsanalyse. Das sechste und zugleich letzte Kapitel beschäftigt sich mit der Emission junger Aktien.

Das vorliegende Arbeitsbuch hat über mehrere Jahre hinweg den Studierenden am Betriebswirtschaftszentrum (BWZ) der Sozial- und Wirtschaftswissenschaftlichen Fakultät der Universität Wien in Skriptenform als Arbeitsunterlage für die entsprechenden Lehrveranstaltungen im Grundstudium gedient. Unser Dank gilt daher all jenen Studierenden, die mit ihrer Kritik und ihren Anregungen zur aktuellen Form dieses Buches beigetragen haben und durch deren Hilfe die Schreib- und Rechenfehler beträchtlich (und auf ein hoffentlich erträgliches Minimum) reduziert werden konnten. Unser herzlicher Dank gilt weiters jenen Mitarbeitern und Lehrbeauftragten des Lehrstuhles für Finanzwirtschaft und Banken am BWZ, die sich an der Erstellung, Erfassung und Erarbeitung von Aufgaben verdient gemacht haben, wobei wir (in alphabetischer Reihenfolge) besonders Thomas Bobek, Andreas Höger, Ulrike Keber–Höbaus, Wolfgang Kölbl, Alfred Lehar, Annemarie Sapusek, Frank A. Schmid, Walter Schwaiger, Matthias G. Schuster, Alexander Stomper und Stephen Ward hervorheben möchten. Leider hat sich keiner von ihnen bereit erklärt, die Verantwortung für die verbleibenden Fehler zu übernehmen; die Autoren hoffen aber nach wie vor auf freiwillige Meldungen. Nicht zuletzt danken wir bereits jetzt all jenen Lesern für ihre konstruktive Kritik, die auf Unzulänglichkeiten im Text hinweisen.

Edwin O. Fischer
Christian Keber
Dietmar G. Maringer

Inhaltsverzeichnis

1 Finanzmathematik

Vorbemerkungen: Falls nicht anders angegeben, wird im folgenden vereinfachend der Monatszinssatz i^* direkt aus dem nominellen Zinssatz i gemäß $i^* = \sqrt[12]{1+i} - 1$ ermittelt. Zwischenergebnisse werden i.a. gerundet wiedergegeben. Beachten Sie bitte weiters, daß in der Praxis bankenspezifische Besonderheiten in der Berechnung zu tragen kommen können.

Aufgabe 1.1

Während seiner Maturareise macht Anton Abbi Pläne für seine Zukunft. Angetan von den guten Berufsaussichten möchte er ein IBW–Studium beginnen, für das er eine Studiendauer vom Oktober 1999 bis inklusive Juni 2004 plant. Davor möchte er ein wenig praktische Erfahrung sammeln und vom August 1998 bis zum September 1999 (jeweils inklusive) als Voluntär bei einer Bank arbeiten. Da er weiterhin bei seinen Eltern wohnen wird, kann er seine gesamten Einkünfte jeweils am Monatsende auf ein mit 4 % p.a. fix verzinsten Sparbuch legen.

(a) *Welches Kapital hat Anton am 1.10.1999 auf seinem Sparbuch, falls er monatlich 15.000,– verdient und weder Urlaubs– noch Weihnachtsgeld erhält?*

(b) *Welchen möglichst hohen gleichbleibenden Betrag kann der nunmehrige Student vom im Punkt (a) angesparten Kapital während seines gesamten Studiums jeweils am Monatsanfang entnehmen?*

(c) *Wie hoch muß das bis zum 1.10.1999 angesparte Kapital mindestens sein, damit der Student einen Betrag von monatlich 4.000,– während seines gesamten Studiums jeweils am Monatsanfang entnehmen kann?*

(d) *Wie viel Geld muß der Student netto jeden Monat verdienen, damit das am 1.10.1999 angesparte Kapital den erforderlichen Wert von Punkt (c) erreicht?*

(a) Bestimmung des Endvermögens

Renten lassen sich nach folgenden Kriterien charakterisieren:

1. Welche Höhe hat die erste Zahlung C?

2. Haben die weiteren Rentenzahlungen die gleiche Höhe (konstante Rente) oder ändern sie sich?

3. Erfolgen die Zahlungen jeweils zu Beginn (vorschüssig) oder zu Ende (nachschüssig) der Periode?

4. Zu welchem Zinssatz pro Periode i werden die Zahlungen angelegt?

5. Wie viele Perioden T läuft die Rente?

6. Ist der Wert der Rente zu Beginn (K_0) oder zu Ende (K_T) der Laufzeit relevant?

Wendet man diese Punkte auf die Aufgabe an, kann man sehen, daß das Einkommen eine *nachschüssige* Rente mit *konstanten* Zahlungen in *Höhe* von jeweils $C = 15.000,-$ bei einer *Laufzeit* von $T = 14$ Monate bei einem *Monatszinssatz* von $i = \sqrt[12]{1,04} - 1 = 0,3274\ \%$ p.m. darstellt, deren *Endwert* gesucht wird. Setzt man daher in die entsprechende Formel ein, ergibt sich als Lösung

$$K_T^{\text{nach}} = 15.000 \cdot \frac{(1 + i)^{14} - 1}{i}$$

$$= 214.527,70.$$

(b) Bestimmung der Rentenhöhe während der Studienzeit

Da der Student bis unmittelbar vor Aufnahme seines Studiums arbeitet, bildet das in (a) ermittelte Endvermögen (bezogen auf seine Arbeitszeit) das Anfangsvermögen (bezogen auf seine Studienzeit), von dem er seine konstanten vorschüssigen Entnahmen bedienen wird. Die Höhe dieser Rente erhält er, indem die entsprechende Gleichung für den Rentenbarwert nach C aufgelöst wird:

$$K_0^{\text{vor}} = C \cdot (1 + i) \cdot \frac{(1 + i)^T - 1}{(1 + i)^T \cdot i}$$

$$\Longleftrightarrow\ C = K_0^{\text{vor}} \cdot \frac{(1 + i)^T \cdot i}{(1 + i) \cdot ((1 + i)^T - 1)}.$$

Setzt man nun in diese Gleichung die bereits bekannten Werte ein, dann ergibt sich für einen Monatszinssatz von $i = 0,3274\ \%$ p.m. und einer Laufzeit von $T = 69$ Monate

$$C = 214.527,70 \cdot \frac{(1 + i)^{69} \cdot i}{(1 + i) \cdot ((1 + i)^{69} - 1)}$$

$$= 3.467,17.$$

(c) Barwertermittlung

Da der Student wissen möchte, wie viel er zu Beginn seiner Laufzeit haben muß, um vorschüssig eine konstante Rente mit $C = 4.000,-$ über $T = 69$ Monate mit Hilfe eines Sparbuches bei einem Monatszinssatz von $i = 0,3274\ \%$ p.m. abdecken zu können, ermittelt er den Barwert gemäß

$$K_0^{\text{vor}} = 4.000 \cdot (1 + i) \cdot \frac{(1 + i)^{69} - 1}{(1 + i)^{69} \cdot i}$$

$$= 247.495,72.$$

(d) Ermittlung der Rentenhöhe

Damit der Student — analog zu (a) — am Ende seiner Beschäftigung über ein Vermögen von
$K_T^{\text{nach}} = 247.495{,}72$ verfügt, muß er bei sonst gleichen Bedingungen monatlich

$$K_T^{\text{nach}} = C \cdot \frac{(1+i)^T - 1}{i}$$

$$\iff C = K_T^{\text{nach}} \cdot \frac{i}{(1+i)^T - 1}$$

$$= 247.495{,}72 \cdot \frac{0{,}003274}{(1+i)^{14} - 1}$$

$$= 17.305{,}16$$

verdienen und jeweils am Monatsletzten auf sein Sparbuch legen.

Aufgabe 1.2

(a) *Die IBW–Studentin Florida Reinlich gewinnt bei einem Preisausschreiben eines namhaften Waschmittelherstellers und kann sich ihren Preis aussuchen:*

1. *entweder ab sofort zehn Jahre lang jeden Monat ihren Monatsbedarf an Waschmittel in der Höhe zwei Packungen Superflausch zum gleichbleibenden Ladenpreis von je 150,–,*

2. *25.000,– bar auf die Hand,*

3. *ab sofort zehn Jahre lang jeden Monat 280,– in bar oder*

4. *heute in zehn Jahren 45.000,– in bar.*

Frau Reinlich kann ihr Ersparnisse zu 6 % p.a. bei ihrer Bank anlegen.

Nehmen Sie an, Frau Reinlich entscheidet ausschließlich nach finanzmathematischen Überlegungen. Wie würde eine Reihung der vier verschiedenen Preise ausfallen?

(b) *Frau Reinlich erwartet, daß sie im nächsten Jahr ihr Studium abschließen und zu arbeiten beginnen wird. Da sie bis dahin ihr kärgliches Studentenbudget aufbessern möchte, entscheidet sie sich für die 25.000,– in bar. Sie erhält den Betrag am 1. Oktober und legt ihn sofort auf ein Sparbuch, von dem sie jeden Monatsersten einen gleichbleibenden Betrag entnimmt. Die erste Entnahme erfolgt am 1. November, und gleichzeitig mit der letzten Entnahme am 1. Juli soll das Sparbuch leer sein. Wie viel kann sie jedesmal entnehmen?*

(a) Alternativenvergleich

Wenn Frau Reinlich nach rein finanzmathematischen Überlegungen vorgeht, dann kann sie zwischen zwei (äquivalenten) Methoden wählen:

1. Sie ermittelt den heutigen Wert der aktuellen und zukünftigen Zahlungen bzw. der ersparten Ausgaben, oder

2. sie errechnet, zu welchem Endvermögen sie bei den unterschiedlichen Varianten jeweils
kommt.

Das wesentliche bei beiden Methoden ist, daß sämtliche Ein- und vermiedenen Auszahlungen
auf einen einheitlichen Zeitpunkt bezogen werden. Mit Hilfe dieser Ergebnisse wird sie sich
schließlich für die Variante mit dem höchsten Bar- bzw. Endwert entscheiden.

Der Monatszinssatz beträgt $i = \sqrt[12]{1,06} - 1 = 0,486755$ % p.m.

Da die Angabe „ab sofort" bei den Varianten 1 und 2 als Hinweis auf eine vorschüssige Rente
zu verstehen ist, ergeben sich folgende Werte:

Variante	K_0	K_T	Platz
1.	$300 \cdot (1+i) \cdot \frac{(1+i)^{120}-1}{(1+i)^{120} \cdot i} = 27.349,78$	48.979,29	1
2.	$25.000,-$	44.771,19	4
3.	$280 \cdot (1+i) \cdot \frac{(1+i)^{120}-1}{(1+i)^{120} \cdot i} = 25.526,46$	45.714,00	2
4.	$\frac{45.000}{(1+i)^{120}} = 25.127,76$	45.000,-	3

Anmerkung: Man beachte, daß man aufgrund des Zusammenhanges $K_T = K_0 \cdot (1+i)^T$ bei
beiden Methoden zur gleichen Entscheidung kommen muß.

(b) Ermittlung der Rentenhöhe

Da die erste Entnahme erst ein Monat nach Eröffnung des Sparbuches erfolgt, kann die Zahlungsreihe als nachschüssige Rente betrachtet werden. Bei konstanten Entnahmen über 9 Monate ergibt sich daher

$$C = K_0 \cdot \frac{(1+i)^T \cdot i}{(1+i)^T - 1}$$
$$= 25.000 \cdot \frac{(1+i)^9 \cdot i}{(1+i)^9 - 1}$$
$$= 2.845,82.$$

Aufgabe 1.3

*Der BWZ–Student Peter P. beschließt, ab dem 1. Jänner 1995 zwölf Monate lang jeden Mo-
natsersten 10.000,– Schilling auf ein Sparbuch zu legen. Die Verzinsung ist fix und beträgt 5 %
p.a. Zusätzlich mit der ersten Einzahlung legt er weitere 31.200,– Schilling an, die er aus der
Auflösung eines alten Sparbuchs erhält.*

(a) *Berechnen Sie sein Vermögen nach zwei Jahren, wenn nach dem ersten Jahr keine weiteren
Einzahlungen erfolgen.*

(b) *Peter möchte aus dem in zwei Jahren angesparten Vermögen seine zukünftigen halbjährli-
chen Urlaube finanzieren. Er plant daher, alle sechs Monate 29.000,– Schilling abzuheben.
Die erste Entnahme soll genau am 1. Jänner 1997 erfolgen. Wie lange kann sich Peter
seine Urlaube mit dem Sparguthaben finanzieren?*

(c) Die Firma A. Usbeuter & Co bietet Peter einen Nebenjob an: Für das Stapeln von Kartonkisten auf Teilzeitbasis erhält Peter jedes Monatsende 3.000,– Schilling ausbezahlt, wobei er im Mai und im November eine doppelte Gehaltszahlung erhält. Peter kann das ganze Geld aus dem Nebenjob sparen und zu denselben Konditionen wie oben veranlagen. Wie viel hat Peter nach einem Jahr aus dem Nebenjob gespart, wenn er am 1. Jänner 1995 zu arbeiten beginnt?

(a) Bestimmung des Endvermögens

Da es sich hier nicht um eine einzelne Rente handelt, ist die Bestimmung des Endvermögens in mehreren Schritten vorzunehmen:

- Die einmalige Zahlung von 31.200,– liegt bei einem Monatszinssatz von $i = \sqrt[12]{1,05} - 1$ = 0,4074 % p.m. 24 Monate (= zwei volle Jahre) auf der Bank und wächst daher auf ein Endvermögen von

$$K_{24}^{\text{einmalig}} = 31.200 \cdot (1,004074)^{24} \left(= 31.200 \cdot 1,05^2\right)$$
$$= 34.398, -.$$

- Als nächstes ist das Sparvermögen aus den regelmäßigen Einzahlungen zu ermitteln. Diese stellen eine konstante vorschüssige Rente über 12 Monate dar. Am Ende des ersten Jahres sind daher

$$K_{12}^{\text{Rente}} = 10.000 \cdot (1 + i) \cdot \frac{(1 + i)^{12} - 1}{0,004074}$$
$$= 123.225, 78$$

auf dem Sparbuch, die (ohne weitere Einzahlungen) während des zweiten Jahres bei der Bank bleiben und im Laufe dieser Zeit auf

$$K_{24}^{\text{Rente}} = 123.225, 78 \cdot (1 + i)^{12} \left(= 123.225, 78 \cdot 1,05^1\right)$$
$$= 129.387, 07$$

anwachsen.

- Bar– bzw. Endwerte mehrerer Renten oder Einzahlungen können zusammengefaßt werden, sofern sie sich auf den gleichen Zeitpunkt beziehen. Das Gesamtvermögen am Ende des zweiten Jahres ergibt sich daher aus

$$K_{24} = K_{24}^{\text{einmalig}} + K_{24}^{\text{Rente}}$$
$$= 34.398 + 129.387, 07$$
$$= 163.785, 07.$$

(b) Anzahl der Urlaube

Die Entnahmen für die Urlaube stellen eine vorschüssige konstante Rente dar, deren Barwert bekannt ist, aber nicht deren Laufzeit. Löst man daher die entsprechende Bewertungsformel nach T auf, erhält man

$$K_0^{\text{vor}} = C \cdot (1+i) \cdot \frac{(1+i)^T - 1}{i \cdot (1+i)^T}$$

$$K_0^{\text{vor}} \cdot i \cdot (1+i)^T = C \cdot (1+i) \cdot (1+i)^T - C \cdot (1+i)$$

$$K_0^{\text{vor}} \cdot i \cdot (1+i)^T - C \cdot (1+i) \cdot (1+i)^T = -C \cdot (1+i)$$

$$(1+i)^T \cdot (K_0^{\text{vor}} \cdot i - C \cdot (1+i)) = -C \cdot (1+i)$$

$$(1+i)^T = \frac{C \cdot (1+i)}{C \cdot (1+i) - i \cdot K_0^{\text{vor}}}$$

$$\underbrace{\ln(1+i)^T}_{=T \cdot \ln(1+i)} = \ln\left(\frac{C \cdot (1+i)}{C \cdot (1+i) - i \cdot K_0^{\text{vor}}}\right)$$

$$T = \frac{\ln\left(\frac{C \cdot (1+i)}{C \cdot (1+i) - i \cdot K_0^{\text{vor}}}\right)}{\ln(1+i)}.$$

Setzt man nun die bekannten Werte ein, dann ergibt sich bei einem Halbjahreszinssatz von $i = \sqrt{1,05} - 1 = 2,4695\ \%$ p.Hj.

$$T = \frac{\ln\left(\frac{29.000}{29.000 - i \cdot \frac{163.785,08}{1,024695}}\right)}{\ln(1,024695)}$$

$$= 5,9975\ \text{Halbjahre} \approx 6\ \text{Urlaube}.$$

(c) Ermittlung des Endvermögens

Das „reguläre" Gehalt stellt eine nachschüssige, konstante Rente dar, deren Endwert gesucht wird und deren Zahlungen monatlich anfallen; es ist daher wiederum der Monatszinssatz von $0,4074\ \%$ p.m. zu wählen. Die „Sonderzahlungen" fallen 7 Monate bzw. 1 Monat vor Ende der Rente an — und werden auch entsprechend lange zinsbringend angelegt. Am Ende des Jahres hat das Sparvermögen aus dem Nebenjob daher eine Gesamthöhe von

$$K_{12} = \underbrace{3.000 \cdot \frac{(1+i)^{12} - 1}{0,004074}}_{\text{reguläres Gehalt}} + \underbrace{3.000 \cdot \left[(1+i)^7 + (1+i)^1\right]}_{\text{Sonderzahlungen}}$$

$$= 42.916,56.$$

Aufgabe 1.4

Heute ist der 1.1.1996. Sabine will am 1.1.2000, also in 4 Jahren, eine Genossenschaftswohnung kaufen. Die erforderlichen Eigenmittel werden zum Kaufzeitpunkt 700.000,– Schilling betragen. Sabine eröffnet heute ein mit 4 % p.a. fix verzinstes Sparbuch und beschließt, ab sofort jeden Monat eine fixe Summe auf das Sparbuch zu legen.

(a) *Wie viel muß sie jeden Monat sparen?*

(b) *Sabine erfährt, daß sie von ihrer reichen Tante aus Amerika umgerechnet 200.000,– Schilling geerbt hat. Der Notar gibt an, daß das Geld am 1.4.1996 auf das Sparbuch überwiesen wird. Wie viel muß Sabine nun pro Monat sparen?*

(c) Ein Finanzmakler bietet Sabine einen alternativen Ansparplan an:

Sie zahlen im ersten Jahr nur 9.000,– pro Monat, im zweiten Jahr 11.000,– pro Monat und in den Jahren drei und vier jeweils 14.000,– pro Monat. Ihre Guthaben werden mit 6 % p.a. verzinst. Die erste Zahlung würde heute anfallen.

Wie viel hätte Sabine nach 4 Jahren (ohne Erbschaft) angespart?

(a) Ermittlung der Rentenhöhe

Die Höhe der einzelnen Zahlungen einer konstanten vorschüssigen Rente ergeben sich bei bekanntem Endwert aus

$$C = K_T^{\text{vor}} \cdot \frac{1}{REF_{T;i}^{\text{vor}}} = K_T^{\text{vor}} \cdot \frac{i}{(1+i) \cdot ((1+i)^T - 1)}.$$

Um daher bei einer Laufzeit von 48 Monaten und einem Zinssatz von $i = \sqrt[12]{1,04} - 1 = 0,3274\,\%$ p.m. auf ein Endvermögen von 700.000,– zu kommen, müssen monatlich vorschüssig

$$C = 700.000 \cdot \frac{i}{(1+i) \cdot [(1+i)^{48} - 1]}$$

$$= 13.447,31$$

angelegt werden.

(b) Ermittlung der Rentenhöhe

Die 200.000,– wachsen vom 1.4.1996 bis zum 1.1.2000 auf einen Betrag von

$$200.000 \cdot (1+i)^{45} = 231.688,79$$

an. Von den Eigenmitteln für die Wohnung fehlen dann noch $700.000 - 231.688,79 = 468.311,21$. Sabine muß in diesem Fall

$$C = 468.311,21 \cdot \frac{i}{(1+i) \cdot [(1+i)^{48} - 1]}$$

$$= 8.996,46$$

monatlich anlegen.

(c) Ermittlung des Endvermögens

Der vom Finanzmakler vorgeschlagene Ansparplan besteht aus drei aufeinanderfolgendenen konstanten Renten, die Laufzeiten von 12 bzw. 24 Monaten haben und vorschüssig sind. Um die Renten zusammenfassen zu können, müssen sie dann noch auf den einheitlichen Endzeitpunkt aufgezinst werden: Die erste Rente endet nach den ersten 12 Monaten, bleibt aber noch weitere 36 Monate bei der Bank; die zweite Rente umfaßt die Monate 13 bis 24 und bleibt dann noch weitere 24 Monate zinsbringend bei der Bank. Bei einem Monatszinssatz von $i = \sqrt[12]{1,06} - 1$

$= 0,4668\ \%$ p.m. beträgt daher das gesamte Endvermögen am Ende des vierten Jahres

$$K_{48} = \underbrace{\left(9.000 \cdot (1+i) \cdot \frac{(1+i)^{12}-1}{i} \right) \cdot (1+i)^{36}}_{111.478,76}$$

$$+ \underbrace{\left(11.000 \cdot (1+i) \cdot \frac{(1+i)^{12}-1}{i} \right) \cdot (1+i)^{24}}_{136.251,81}$$

$$+ \underbrace{\left(14.000 \cdot (1+i) \cdot \frac{(1+i)^{24}-1}{i} \right) \cdot (1+i)^{0}}_{357.227,48}$$

$$= 643.092,99.$$

Eine **alternative Möglichkeit der Bewertung** wäre, die Zahlungen folgendermaßen zusammenzufassen: Während der gesamten 48 Monate wird ein monatlicher „Grundbetrag" von 9.000,– einbezahlt; während der Monate 13–48 wird eine „Zusatzrente" von je 2.000,–, während der Monate 25–48 werden darüber hinaus weitere 3.000,– einbezahlt. Der Endwert dieser unterschiedlich langen, aber auf den gleichen Endzeitpunkt bezogenen Renten ergibt sich aus

$$K_{48} = \underbrace{9.000 \cdot (1+i) \cdot \frac{(1+i)^{48}-1}{i}}_{=487.676,75}$$

$$+ \underbrace{2.000 \cdot (1+i) \cdot \frac{(1+i)^{36}-1}{i}}_{=78.867,50}$$

$$+ \underbrace{3.000 \cdot (1+i) \cdot \frac{(1+i)^{24}-1}{i}}_{=76.548,75}$$

$$= 643.092,99.$$

Beide Berechnungsmethoden müssen (ebenso wie etwaige weitere Varianten) selbstverständlich zum gleichen Endergebnis führen.

Aufgabe 1.5

Am 1.7.1993 gewinnt die IBW–Studentin Florida Floridus im Lotto, und es werden ihr von der Lotto–Gesellschaft 500.000,– ausgehändigt. Nachdem das abgelaufene Studienjahr stressig verlief, plant sie, einen Teil des Lottogewinns für einen Urlaub zu verwenden. Dabei schweben ihr zwei Alternativen vor:

3–wöchiger Griechenlandurlaub um   23.546,–

8–wöchige Weltreise um   102.258,–

Den restlichen Lottogewinn würde Florida Floridus noch am 1.7.1993 auf ein Sparbuch mit einer festen Verzinsung von 6 % p.a. legen. Florida Floridus beschließt weiters, jeden Monatsersten (beginnend am 1.8.1993) einen gleichbleibenden Betrag auf das Sparbuch zu legen, denn Sie möchte mit ihrem künftigen Sparvermögen eine Eigentumswohnung kaufen.

(a) *Für welchen Urlaub soll sich Florida Floridus entscheiden, falls sie eine Eigentumswohnung in 20 Jahren zu einem nominellen Kaufpreis von 5.800.000,– erwerben möchte und sie im Falle des Griechlandurlaubs einen gleichbleibenden Betrag von 9.000,- und im Falle der Weltreise einen gleichbleibenden Betrag von 10.000,- auf das Sparbuch legen würde?*

(b) Nehmen Sie weiterhin an, daß Florida Floridus im Falle des Griechenlandurlaubs 9.000,- und im Falle der Weltreise 10.000,- auf das Sparbuch legt. In wie vielen Monaten (und zu welchem Preis) müßte Florida Floridus die Eigentumswohnung kaufen, damit sie hinsichtlich der Urlaubsentscheidung „Griechenland oder Weltreise" indifferent ist.

(c) Wie hoch müßten die gleichbleibenden Sparbeträge sein, falls Florida Floridus eine Eigentumswohnung in 20 Jahren zu einem nominellen Kaufpreis von 5.800.000,- erwerben und hinsichtlich der Entscheidung „Griechenlandurlaub oder Weltreise" indifferent sein möchte?

(a) Alternativenvergleich

Wenn man davon ausgeht, daß die Studentin am Tag der Sparbuchauflösung keine Einzahlung mehr leistet, ergibt sich für den verbleibenden Lottogewinn eine Laufzeit von 240 Monaten, und die regelmäßigen Einzahlungen können als vorschüssige Rente mit einer Laufzeit von 239 Monaten betrachtet werden. Bei einem Monatszinssatz von $i = \sqrt[12]{1,06} - 1 = 0,486755\,\%$ p.m. ergibt sich bei der Griechenlandreise ein Endvermögen von

$$K_T^G = (500.000 - 23.546) \cdot (1+i)^{240} + 9.000 \cdot (1+i) \cdot \frac{(1+i)^{239}-1}{i}$$

$$= 5.600.000,-,$$

bei der Weltreise ein Endvermögen von

$$K_T^W = (500.000 - 102.258) \cdot (1+i)^{240} + 10.000 \cdot (1+i) \cdot \frac{(1+i)^{239}-1}{i}$$

$$= 5.800.000,-.$$

In Hinblick auf die Eigentumswohnung sollte sich die Studentin daher für die Variante mit der Weltreise und der höheren Rente entscheiden.

(b) Laufzeitbestimmung

Die glückliche Gewinnerin wird genau zu jenem Zeitpunkt indifferent sein, zu dem sie mit beiden Varianten das Sparvermögen hat $(K_T^W \overset{!}{=} K_T^G)$, d.h. zu dem der Unterschied zwischen den beiden Endvermögen gleich null ist $(K_T^{\text{Diff}} \overset{!}{=} 0)$:

$$0 = \underbrace{(23.546 - 102.258)}_{=-78.712} \cdot (1+i)^T + \underbrace{(10.000 - 9.000)}_{=1.000} \cdot (1+i) \cdot \frac{(1+i)^{T-1}-1}{i}$$

$$\Rightarrow T = \frac{\ln\left(\frac{1.000}{1.000 - 78.712 \cdot i}\right)}{\ln(1+i)} + 1$$

$$= 100,49 \text{ Monate}$$

Nach ca. 8 Jahren und viereinhalb Monaten hätte die Studentin mit beiden Varianten den gleichen Betrag (nämlich 1.930.128,44) angespart, da bei dieser Laufzeit die höheren regelmäßigen

Zahlungen der Weltreise die niedrigere Anfangszahlung gegenüber der Griechenlandreise inklusive Zinsen genau wettmacht. Bei längeren Sparzeiten kommt sie folglich dank der höheren Rente mit der Variante „Weltreise" auf das höhere Endvermögen, für kürzere mit „Griechenland" aufgrund der höheren Anfangszahlung.

(c) Bestimmung der Rentenhöhe

Bezeichnet man mit RK die Reisekosten, dann ergibt sich

$$5.800.000 \overset{!}{=} (500.000 - RK) \cdot (1+i)^{240} + C \cdot (1+i) \cdot \frac{(1+i)^{239} - 1}{i}$$

$$\Rightarrow C = \frac{(5.800.000 - (500.000 - RK) \cdot (1+i)^{240}) \cdot i}{(1+i) \cdot ((1+i)^{239} - 1)}.$$

Für die Variante „Griechenland" betragen die Reisekosten $RK = 23.546$, woraus sich $C = 9.442,05$ ergibt. Für die Variante „Weltreise" mit $RK = 102.258$ ergibt sich $C = 10.000,-$, was auch mit dem Ergebnis aus (a) übereinstimmt.

Aufgabe 1.6

An seinem 25. Geburtstag am 1. Jänner 1993 beschließt ein BWZ–Absolvent, ab sofort bis einschließlich seines Pensionierungszeitpunktes mit 65 Jahren monatlich 1.000,- auf ein Sparbuch mit einer festen Verzinsung von 6 % p.a. zu legen. Der Absolvent beabsichtigt, jeweils am Ende der ersten fünf Jahre seiner Pension einen möglichst hohen, jährlich gleichbleibenden Betrag von seinem angesparten Kapital zur Aufrechterhaltung seines Lebensstandards zu entnehmen.

(a) *Bestimmen Sie den angesparten Kapitalbetrag zum Pensionierungszeitpunkt.*

(b) *Welcher jährlich gleichbleibende Betrag kann während der ersten fünf Jahre der Pension entnommen werden?*

(c) *Welcher heutigen Kaufkraft entspricht die Entnahme am Ende des 70. Lebensjahres, falls mit einer durchschnittlichen jährlichen Inflationsrate von 4 % gerechnet wird?*

(a) Kapital zum Pensionierungszeitpunkt

Bis zum Pensionierungszeitpunkt des BWZ–Absolventen sind es noch genau $T = 480$ Monate, in denen er eine vorschüssige Rente auf ein Sparbuch mit einem Monatszinssatz von

$$i = \sqrt[12]{1,06} - 1 = 0,486755 \ \% \ \text{p.m.}$$

einbezahlt. Zusätzlich soll am Pensionierungstag eine letzte Einzahlung erfolgen. Sein gesamtes Vermögen an diesem Tag beträgt somit

$$K_T = \underbrace{1.000 \cdot (1+i) \cdot \frac{(1+i)^{480} - 1}{0,004868} + 1.000}_{=1.916.963,47}$$

$$= 1.917.963,47.$$

(b) Höhe der Entnahmen

Die Höhe der Zahlungen dieser konstanten nachschüssigen Rente beträgt

$$C = 1.917.963,47 \cdot \frac{1,06^5 \cdot 0,06}{1,06^5 - 1}$$

$$= 455.317,62.$$

(c) Heutige Kaufkraft der letzten Entnahme

Steigen die Preise mit einer jährlichen Rate von π, dann beträgt der (nominelle) Kaufpreis für etwas, das heute C_0 kostet, in t Jahren genau $C_t^{nom} = C_0 \cdot (1 + \pi)^t$. Der reale Wert dieser zukünftigen Zahlung beträgt hingegen nur $C_t^{real} = \frac{C^{nom}}{(1+\pi)^t}$ und drückt (in heutiger Kaufkraft) aus, wie viel man real um diesen Betrag kaufen können wird.

Geht man nun von einer durchschnittlichen Inflationsrate von 4 % p.a. aus, dann bekommt man in 45 Jahren um einen nominellen Betrag von $C_{45}^{nom} = 455.317,62$ genau soviel, wie man heute um $C_{45}^{real} = \frac{455.317,62}{1,04^{45}} = 77.949,65$ erhält — sofern die angenommene durchschnittliche Inflation stimmt und es zu keiner Währungsreform kommt. Der auf den ersten Blick hoch wirkende nominelle Betrag relativiert sich somit, wenn man ihn in heutiger Kaufkraft ausdrückt.

Aufgabe 1.7

Unmittelbar nach der Geburt ihres Neujahrsbabys Floridus jr. am 1.1.1993 beschließt Florida Floridsdorfer, ab sofort monatlich 1.000,– zur späteren teilweisen Finanzierung seines IBW–Studiums beiseite zu legen. Der voraussichtliche Studienbeginn ist Oktober 2011 und der letzte Betrag soll daher am 1. September 2011 gespart werden.

(a) *Über welchen Betrag kann Floridus jr. am 1. Oktober 2011 verfügen, falls seine Mutter den monatlichen Betrag*

     – *in einen Sparstrumpf gesteckt hat?*

     – *festverzinslich zu 7 % p.a. auf ein Sparbuch veranlagt hat?*

Unterstellen Sie für die Ansparung des monatlichen Betrages die Variante mit dem festverzinslichen Sparbuch. Floridus jr. möchte ab dem 1. Oktober 2011 bis zum voraussichtlichen Studienende im Juni 2017 jeden Monat einen gleichbleibenden Betrag vom Sparbuch entnehmen. Nach der letzten Auszahlung am 1. Juni 2017 soll das Sparbuch leer sein.

(b) *Über welchen monatlich konstanten Betrag kann Floridus jr. während seines Studiums verfügen?*

(c) *Unterstellen Sie eine konstante monatliche Inflationsrate von 0,3 %. Welcher Kaufkraft auf Preisbasis des 1. Jänner 1993 entsprechen die erste und die letzte Entnahme vom Sparbuch?*

Ermittlung des Monatszinssatzes

$$i = \sqrt[12]{1,07} - 1$$
$$= 0,565415 \text{ \% p.m.}$$

(a) Endwert

Bei einer „Investition" in den Sparstrumpf sammelt Florida im Laufe der 225 Monate

$$K_T^{\text{Strumpf}} = 1.000 \cdot 225$$
$$= 225.000, -,$$

während das Endvermögen auf dem Sparbuch auf

$$K_T^{\text{Sparbuch}} = 1.000 \cdot (1 + i) \cdot \frac{(1 + i)^{225} - 1}{0,00565415}$$
$$= 454.590, 52$$

anwächst.

(b) Höhe der Entnahme

$$C = K_0^{\text{vor}} \cdot \frac{1}{RBF^{\text{vor}}} = K_0^{\text{vor}} \cdot \frac{(1 + i)^T \cdot i}{(1 + i) \cdot ((1 + i)^T - 1)}$$
$$= 454.590, 52 \cdot \frac{(1 + i)^{69} \cdot i}{(1 + i) \cdot ((1 + i)^{69} - 1)}$$
$$= 7.930, 32$$

(c) Heutige Kaufkraft

Die erste Entnahme erfolgt in genau 226 Monaten und hat daher eine heutige Kaufkraft von $\frac{7.930,32}{1,003^{226}} = 4.029,76$. Zur letzten Entnahme kommt es in 294 Monaten; zu diesem Zeitpunkt kann man um 7.930,32 genau so viel kaufen, wie man heute um $\frac{7.930,32}{1,003^{294}} = 3.287,13$ erhält.

Aufgabe 1.8

Am 1. Jänner 1993 beschließt der BWZ–Student Florian Floridsdorfer, ab sofort monatlich 6.000,– auf ein Sparbuch mit einer festen Verzinsung von 6 % p.a. zu legen. Darüber hinaus erhält Florian am 1. Juni jeden Jahres von seiner Familie 10.000,– als Geburtstagsgeschenk. Dieses Geld möchte Florian unmittelbar nach Erhalt ebenfalls auf das Sparbuch legen. Florian hat im vergangenen Juni seinen 19. Geburtstag gefeiert.

(a) Wie groß ist Florians Sparvermögen an seinem 30. Geburtstag?

(b) Wie hoch müßte die Einzahlung auf das Sparbuch am 1. Mai 2003 sein, damit Florians Sparvermögen an seinem 30. Geburtstag exakt 1.200.000,– beträgt?

(c) Welcher Kaufkraft am 1. Jänner 1993 entspricht das am 1. Juni 2003 angesparte Vermögen in der Höhe von 1.200.000,–, falls mit einer monatlichen Inflationsrate von 0,4 % gerechnet werden kann?

(a) Ermittlung des Endvermögens

Das Sparvermögen des Studenten aus dem „Geburtstagsgeld" beträgt zu seinem 30. Geburtstag (an dem keine Einzahlung mehr erfolgen soll)

$$K_T^G = 10.000 \cdot 1,06 \cdot \frac{1,06^{10} - 1}{0,06}$$
$$= 139.716,43.$$

Aus den monatlichen Einzahlungen erspart er sich

$$K_T^M = 6.000 \cdot (1 + i) \cdot \frac{(1 + i)^{125} - 1}{i}$$
$$= 1.034.100,82,$$

wobei der entsprechende Monatszinssatz $i = \sqrt[12]{1,06} - 1 = 0,4868$ % p.m. beträgt und auch in diesem Fall zum Endzeitpunkt keine zusätzliche Einzahlung erfolgt. Da sich beide Endwerte auf den gleichen Zeitpunkt beziehen (1. Juni 2003), ergibt sich sein gesamtes Sparvermögen aus

$$K_T = K_T^G + K_T^M$$
$$= 139.716,43 + 1.034.100,82$$
$$= 1.173.817,24.$$

(b) Höhe der Zusatzzahlung

Da Florian Floridsdorfer an seinem 30. Geburtstag um $1.200.000 - 1.173.817,24 = 26.182,76$ „zu wenig" auf dem Sparbuch hat, muß er ein Monat zuvor $\frac{26.182,76}{1,004868} = 26.055,93$ mehr als die ursprünglich geplanten 6.000,– einbezahlen, insgesamt also 32.055,93.

(c) Bestimmung der Kaufkraft

$$K_T^{real} = \frac{K_T^{nom}}{(1 + \pi)^T}$$
$$= \frac{1.200.000}{1,004^{125}}$$
$$= 728.563,06$$

Am 1. Juni 2003 kann man daher um (nominell) 1.200.000,– so viel kaufen, wie man am 1. Jänner 1993 um 728.563,06 erhält.

Aufgabe 1.9

Für den 1.1.2001 ist von der Firma „Fiwi–AG" der Verkauf von „Fiwi–Calc–Laptops" zu einem Preis von 50.000,– angekündigt. Am 1.4.1993 beschließt ein BZW–Student, ein Sparbuch mit einer festen Verzinsung von 5 % p.a. zu eröffnen und ab sofort einen monatlich gleichbleibenden Betrag auf dieses Sparbuch zu legen. Der BWZ–Student möchte sich mit seinem angesparten Kapital einen „Fiwi–Calc" kaufen.

(a) Welchen monatlich gleichbleibenden Betrag muß der BWZ–Student auf das Sparbuch legen, damit er am 1.1.2001 den Laptop kaufen kann?

(b) Der BWZ–Student ist in der Lage, monatlich einen Betrag von 505,44 auf das Sparbuch zu legen. Wie lange muß der Student sparen, damit er den Laptop mit dem angesparten Kapital kaufen kann? (Nehmen Sie an, daß sich der Preis des Laptops in den nächsten Jahren nicht ändern wird.)

(c) Bestimmen Sie eine Gleichung für folgendes Problem: Die Preissteigerungsrate des Laptops beträgt 0,1 % p.m. Der BWZ–Student legt monatlich einen Betrag von 400,– auf das Sparbuch. Wie lange muß der Student sparen, damit er mit dem angesparten Kapital einen „Fiwi–Calc" kaufen kann?

(a) Höhe der Rentenzahlung

Der Student spart 7 Jahre und 9 Monate, insgesamt also 93 Monate. Der entsprechende Zinssatz lautet $i = \sqrt[12]{1,05} - 1 = 0,407412$ % p.m. Falls der Student das Sparbuch sofort eröffnet und bei der Auflösung keine zusätzliche Einlage tätigt (vorschüssige Rente), dann muß er monatlich folgenden Betrag einzahlen:

$$C = K_T^{vor} \cdot \frac{1}{REF^{vor}} = K_T^{vor} \cdot \frac{i}{(1+i) \cdot ((1+i)^T - 1)}$$
$$= 50.000 \cdot \frac{0,00407412}{(1+i) \cdot ((1+i)^{93} - 1)}$$
$$= 441,48.$$

(b) Bestimmung des Endvermögens

Da bei gegebenem Endvermögen die Höhe der konstanten vorschüssigen Rentenzahlungen bekannt ist, ergibt sich die Laufzeit durch Umformung der entsprechenden Bewertungsgleichung:

$$K_T^{vor} = C \cdot (1+i) \cdot \frac{(1+i)^T - 1}{i}$$
$$\iff T = \frac{\ln\left(\frac{K_T^{vor} \cdot i}{C \cdot (1+i)} + 1\right)}{\ln(1+i)}.$$

Durch Einsetzen der bereits bekannten Werte erhält man somit

$$T = \frac{\ln\left(\frac{50.000 \cdot i}{505,44(1+i)} + 1\right)}{\ln(1,00407412)}$$
$$= 83 \text{ Monate.}$$

(c) Laufzeit bei Preissteigerung

Bezeichnet man mit P_0 den heutigen Preis des Laptops, dann muß gelten:

$$\underbrace{400 \cdot (1+i) \cdot \frac{(1+i)^T - 1}{i}}_{\text{Sparvermögen zu } T} \overset{!}{=} \underbrace{P_0 \cdot 1,001^T}_{\text{Preis zu } T}$$

$$\Rightarrow \quad \frac{P_0 \cdot i}{400 \cdot (1+i)} - \frac{(1+i)^T - 1}{1,001^T} \overset{!}{=} 0.$$

Diese Gleichung ist nur iterativ lösbar.

Aufgabe 1.10

Eine Floridsdorfer IBW–Studentin möchte sich aus künftigem Sparvermögen ein Cabriolet kaufen und eröffnet hiefür ein Sparbuch, das pro Jahr fix mit 6 % verzinst wird. Die erste Einzahlung soll mit Eröffnung des Sparbuches erfolgen.

(a) *Wie lange muß die Studentin sparen, wenn sie monatlich 10.143,– auf das Sparbuch legt und das Cabriolet zum Kaufzeitpunkt 400.000,– kostet?*

Nehmen Sie an, daß die Inflationsrate 0,3 % pro Monat und die Preissteigerungsrate des Cabriolets 0,25 % pro Monat beträgt.

(b) *Wie lange muß die Studentin sparen, wenn sie monatlich 10.143,– auf das Sparbuch legt, damit sie ein Cabriolet, das bei Eröffnung des Sparbuches 370.000,– kostet, bar bezahlen kann?*

(c) *Die Studentin möchte das Cabriolet nach 36 Monaten kaufen und die monatlichen Einzahlungen jeweils der heutigen Kaufkraft (gemäß der Inflationsrate) anpassen. Wie hoch muß die erste Einzahlung auf das Sparbuch sein, wenn das Cabriolet bei Eröffnung des Sparbuches 370.000,– kostet?*

(a) Ermittlung der Spardauer

Die Einzahlungen auf das Sparbuch, das einen Monatszinssatz von $i = \sqrt[12]{1,06} - 1 = 0,486755\,\%$ aufweist, stellen eine nachschüssige Rente dar, deren Laufzeit durch Umformungen der Rentenendwertformel ermittelt werden kann:

$$K_T^{\text{nach}} = C \cdot (1+i) \cdot \frac{(1+i)^T - 1}{i}$$

$$\frac{K_T^{\text{nach}} \cdot i}{C \cdot (1+i)} = (1+i)^T - 1$$

$$\ln\left(\frac{K_T^{\text{nach}} \cdot i}{C \cdot (1+i)} + 1\right) = \underbrace{\ln\left((1+i)^T\right)}_{= T \cdot \ln(1+i)}$$

$$\Rightarrow T = \frac{\ln\left(\frac{K_T^{nach}\cdot i}{C\cdot(1+i)} + 1\right)}{\ln(1+i)}$$

$$= \frac{\ln\left(\frac{400.000\cdot i}{10.143\cdot(1+i)} + 1\right)}{\ln(1,00486755)}$$

$$= 36,002$$

Die Studentin muß 36 Monate bzw. 3 Jahre sparen, damit sie das Cabriolet kaufen kann.

(b) Ermittlung der Spardauer bei Preissteigerung

Auch soll das Sparvermögen gleich dem Preis des Autos sein, wobei aber der nominelle Wert von der Laufzeit abhängt:

$$\underbrace{370.000\cdot 1,0025^T}_{=\text{Preis des Cabrios}} \overset{!}{=} \underbrace{10.143\cdot(1+i)\cdot\frac{(1+i)^T - 1}{i}}_{=\text{Sparvermögen}}$$

Diese Gleichung kann nur iterativ gelöst werden. Wählt man dazu die lineare Interpolation, ergibt sich $T_3 = T_1 - \frac{f(T_1)\cdot(T_2-T_1)}{f(T_2)-f(T_1)}$ und $f(T) = \frac{(1+i)^T-1}{1,0025^T} - \frac{370.000\cdot i}{10.143\cdot(1+i)} \overset{!}{=} 0$. Beginnend mit den Versuchswerten $T_1 = 30$ und $T_2 = 40$ ergibt sich

j	T_j	$f(T_j)$
1	30,0000	−0,031 201
2	40,0000	+0,017 299
3	36,4332	−0,000 004
4	36,4340	+0,000 000

Nach ca. drei Jahren und einem halben Monat hat die Studentin genug gespart, um das Cabrio kaufen und bar bezahlen zu können.

(c) Höhe der ersten Zahlung bei Preissteigerung und steigenden Zahlungen

Wenn sich die Höhe der Rentenzahlungen jede Periode um einen gleichbleibenden Faktor g verändern, also $C_t = C_{t-1}\cdot g$, dann spricht man von einer *geometrisch veränderlichen Rente*. Genau dieser Fall liegt hier vor, denn die Zahlungen sollen jedesmal um die Inflationsrate π angepaßt werden, der Faktor g hat daher eine Höhe von $g = 1 + \pi$. Der Preis des Cabrios wird während der nächsten drei Jahre auf $370.000\cdot 1,0025^{36} = 404.799,02$ ansteigen, und dieser Betrag soll zugleich der Endwert der vorschüssigen geometrischen Rente sein:

$$404.799,02 \overset{!}{=} C\cdot(1+i)\cdot 1,003^{36}\cdot\frac{\left(\frac{1+i}{1,003}\right)^T - 1}{1+i-1,003}$$

$$\Rightarrow C = \frac{404.799,02}{(1+i)\cdot 1,003^{36}}\cdot\frac{1+i-1,003}{\left(\frac{1+i}{1,003}\right)^T - 1}$$

$$= 9.751,61$$

Die erste Einzahlung hat somit eine Höhe von 9.751,61. Die letzte Einzahlung, die den gleichen realen Wert haben soll, hat übrigens eine nominelle Höhe von $9.751,61\cdot 1,003^{36} = 10.862, -$.

Aufgabe 1.11

Am 1.7.1993 gewinnt Florian Floridan im Lotto, und es werden ihm von der Lotto–Gesellschaft 4.000.000,– ausgehändigt. Florian Floridan eröffnet noch am gleichen Tag ein Sparbuch mit einer festen Verzinsung von 7 % p.a. und legt den gesamten Lottogewinn auf dieses Sparbuch. Florian Floridan beschließt weiters, jedes Jahr am 1.7. (beginnend am 1.7.1994) einen gleichbleibenden Betrag vom Sparbuch abzuheben, um seinen jährlichen Urlaub finanzieren zu können.

(a) *Über welches Sparvermögen verfügt Florian Floridan am 1.7.2003, falls er einen gleichbleibenden Betrag in der Höhe von 50.000,– entnimmt?*

(b) *Florian Floridan möchte mit dem zukünftigen Sparvermögen eine Villa kaufen. Nach wie vielen Jahren müßte er das Sparbuch auflösen, wenn er weiterhin einen gleichbleibenden Betrag in der Höhe von 50.000,– entnimmt und der Kaufpreis der Villa im Kaufzeitpunkt 15.000.000,– beträgt?*

(c) *Die Inflationsrate betrage 3 % p.a. Welchen real gleichbleibenden Betrag kann Florian Floridan maximal entnehmen (Preisbasis ist der 1.7.1993), falls er in 25 Jahre die Villa kaufen möchte und der Kaufpreis der Villa nominell 15.000.000,– beträgt?*

(a) Endvermögen

Der Lottogewinn wächst auf dem Sparbuch innerhalb von 10 Jahren auf

$$K_T^L = 4.000.000 \cdot 1,07^{10}$$
$$= 7.868.605,43$$

an. Da Florian Floridan jeweils nach Ablauf eines vollen Jahres Geld für seinen Urlaub vom Sparbuch abhebt, kann diese Zahlungsreihe als nachschüssige Rente betrachtet, die am 1.7.2003 (unmittelbar nach der letzten Entnahme) einen Wert von

$$K_T^U = 50.000 \cdot \frac{1,07^{10} - 1}{0,07}$$
$$= 690.822,40$$

hat. Insgesamt hat er somit auf seinem Sparbuch

$$K_T = K_T^L - K_T^U$$
$$= 7.868.605,43 + 690.822,40$$
$$= 7.177.783,03.$$

(b) Laufzeit

Das Endvermögen ergibt sich wiederum aus dem Lottogewinn inklusive Zinseszinsen (K_T^L) abzüglich des Endwertes der Rente für die Urlaube (K_T^U) und soll eine Höhe von $K_T = K_T^L -$

$K_T^y = 15.000.000, -$ haben. Löst man diese Gleichung nach T auf, so erhält man

$$\underbrace{15.000.000}_{=K_T} \overset{!}{=} \underbrace{4.000.000 \cdot 1,07^T}_{=K_T^L} - \underbrace{50.000 \cdot \frac{1,07^T - 1}{0,07}}_{=K_T^y}$$

$$= 1,07^T \cdot \left(4.000.000 - \frac{50.000}{0,07}\right) + \frac{50.000}{0,07}$$

$$1,07^T = \frac{15.000.000 - \frac{50.000}{0,07}}{4.000.000 - \frac{50.000}{0,07}}$$

$$\Rightarrow T = \frac{\ln\left(\frac{15.000.000 - \frac{50.000}{0,07}}{4.000.000 - \frac{50.000}{0,07}}\right)}{\ln(1,07)}$$

$$= 21,7219 \text{ Jahre}$$

(c) Rentenhöhe

Wenn die Rentenzahlungen real gleichbleibend sein sollen, dann müssen ihre nominellen Werte jeweils an die Inflationsrate angepaßt werden — und daher (bei konstanter Inflationsrate) eine geometrische Rente bilden. Es muß daher gelten

$$15.000.000 \overset{!}{=} 4.000.000 \cdot 1,07^{25} - C \cdot 1,03^{25} \cdot \frac{\left(\frac{1,07}{1,03}\right)^{25} - 1}{1,07 - 1,03}$$

$$\Rightarrow C = \frac{4.000.000 \cdot 1,07^{25} - 15.000.000}{1,03^{25} \cdot \frac{\left(\frac{1,07}{1,03}\right)^{25} - 1}{1,07 - 1,03}}$$

$$= 80.509, -$$

Die erste nominelle Zahlung in Höhe von 80.509,- fällt am 1.7.1994 an; ihre Kaufkraft bezogen von den Zeitpunkt des Lottogewinns (1.7.1993) beträgt daher $\frac{80.509}{1,03} = 78.164,08$.

Aufgabe 1.12

Barbara arbeitet nun schon seit genau vier Jahren als Kellnerin im „Lustigen Studenten" und konnte bisher jeden Monat von ihrem Gehalt 6.000,– Schilling auf ein mit 6 % fix verzinstes Sparbuch legen. Sie bekommt ihr Geld am Ende des jeweiligen Arbeitsmonats und erhält kein Urlaubs– oder Weihnachtsgeld.

(a) *Barbara möchte in genau zwei Jahren eine Genossenschaftswohnung anzahlen, wozu Sie dann 600.000,– Schilling gespart haben muß. Daher plant sie, heute mit ihrem Chef über eine Gehaltserhöhung zu sprechen. Wie viel muß sie fordern, um die Wohnung bezahlen zu können?*

(b) *Barbara kann bei ihrem Chef keine Gehaltserhöhung erreichen, dafür verspricht er ihr zwei Einmalzahlungen von je 20.000,– Schilling. Die Zahlungen sollen in genau einem bzw. in zwei Jahren erfolgen. Wie lange muß Barbara auf ihre Wohnung sparen, wenn die Wohnung zum Kaufzeitpunkt 600.000,– kostet?*

(a) Gehaltserhöhung

Während der vergangenen vier Jahre hat sich auf Barbaras Sparbuch ein Vermögen von

$$6.000 \cdot \frac{(1+i)^{48} - 1}{i} = 323.542,97.$$

angesammelt. Wenn sie nun diesen Betrag weiterhin auf dem Sparbuch läßt und in zwei Jahren auf ein Endvermögen von 600.000,- kommen will, dann muß sie von nun an monatlich

$$600.000 = 323.542,97 \cdot (1+i)^{24} + C \cdot \frac{(1+i)^{24} - 1}{i}$$

$$\Rightarrow C = \left[600.000 - 323.542,97 \cdot (1+i)^{24} \right] \cdot \frac{i}{(1+i)^{24} - 1}$$

$$= 9.312,42$$

einbezahlen, also um 3.312,42 mehr als bisher.

(b) Spardauer

Zum Zeitpunkt $t = 24$ beträgt das Sparguthaben

$$K_{24} = 323.542,97 \cdot (1+i)^{24} + 20.000 \cdot (1+i)^{24} + 20.000 + 6.000 \cdot \frac{(1+i)^{24} - 1}{i}$$

$$= 557.088,77.$$

Es sind daher noch $600.000 - 557.088,77 = 42.911,23$ zu sparen. Läßt sie das gesamte Sparvermögen auf dem Sparbuch und zahlt sie auch weiterhin monatlich 6.000,- ein, so hat sie nach weiteren T Monaten ihr Sparziel von 600.000,- erreicht:

$$600.000 = 557.088,77 \cdot (1+i)^T + 6.000 \cdot \frac{(1+i)^T - 1}{i}$$

$$\Rightarrow T = \frac{\ln\left(\frac{600.000 + \frac{6.000}{i}}{557.088,77 + \frac{6.000}{i}} \right)}{\ln(1+i)}$$

$$= 4,88 \text{ Monate.}$$

Vom aktuellen Betrachtungszeitpunkt aus muß sie also noch zwei Jahre und knapp fünf Monate sparen.

Aufgabe 1.13

Paul möchte ins Christbaumgeschäft einsteigen und plant daher den Kauf eines Grundstück in Tirol. Der Kauf wird mit einem Kredit zu 8 % finanziert. Die ersten vier Jahre kann er keine Bäume verkaufen, ab Ende des fünften Jahres plant er einen Jahresabsatz von 400 Bäumen. Den Einzahlungsüberschuß pro Baum, den er mit 300,- Schilling auf Preisbasis heute festsetzt, will Paul an die konstante Inflationsrate von 2 % anpassen. Wie viel darf das Grundstück kosten, wenn Paul in zehn Jahren keine Schulden mehr haben will und keine weiteren Kosten anfallen?

Kaufpreis des Grundstücks

Paul wird seinen ersten Christbaum in genau fünf Jahren verkaufen; bis dahin wird der Preis auf $300 \cdot 1,02^5 = 331,22$ angestiegen sein. Die erste Zahlung wird daher (dank der 400 verkauften Bäume) eine Höhe von $132.489,70$ haben, die weiteren Zahlungen werden um jeweils 2 % ansteigen. Der Wert dieser nachschüssigen geometrisch veränderlichen Rente mit einer Laufzeit von 6 Jahren wird zu Beginn des fünften Jahres (also zu $t = 4$) einen Wert von

$$K_4 = 132.489,70 \cdot \frac{\left(\frac{1,08}{1,02}\right)^6 - 1}{\left(\frac{1,08}{1,02}\right)^6 \cdot (1,08 - 1,02)}$$

$$= 641.088,16$$

haben. Diskontiert man diesen Betrag auf den aktuellen Betrachtungszeitpunkt, dann ergibt sich

$$K_0 = \frac{641.088,16}{1,08^4}$$

$$= 471.218,93.$$

Dieser Betrag stellt die Obergrenze für den Grundstückspreis dar, wenn Paul den Kredit ausschließlich durch den Verkauf von Bäumen nach spätestens zehn Jahren abbezahlt haben möchte.

Aufgabe 1.14

Am 1.1.1993 (nach der gelungenen Hochzeitsfeier am 31.12.1992) beschließt das BWZ–Absolventen–Ehepaar Florida und Floridus Fiwi, ab sofort monatlich 10.000,– auf ein Sparbuch mit einer festen Verzinsung von 6 % p.a. zu legen. Desweiteren lösen Florida und Floridus ihre bislang getrennt geführten Sparbücher auf und legen den Betrag von insgesamt 352.358,– auf ein Kapitalsparbuch mit einer fixen Laufzeit von 5 Jahren und einer festen Verzinsung von 7,25 % p.a. Florida und Floridus beabsichtigen, mit dem künftigen Sparvermögen ein kleines Grundstück und ein Fertigteilhaus zu kaufen.

(a) *Wie hoch darf der (nominelle) Kaufpreis für das Grundstück und das Fertigteilhaus insgesamt sein, falls Florida und Floridus am 1.1.1998 ihre beiden Sparbücher auflösen und den Kauf tätigen möchten?*

Das Ehepaar erkennt, daß sein Sparvermögen am 1.1.1998 nicht ausreicht, um sowohl ein Grundstück als auch ein Fertigteilhaus zu kaufen. Florida und Floridus lösen daher am 1.1.1998 nur das Kapitalsparbuch auf und kaufen sich mit diesem Geld ein unbebautes Grundstück. Gleichzeitig verpachten sie das Grundstück um 5.000,– pro Monat und erhalten bereits am 1.1.1998 ihre erste Pacht. Sie beschließen weiters, diese monatlichen Pachtzahlungen zusätzlich mit den monatlichen 10.000,– auf ihr Sparbuch zu legen.

(b) *Wie hoch darf der (nominelle) Kaufpreis für das Fertigteilhaus maximal sein, falls der Pachtvertrag am 1.1.2001 endet und das Fertigteilhaus mit dem bis dahin angesparten Kapital bezahlt werden soll?*

(c) Für wie viele Monate soll der Pachtvertrag abgeschlossen werden, falls der Kaufzeitpunkt des Fertigteilhauses mit dem Ende des Pachtvertrages zusammenfallen soll und der Kaufpreis im Kaufzeitpunkt

(c1) 5.000.000,- (nominell)

(c2) 10.000.000,- (nominell)

beträgt?

(d) Nehmen Sie an, daß die Inflationsrate 0,3 % pro Monat beträgt. Wie ändert sich das Ergebnis aus (a), wenn die monatlichen Einzahlungen auf das Sparbuch (gemäß der Inflationsrate) jeweils der heutigen Kaufkraft entsprechen sollen?

(a) Bestimmung des Endvermögens

Das Kapitalsparbuch hat nach fünf Jahren einen Wert von

$$K_T^K = 352.358 \cdot 1,0725^5$$
$$= 500.000,73.$$

Auf das zweite Sparbuch werden 60 Monate lang vorschüssig 10.000,- bei einem Monatszinssatz von $i = \sqrt[12]{1,06} - 1 = 0,486755 \%$ p.m. einbezahlt. Falls am Tag der Auflösung keine zusätzliche Einzahlung erfolgt, dann hat dieses Sparbuch einen Endwert von

$$K_T^S = 10.000 \cdot 1,004868 \cdot \frac{(1+i)^{60} - 1}{0,00486755}$$
$$= 698.240,12.$$

Das gesamte Sparvermögen beträgt somit

$$K_T = K_T^K + K_T^S$$
$$= 500.000,73 + 698.240,12$$
$$= 1.198.240,85.$$

(b) Bestimmung des Endvermögens

Zur Finanzierung des Fertigteilhauses spart das Ehepaar 96 Monate lang jeweils 10.000,- und zusätzlich während der letzten 36 Monate jeweils 5.000,-. Da sich beide Renten auf den gleichen Endzeitpunkt beziehen, kann das gesamte Sparvermögen ermittelt werden aus

$$K_T^S = 10.000 \cdot (1+i) \cdot \frac{(1+i)^{96} - 1}{i} + 5.000 \cdot (1+i) \cdot \frac{(1+i)^{36} - 1}{i}$$
$$= 1.423.131,43.$$

Alternative Berechnungsmethode:
Der bereits angesparte Betrag auf dem Sparbuch wächst während der nächsten drei Jahre auf einen Endwert von

$$K_T^{S,1} = 698.240,12 \cdot 1,06^3$$
$$= 831.615,15.$$

Gleichzeitig werden während dieser Zeit monatlich insgesamt 15.000,– einbezahlt; diese Rente hat einen Endwert von

$$K_T^{S,2} = 15.000 \cdot (1+i) \cdot \frac{(1+i)^{36} - 1}{i}$$
$$= 591.506,27.$$

Faßt man beide Ergebnisse zusammen, erhält man ebenfalls ein gesamtes Endvermögen von

$$K_T^S = K_T^{S,1} + K_T^{S,2}$$
$$= 831.615,15 + 591.506,27$$
$$= 1.423.131,43.$$

(c) Laufzeitbestimmung

Geht man von der zweiten Berechnungsmethode aus, dann ergibt sich die notwendige Laufzeit für das gewünschte Endvermögen aus

$$K_T \overset{!}{=} 698.240,12 \cdot (1+i)^T + 15.000 \cdot (1+i) \cdot \frac{(1+i)^T - 1}{i}$$

$$\Rightarrow T = \frac{\ln\left(\frac{K_T + \frac{15.000 \cdot (1+i)}{i}}{698.240,12 + \frac{15.000 \cdot (1+i)}{i}} \right)}{\ln(1+i)}.$$

(c1) Bei einem Kaufpreis von $K_T = 5.000.000,–$ ergibt sich daher eine Spardauer von

$$T = \frac{\ln\left(\frac{5.000.000 + \frac{15.000 \cdot (1+i)}{i}}{698.240,12 + \frac{15.000 \cdot (1+i)}{i}} \right)}{\ln(1+i)}$$
$$= 156,06 \text{ Monate},$$

(c2) bei einem Kaufpreis von $K_T = 10.000.000,–$ eine Laufzeit von

$$T = \frac{\ln\left(\frac{10.000.000 + \frac{15.000 \cdot (1+i)}{i}}{698.240,12 + \frac{15.000 \cdot (1+i)}{i}} \right)}{\ln(1+i)}$$
$$= 255,10 \text{ Monate}.$$

Man beachte dabei, daß eine Verdopplung des Endvermögens *nicht* auch eine Verdopplung der Sparzeit bedeutet.

(d) Bestimmung des Kaufpreises bei Preissteigerung

Falls die monatlichen Einzahlungen an die Inflationsrate angepaßt werden, kommt das Ehepaar mit der resultierenden geometrischen vorschüssigen Rente auf einen Endwert von

$$K_T^S = 10.000 \cdot (1+i) \cdot 1,003^{60} \cdot \frac{\left(\frac{1+i}{1,003} \right)^{60} - 1}{1 + i - 1,003}$$
$$= 760.454,43.$$

Da das Kapitalsparbuch davon unberührt bleibt und somit das Ergebnis aus (a) direkt übernommen werden kann, haben die beiden Sparbücher in diesem Fall ein gesamtes Endvermögen von

$$K_T = 500.000,73 + 760.454,43$$
$$= 1.260.455,16.$$

Aufgabe 1.15

Martin überlegt sich, schon jetzt für seine Pension vorzusorgen. Ein Versicherungsvertreter macht ihm folgendes Angebot: „Wenn Sie jetzt 272.000,– Schilling einzahlen, bekommen Sie in 30 Jahren 1,8 Millionen."

(a) *Berechnen Sie die Effektivverzinsung vor Steuern in % p.a.*

(b) *Der Versicherungsvertreter bietet Martin als Alternative an, nach den 30 Jahren statt der 1,8 Mio. auf Restlebenszeit monatlich 10.000 Schilling zu bekommen. Die erste Auszahlung erfolgt sofort nach Ablauf der 30 Jahre. Wie viele Jahre muß Martin nach Beginn der Zahlungen noch mindestens leben, um mit den 10.000,– Schilling besser gewählt zu haben? Sein Kalkulationszinssatz beträgt 6,5 % p.a.*

(c) *Martin beschließt, doch selbst vorzusorgen, und erstellt einen Sparplan: Er will in den ersten 3 Jahren pro Jahr 15.000,– Schilling sparen und beginnend mit dem vierten Jahr jedes Jahr um 10% mehr. Wie viel hat er nach 30 Jahren angespart, wenn er für seine Guthaben eine Verzinsung von 6,5 % p.a. bekommt?*

(a) Effektivverzinsung

Der Effektivzinssatz ist jener Zinssatz, bei dem der Barwert der zukünftigen Zahlungen gleich der Höhe der aktuellen Zahlungen bzw. der Endwert der laufenden Zahlungen gleich dem Sparvermögen zum Zeitpunkt $t = T$ ist. Da hier nur zwei Zahlungen anfallen, nämlich zu $t = 0$ (272.000,–) und zu $t = T$ (1.800.000,–), erfolgt die Ermittlung gemäß

$$1.800.000 = 272.000 \cdot (1 + i_{\text{eff}})^{30}$$
$$\Rightarrow i_{\text{eff}} = \sqrt[30]{\frac{1.800.000}{272.000}} - 1$$
$$= 6,5018 \text{ % p.a.}$$

(b) Laufzeit

Um bei einer vorschüssigen Rente bei einem Monatszinssatz von $i = \sqrt[12]{1,065} - 1$ 0,5262 %
p.m. auf ein Endvermögen von 1.800.000,– zu kommen, muß Martin

$$T = \frac{\ln\left(\frac{C\cdot(1+i)}{C\cdot(1+i) - K_0^{vor}\cdot i}\right)}{\ln(1+i)}$$

$$= \frac{\ln\left(\frac{10.000\cdot(1+i)}{10.000\cdot(1+i) - 1.800.000\cdot i}\right)}{\ln(1+i)}$$

$$= 543 \text{ Monate} \approx 45\tfrac{1}{4} \text{ Jahre}$$

sparen.

(c) Rentenendwert

Martin hat nach den ersten beiden Jahren ein Vermögen von

$$K_2^I = 15.000 \cdot 1,065 \cdot \frac{1,065^2 - 1}{0,065}$$

$$= 32.988,38$$

angespart. Die Zahlungen für die darauffolgenden Jahre bilden eine vorschüssige geometrische
Rente, deren erste Zahlung zu $t = 2$ (d.h. zu Beginn des dritten Jahres) anfällt und eine Höhe
von 15.000,– hat; der Wachstumsfaktor hat eine Höhe von $g = 1,10$. Der Endwert dieser Rente
beträgt nach 28 Jahren, also zu $t = 30$,

$$K_{30}^{II} = 15.000 \cdot 1,065 \cdot \frac{\left(\frac{1,065}{1,10}\right)^{28} - 1}{1,065 - 1,10}$$

$$= 3.920.436,75.$$

Zinst man die Zahlungen aus den ersten beiden Jahren ebenfalls um 28 Jahre auf den Zeitpunkt
$t = 30$ auf, dann ergibt sich ein gesamtes Endvermögen von

$$K_{30} = \underbrace{K_2^I \cdot (1+i)^{28}}_{=K_{30}^I} + K_{30}^{II}$$

$$= \underbrace{32.988,38 \cdot (1+i)^{28}}_{=192.375,58} + 3.920.436,75$$

$$= 4.112.812,33.$$

Aufgabe 1.16

*Der dynamische Aktienspekulant Felix Glück bringt es binnen kürzester Zeit durch waghalsige
Transaktionen auf ein ansehnliches Vermögen und mehrere Magengeschwüre. Um sich vom
bisherigen Streß zu erholen, beschließt er, die nächsten 2 Jahre auf einer Alm in Tirol zu ver-
bringen. Zur Finanzierung dieses Abenteuers legt er unmittelbar vor Reisebeginn 750.000,– bei
einer fixen Verzinsung von 8 % p.a. an; diesen Betrag plant er (inklusive Zinsen und Zinseszinsen) völlig aufzubrauchen. Die Zugtickets erhält er von seiner Frau zum Geburtstag geschenkt.*

(a) *Welchen Betrag hat Felix jeden Monatsersten zur Verfügung, falls er für seine Luxus–Almhütte eine monatliche Miete (fällig jeden Monatsersten) von 10.000,– bezahlt?*

(b) *Angenommen, Felix kauft gleich nach seiner Ankunft die Almhütte um 300.000,–. Wie lange reicht sein restliches Geld, falls er das Anwesen nicht wieder verkauft und wenn er jeden Monatsersten 17.000,– für seine laufenden Auszahlungen behebt?*

(c) *Felix kommt mit seinem Nachbarn überein, dessen Kühe auf seiner Wiese grasen zu lassen bzw. im Winter in seinem Stall einzustellen. Er erhält dafür pro Kuh und Monat 300,– zu Monatsbeginn, die er ebenfalls zu 8 % p.a. anlegen will. Falls nun der Nachbar im ersten Monat 10 Kühe bringt und jeden weiteren Monatsersten je ein zusätzliches Tier einstellt (in der Zwischenzeit geworfene Kälber kommen zurück auf den Nachbarhof), welchen Betrag hat dann Felix nach Ablauf der zwei Jahre aus diesem Nebenverdienst angespart?*

<hr>

(a) Ermittlung der Rentenhöhe

Betrachtet man die regelmäßigen Entnahmen als vorschüssige Rente, dann könnte Herr Glück von seinem Sparbuch mit einem Monatszinssatz von $i = \sqrt[12]{1,08} - 1 = 0,6434\ \%$ p.m. während der nächsten 24 Monate jeweils

$$
\begin{aligned}
C &= K_0^{\text{vor}} \cdot \frac{(1+i)^{T-1} \cdot i}{(1+i)^T - 1} \\
  &= 750.000 \cdot \frac{(1+i)^{23} \cdot i}{(1+i)^{24} - 1} \\
  &= 33.608,82
\end{aligned}
$$

am Monatsersten entnehmen. Nach Abzug der Miete von 10.000,– bleibt ihm somit ein monatlicher Betrag von 23.608,82 zur freien Verfügung.

(b) Ermittlung der Laufzeit

Da es sich um eine vorschüssige Rente mit bekanntem Barwert handelt, erhält man durch geeignete Umformungen und Einsetzen der bereits bekannten Werte

$$
\begin{aligned}
T &= \frac{\ln\left(\frac{C \cdot (1+i)}{C \cdot (1+i) - K_0^{\text{vor}} \cdot i}\right)}{\ln(1+i)} \\
  &= \frac{\ln\left(\frac{17.000 \cdot 1,006434}{17.000 \cdot (1+i) - 450.000 \cdot i}\right)}{\ln(1,006434)} \\
  &= 28,91 \text{ Monate.}
\end{aligned}
$$

(c) Ermittlung des Endvermögens einer arithmetisch veränderlichen Rente

Herr Glück bekommt im ersten Monat 3.000,–; dieser Betrag steigt in den Folgemonaten regelmäßig um 300,– an. Wenn sich, wie in diesem Fall, die Zahlungen zweier aufeinanderfolgenden Perioden immer um einen konstanten Betrag unterscheiden, also $C_t = C_{t-1} + d$, handelt

es sich um eine *arithmetisch veränderliche Rente*, wobei hier die erste Zahlung eine Höhe von
3.000,- hat und $d = 300,-$ gilt.

Der Endwert dieser vorschüssigen arithmetisch veränderlichen Rente beträgt somit

$$K_T = \left(3.000 + \frac{300}{i}\right) \cdot (1+i) \cdot \frac{(1+i)^{24} - 1}{i} - (1+i) \cdot \frac{300 \cdot 24}{i}$$
$$= 165.487,57.$$

Aufgabe 1.17

*Peter P. plant, am 1.3.2001 ein Studium am BWZ zu beginnen. Um seine Studienkosten zu
decken, eröffnet er am 1.3.1999 ein mit 6 % p.a. fix verzinstes Sparbuch, legt bei der Eröffnung
1.000,- Schilling ein und will jeden Monat seinen Sparbetrag um 50,- Schilling erhöhen. Zusätzlich wird Peter P. am 1.3.2000 aus auslaufenden Bundesanleihen 10.000,- Schilling erhalten, die
er ebenfalls auf das Sparbuch legt.*

(a) *Wie groß ist sein Sparvermögen am 1.3.2001?*

(b) *Peter hofft sein Studium in Mindestzeit (bis zum 1.3.2005) abschließen zu können.
Welchen gleichbleibenden Betrag kann Peter jeden Monatsersten, beginnend mit dem
1.3.2001, maximal entnehmen, wenn er sein angespartes Vermögen bis auf 10.000,- Schilling, die er für eine rauschende Sponsionsfeier aufhebt, aufbrauchen möchte?*

(c) *Peters Kollege Paul erhält am Ende eines jeden Quartals von seinem reichen Onkel
20.000,- Schilling überwiesen. Zusätzlich bekommt Paul immer am Jahresende von seinen Eltern 10.000,- Schilling Weihnachtsgeld. Paul will sich heute ein mit einem Kredit
finanziertes Auto kaufen. Der Kredit hat eine fixe Verzinsung von 8 % p.a., und die Zahlungen seines Onkels und seiner Eltern sollen zur Rückzahlung verwendet werden. Wie
viel darf das Auto kosten, wenn Paul in zwei Jahren keine Schulden bei der Bank haben
möchte?*

(a) Ermittlung des Endvermögens

Die vorschüssige, arithmetisch veränderliche Rente ($d = 50$) mit einer Laufzeit von $T = 24$
Monate liefert bei einem Monatszinssatz von $i = \sqrt[12]{1,06} - 1 = 0,4868\ \%$ einen Endwert von

$$K_T^R = \left(1.000 + \frac{50}{i}\right) \cdot (1+i) \cdot \frac{(1+i)^{24} - 1}{i} - (1+i) \cdot \frac{50 \cdot 24}{i}$$
$$= 39.891,31.$$

Der Betrag aus den Anleihen wird genau ein Jahr verzinst. Insgesamt ergibt sich somit ein
Sparvermögen von

$$K_T = 39.891,31 + 10.000 \cdot 1,004868^{12}$$
$$= 50.491,31.$$

(b) Ermittlung der Rentenhöhe

Um's bei der Sponsionsfeier wie geplant so richtig rauschen lassen zu können, muß Peter heute $\frac{10.000}{1,06^4} = 7.920,94$ zur Seite legen, wodurch der zur Disposition verbleibende Betrag auf 42.570,38 sinkt. Die Entnahmen sind vorschüssig und werden daher eine konstante Höhe von

$$C = K_0 \cdot \frac{(1+i)^T \cdot i}{(1+i) \cdot ((1+i)^T - 1)}$$

$$= 42.570,38 \cdot \frac{(1+i)^{48} \cdot 0,004868}{(1+i) \cdot ((1+i)^{48} - 1)}$$

$$= 991,84$$

haben.

(c) Maximaler Autopreis

Bei einem Quartalszinssatz von $i = \sqrt[4]{1,08} - 1 = 1,94$ % p.Q. beträgt der Barwert der Zahlungen von seinem Onkel

$$K_0^{\text{Onkel}} = 20.000 \cdot \frac{1,0194^8 - 1}{1,0194^8 \cdot 0,0194}$$

$$= 146.872,40,$$

und jener der Zahlungen seiner Eltern

$$K_0^{\text{Eltern}} = 10.000 \cdot \left(\frac{1}{1,08} + \frac{1}{1,08^2} \right)$$

$$= 17.832,65.$$

Insgesamt kann er sich daher ein Auto mit einem Höchstpreis von

$$K_0 = 146.872,40 + 17.832,65$$

$$= 164.705,05$$

kreditfinanziert kaufen.

Aufgabe 1.18

Der gallische Barde Troubadix, dem bei einer Diskussion mit seinen Mitbewohnern seine Leier zu Bruch gegangen ist, will sich eine neue kaufen. Zur Finanzierung des 3.200,– Sesterzen teuren Instrumentes bietet das Bankhaus „Pecunia aurea" in Lutetia dem Barden an, nach Bedarf Geld mit dem festen Zinssatz von 6 % p.a. zu borgen. Von seinen Bezügen aus dem „Fonds der verfolgten Musikanten", die er jeden Monatsersten erhält, stehen ihm nach Abzug der Lebenskosten noch 120,– Sesterzen zur Rückzahlung zur Verfügung. In drei Monaten erwartet der Barde am Monatsende durch ein Konzert im „Heim der tauben Veteranen der Römischen Legion" eine zusätzliche Zahlung von 500,– Sesterzen, die er ebenfalls für die Rückzahlung verwenden wird.

(a) Berechnen Sie, wie lange Troubadix den Kredit abzahlen muß.

(b) *Das Plattenlabel „pauper mens" bietet Troubadix einen Plattenvertrag an, bei dem er in den ersten drei Monaten am Monatsende 100,– Sesterzen bekommt, danach erhält er neun Monate lang jedes Monat gegenüber dem Vormonat um 10 % weniger. Wie viel darf das Instrument heute kosten, wenn der Barde zur Rückzahlung zusätzlich auch die Einnahmen aus dem Plattenvertrag zur Verfügung hat und er in einem Jahr keine Verpflichtungen mehr gegenüber der Bank haben möchte?*

(c) *Zum 60. Geburtstag des Druiden Miraculix, der in genau einem Jahr gefeiert wird, will Troubadix diesem eine neue goldene Sichel schenken. Er beschließt dazu, dieses Monatsende 50,– Sesterzen auf ein Sparbuch zu legen, das zu 5 % p.a. fix verzinst wird, und diesen Betrag jeden Monat um 5,– Sesterzen zu erhöhen. Wie viel muß der Barde heute noch zusätzlich anlegen, wenn er annimmt, daß goldene Sicheln in einem Jahr 1.200,– Sesterzen kosten werden?*

(a) Laufzeitbestimmung

Berücksichtigt man die Konzerteinnahmen in drei Monaten, dann bleibt — bei einem Monatszinssatz von $i = \sqrt[12]{1,06} - 1 = 0,4868$ % p.m. — ein heutiger Betrag von $3.200 \cdot \frac{500}{(1+i)^3} = 2.707,23$, von dem er 120 sofort aufbringen kann. Der Restbetrag von 2.587,23 muß durch einen Kredit, der durch die regelmäßigen Zahlungen abzuzahlen ist, aufgebracht werden. Da die erste Rückzahlung zu $t = 1$ erfolgt (und somit der Beginn einer nachschüssigen Rente ist), ergibt sich die Laufzeit aus

$$T = \frac{\ln\left(\frac{C_0}{C_0 - i \cdot K_0^{\text{nach}}}\right)}{\ln(1 + i)}$$

$$= \frac{\ln\left(\frac{120}{120 - i \cdot 2.587,23}\right)}{\ln(1,004868)}$$

$$= 25,68 \text{ Monate.}$$

(b) Barwertbestimmung

Die Zahlungen aus dem Plattenvertrag können als zwei unabhängige nachschüssige Renten betrachtet werden, von denen die erste konstant ist und während der ersten drei Perioden läuft:

$$K_0^I = 100 \cdot \frac{(1+i)^3 - 1}{(1+i)^3 \cdot i}$$

$$= 297,10.$$

Die restlichen Zahlungen von der vierten bis zur zwölften Periode bilden eine geometrisch veränderliche Rente mit $g = 0,9$ und einer Laufzeit von 9 Monaten, deren erste Zahlung eine Höhe von $C = 90,–$ hat. Mit der Barwertformel erhält man den Wert dieser Rente zu Beginn des vierten Monats (d.h. zu $t = 3$); um den Wert zu $t = 0$ zu erhalten, ist daher zusätzlich um drei Monate abzuzinsen:

$$K_0^{II} = \left(90 \cdot \frac{\left(\frac{1+i}{0,9}\right)^9 - 1}{(1+i-0,9) \cdot \left(\frac{1+i}{0,9}\right)^9} \right) \cdot \frac{1}{(1+i)^3}$$

$$= 532,14.$$

Der heutige Wert der Zahlungen aus dem Fonds und aus dem Konzert beträgt

$$K_0^{III} = \underbrace{120 \cdot (1+i) \cdot \frac{(1+i)^{12} - 1}{(1+i)^{12} \cdot i}}_{=1.402,25} + \underbrace{\frac{500}{(1+i)^3}}_{=492,77}$$

$$= 1.895,02.$$

Faßt man alle drei Barwerte zusammen, dann darf das Instrument heute maximal

$$K_0 = K_0^I + K_0^{II} + K_0^{III}$$
$$= 297,10 + 532,14 + 1.895,02$$
$$= 2.724,26$$

kosten.

(c) Höhe der Zusatzzahlung

Beim „Sparplan" für die goldene Sichel handelt es sich um eine nachschüssige arithmetisch veränderliche Rente, wobei hier die erste Zahlung eine Höhe von 50,- hat und $d = 5,-$ gilt.

Bei einem Monatszinssatz von $i = \sqrt[12]{1,05} - 1 = 0,4074 \%$ p.m. erspart sich Troubadix daher bei nachschüssigen Zahlungen

$$K_T = \left(50 + \frac{5}{i} \right) \cdot \frac{(1+i)^{12} - 1}{i} - \frac{5 \cdot 12}{i}$$

$$= 948,15.$$

Damit ihm in einem Jahr nicht $1.200 - 948,15 = 251,85$ fehlen, muß er heute den entsprechenden Barwert

$$K_0 = \frac{251,85}{1,05}$$

$$= 239,85$$

zusätzlich anlegen.

Aufgabe 1.19

(a) Am 1. Jänner 1996 macht Bauer Johann Pläne für seine Zukunft und kommt zu folgendem Ergebnis: Am Ende jeder Woche verkauft er zwei Rinder und legt das Geld sofort auf sein festverzinstes Sparbuch mit einem Zinssatz von 5 % p.a. Der heutige Rinderpreis beträgt 14.000,- pro Rind, aber leider sinkt der Preis aufgrund des Rinderwahnsinns um 1 % pro Woche. Der Agrarminister hat versprochen, daß er ab dem 1.1.1997 den Rinderpreis auf 12.000,- festlegen wird.

Momentan hat Johann 10.000,- auf seinem Sparbuch. Wie viel wird er am 31.12.1998 auf dem Sparbuch haben?

(b) Johann plant, daß er Anfang 1999 mit seiner Frau eine zweijährige Weltreise beginnen wird. Während ihrer Reise werden sie am Anfang jedes Monats Geld vom Sparbuch entnehmen, aber am Ende der Reise sollen noch 3.000.000,– auf dem Sparbuch sein. Wie hoch wird die erste Entnahme am 1.1.1999 sein, wenn der Betrag, den sie entnehmen werden, um 1.000,– pro Monat steigen soll?

(a) Endvermögen nach drei Jahren

Um den angesparten Betrag am Ende des Jahres 1998 zu ermitteln, ist in mehreren Schritten vorzugehen, da einerseits der aktuelle Sparbetrag in das Endvermögen eingeht, und zum anderen die Zahlungen, die durch den Verkauf der Rinder realisiert werden, in die Zahlungen im Jahr 1996 und jene in den Jahren 1997 und 1998 aufzuspalten sind.

o Der Endwert des am Sparbuch vorhandenen Betrags von 10.000 hat am 31.12.1998 eine Höhe von

$$K_T^I = 10.000 \cdot (1 + i)^{3 \cdot 52}$$
$$= 11.576, 25.$$

o Zahlungen im Jahr 1996
Diese Zahlungen stellen eine geometrisch veränderliche Rente mit $C = 2 \cdot 14.000 = 28.000,-$, $g = 0,99$ und $T = 52$ dar; der Wochenzinssatz lautet $i = \sqrt[52]{1,05} - 1 = 0,0939$ % p.W. Mit dem entsprechenden Rentenendwertfaktor erhält man den Sparbetrag zu Ende des Jahres 1996; um den Sparbetrag zu Ende des Jahres 1998 zu erhalten, muß daher dieses Zwischenergebnis um zwei weitere volle Jahre, also 104 Wochen, aufgezinst werden:

$$K_T^{II} = \left(28.000 \cdot 0,99^{52} \cdot \frac{\left(\frac{1+i}{0,99}\right)^{52} - 1}{1 + i - 0,99} \right) \cdot (1 + i)^{104}$$

$$= 1.289.788, 51.$$

o Zahlungen in den Jahren 1997 und 1998
Diese Zahlungen stellen eine konstante Rente mit $C = 2 \cdot 12.000$ und $T = 104$ dar, die exakt bis zum Ende des Jahres 1998 läuft. Der Endwert dieser Rente beträgt somit am 31.12.1998

$$K_T^{III} = 24.000 \cdot \frac{(1 + i)^{104} - 1}{i}$$

$$= 2.620.610, 11.$$

Am 31.12.1998 beträgt das gesamte Sparguthaben daher

$$K_T = K_T^I + K_T^{II} + K_T^{III}$$
$$= 11.576, 25 + 1.289.788, 50 + 2.620.610, 11$$
$$= 3.921.974, 86.$$

(b) Erste Entnahme einer arithmetischen Rente

Damit am Ende der Weltreise ein Betrag von 3 Millionen übrig bleibt, muß unmittelbar vor Antritt der Weltreise einen Betrag von $\frac{3.000.000}{1,05^2} = 2.721.088,44$ reserviert werden, wodurch sich das disponierbare Vermögen auf 1.200.886,42 reduziert. Bei den Entnahmen selbst handelt es sich um eine vorschüssige arithmetisch veränderliche Rente, deren Laufzeit und deren Barwert bekannt sind, aber deren Höhe der Zahlungen noch ermittelt werden muß. Bei einem Monatszinssatz von $i = \sqrt[12]{1,05} - 1 = 0,4074\ \%$ p.m. ergibt sich nach geeigneter Umformung die Höhe der ersten Entnahme aus

$$C = 1.200.886,24 \cdot \frac{(1+i)^{24} \cdot i}{(1+i) \cdot ((1+i)^{24} - 1)} + \frac{1.000 \cdot 24}{(1+i)^{24} - 1} - \frac{1.000}{i}$$

$$= 41.106,11.$$

Die letzte Entnahme wird übrigens 23 Monate später erfolgen und eine Höhe von $41.106,11 + 23 \cdot 1.000 = 64.106,11$ haben. Am Ende dieses Monats (also genau zwei Jahre nach Antritt der Weltreise) wird auf dem Sparbuch der gewünschte Betrag von 3.000.000,– liegen.

Aufgabe 1.20

(a) *Der Goldkettchenproduzent Karli Klunker will ein Cabrio für 249.000,– kaufen. Am Ende jedes Monats bezahlt er 5.000,– auf ein festverzinsliches Sparbuch ein. Der Zinssatz ist 5,2 % pro Jahr. Wie lange muß Karli warten, bis er genug Geld hat, um das Auto zu kaufen? (Nehmen Sie an, daß der Preis des Cabrios konstant bleibt).*

(b) *Karli will das Auto in 24 Monaten kaufen. Wie viel muß er am Ende des ersten Monats sparen, wenn der Betrag, den er pro Monat spart, monatlich um 150,– steigt?*

(c) *Des Wartens überdrüssig, geht Karli zum Autohaus und sieht folgendes Leasing-Angebot:*

Cabrio Listenpreis:	249.000,–
Anzahlung:	85.000,–
Restwert:	79.000,–
Laufzeit:	48 Monate mit Zahlungen jedes Monatsende
Effektivverzinsung:	9,2 % p.a.

Wie viel muß er pro Monat zahlen, falls er das Leasing-Angebot annimmt?

(a) Ermittlung der Spardauer

Die Laufzeit dieser konstanten nachschüssigen Rente ergibt sich aus

$$T = \frac{\ln\left(\frac{K_T^{nach} \cdot i}{C} + 1\right)}{\ln(1+i)}$$

$$= \frac{\ln\left(\frac{249.000 \cdot i}{5.000} + 1\right)}{\ln(1,004233)}$$

$$= 45,284 \text{ Monate,}$$

wobei der Monatszinssatz eine Höhe von $i = \sqrt[12]{1,052} - 1 = 0{,}4233$ % p.m. hat.

(b) Ermittlung der ersten Zahlung einer arithmetischen Rente

Die Höhe der ersten Zahlung dieser nachschüssigen arithmetischen Rente ergibt sich aus

$$C = \left(K_T + \frac{d \cdot T}{i} \right) \cdot \frac{i}{(1+i)^T - 1} - \frac{d}{i}$$

$$= \left(249.000 + \frac{150 \cdot 24}{0,004233} \right) \cdot \frac{0,004233}{(1+i)^{24} - 1} - \frac{150}{i} = 8.184,15.$$

(c) Bestimmung der Leasingrate

Bereinigt man den Listenpreis um die Anzahlung und den diskontierten Restwert, dann bleibt ein Betrag von

$$249.000 - 85.000 - \frac{79.000}{1,092^4} = 108.443,29$$

übrig, der durch die laufenden Leasingraten abbezahlt werden muß. Die Leasingraten selbst stellen eine konstante nachschüssige Rente dar, die bei einem effektiven Monatszinssatz von $i = \sqrt[12]{1,092} - 1 = 0{,}7361$ % p.m. eine Höhe von

$$C = 108.443,29 \cdot \frac{(1+i)^{48} \cdot i}{(1+i)^{48} - 1}$$

$$= 2.690,05$$

haben.

Aufgabe 1.21

Nach erfolgreichen Abschlußtests beschließt der Gänsehausener Erfinder Daniel Drüsendieb, seine neueste Entwicklung, den „Panzerknacker-Abwehr-Spray", in Serienproduktion zu geben. Um nicht zu sehr von seiner Forschung abgelenkt zu werden, kauft Daniel eine vollautomatische Spraymisch- und -abfüllmaschine mit einer erwarteten Nutzungsdauer von 5 Jahren.

Daniel Drüsendiebs Barvermögen läßt nun leider etwas zu wünschen übrig. Glücklicherweise zeigt aber der Großindustrielle Dagobert D. großes Interesse an diesem revolutionären Produkt, und er bietet dem Erfinder folgenden Kredit an:

Nominale	*100.000,–*
Laufzeit	*5 Jahre*
Auszahlungsdisagio	*1 % vom Nominale*
Rückzahlungsagio	*1¹/₂ % vom Nominale*
nomineller Zinssatz	*9³/₄ % p.a., zahlbar jährlich im nachhinein*
Tilgungsart	*Fall 1) Ratentilgung mit einem Freijahr*
	Fall 2) Annuitätentilgung ohne Freijahre

(a) *Erstellen Sie die entsprechenden Zins- und Tilgungspläne.*

(b) *Ermitteln Sie für den Fall der Ratentilgung die approximative Effektivverzinsung.*

(c) Ermitteln Sie für beide Tilgungsarten die Gleichung zur Bestimmung der (exakten) Effektivverzinsung vor Steuern.

(d) Welche Beträge können in den einzelnen Jahren jeweils steuerlich geltend gemacht werden?

(a1) Zins– und Tilgungsplan bei Ratentilgung

Wird bei einem Kredit ein Auszahlungsdisagio vereinbart, dann ergibt sich der tatsächliche Auszahlungsbetrag aus dem um das Disagio verringerte Nominale. Im konreten Fall beträgt das Auszahlungsdisagio 1 % vom Nominale, also 1.000,–, wodurch

$$Y_0 = 100.000 \cdot (1 - 0,01) = 99.000, -$$

tatsächlich zur Auszahlung gelangen.

Ein allfälliges Rückzahlungsagio hingegen führt während der Tilgungsjahre zu zusätzlichen Zahlungen, die über die Zins- und Tilgungszahlungen hinausgehen, ohne daß dadurch das ausstehende Nominale verringert würde; gleichzeitig werden aber auch keine Zinsen auf den noch nicht bezahlten Teil des Agios verrechnet. Beim Ratenkredit ist das erste Jahr ein Tilgungsfreijahr, das Rückzahlungsagio wird daher auf die letzten vier Jahre verteilt, immer zu Periodenende bezahlt und hat jeweils eine Höhe von

$$\frac{100.000 \cdot 0,015}{4} = 375, -.$$

Ratentilgung ist dadurch gekennzeichnet, daß während der Tilgungsjahre das noch ausstehende Nominale jeweils um einen gleichbleibenden Betrag verringert wird. Da im konkreten Fall ein Tilgungsfreijahr gewährt wird, beträgt die Tilgungszahlung im ersten Jahr

$$Y_1 = 0, -,$$

und das Nominale wird gleichverteilt über die vier Tilgungsjahre zu Jahresende zurückbezahlt, also

$$Y_t = \frac{100.000}{4} = 25.000, - \quad \text{für } t = 2, \dots, 5.$$

Die Zinsen werden in jedem Jahr jeweils zu Periodenende bezahlt und werden auf Basis des zu Periodenbeginn noch ausstehenden Nominales berechnet.

Es läßt sich somit für den Ratenkredit folgender Zins- und Tilgungsplan erstellen:

	1	2	3	4	5
ausstehendes Nominale zu Periodenbeginn	100.000,–	100.000,–	75.000,–	50.000,–	25.000,–
Zinsen Z_t	9.750,–	9.750,–	7.312,50	4.875,–	2.437,50
Rückzahlungsagio	0,–	375,–	375,–	375,–	375,–
Tilgung Y_t	0,–	25.000,–	25.000,–	25.000,–	25.000,–
Gesamtzahlungen	9.750,–	35.128,–	32.687,50	30.250,–	27.812,50

(a2) Zins– und Tilgungsplan bei Annuitätentilgung

Wie man leicht sehen kann, ändern sich beim Ratenkredit die Gesamtzahlungen von Periode zu Periode, da der Zinsaufwand im Laufe der Zeit sinkt, während die Tilgungszahlungen konstant bleiben. Beim Annuitätenkredit sollen nun die Gesamtzahlungen konstant bleiben. Da der Zinsaufwand auch hier gegen Ende der Laufzeit abnehmen wird, bleibt vom Gesamtbetrag mehr für die Tilgungszahlungen, diese werden daher allmählich zunehmen.

Im Fall II der Aufgabe wird das Nominale über 5 Jahre mittels Annuitätenkredits getilgt. Die Annuitätenzahlungen, die für sich genommen eine konstante nachschüssige Rente bilden, haben inklusive des Rückzahlungsagios eine Höhe von

$$Ann = 100.000 \cdot \frac{1,0975^5 \cdot 0,0975}{1,0975^5 - 1} + \frac{100.000 \cdot 0,015}{5}$$

$$= 26.511,48,$$

wobei der Auszahlungsbetrag wie im Fall I $Y_0 = 100.000 \cdot (1 - 0,01) = 99.000,-$ beträgt.

Für den Zins– und Tilgungsplan muß dieser Betrag periodenweise in seine Bestandteile aufgespalten werden. Dazu werden zunächst die Zinsen für die aktuelle Periode berechnet, die sich wiederum aus dem ausstehenden Nominale zu Periodenbeginn ergeben. Diese werden dann gemeinsam mit dem Rückzahlungsagio (das ja jetzt während 5 Tilgungsjahren bezahlt wird und daher eine Höhe von $\frac{1.500}{5} = 300,-$ hat) von der Annuität abgezogen. Der Restbetrag wird für die Nominalentilgung verwendet, das ausstehende Nominale zu Beginn der nächsten Periode ist daher entsprechend gesunken.

	1	2	3	4	5
ausstehendes Nominale zu Periodenbeginn	100.000,–	83.538,52	65.472,04	45.644,08	23.882,90
Ann	26.511,48	26.511,48	26.511,48	26.511,48	26.511,48
davon Zinsen	9.750,–	8.145,01	6.383,52	4.450,30	2.328,58
davon Rückzahlungsagio	300,–	300,–	300,–	300,–	300,–
davon Tilgung	16.461,48	18.066,48	19.827,96	21.761,18	23.882,90

Anmerkung: Abgesehen von Rundungsfehlern, muß beim Raten– wie auch beim Annuitätenkredit der Tilgungsbetrag in der letzten Periode genau gleich dem noch ausstehenden Nominale zu Beginn dieser Periode sein, da man andernfalls entweder den Kredit noch nicht vollständig abbezahlt (zu niedriges Y_T) oder aber ein Guthaben bei der Bank (zu hohes Y_T) hätte.

(b) Approximative Effektivverzinsung

Aufgrund des Tilgungsfreijahres ergibt sich die mittlere Laufzeit des Ratenkredites aus

$$MLZ = \frac{1 + \text{Tilgungsjahre}}{2} + \text{Tilgungsfreijahre}$$

$$= \frac{1 + 4}{2} + 1$$

$$= 3,5.$$

Die approximative Effektivverzinsung beträgt daher

$$i_{\text{proxy}} = \frac{i_{\text{nom}} + \frac{d+a}{MLZ}}{1-d}$$

$$= \frac{0,0975 + \frac{0,01+0,015}{3,5}}{1-0,01}$$

$$= 10,57 \ \% \ \text{p.a.}$$

(c) Exakte Effektivverzinsung

Die exakte Effektivverzinssung stellt jenen Zinssatz dar, bei dem der Barwert der zukünftigen Gesamtzahlungen gleich dem Auszahlungsbetrag wird. Sie faßt daher Nominalzinssatz, Auszahlungsdisagio und Rückzahlungsagio zu einer einzigen Zahl zusammen.

(c1) Ratenkredit:

$$99.000 \overset{!}{=} \frac{9.750}{(1+i_{\text{eff}})^1} + \frac{35.125}{(1+i_{\text{eff}})^2} + \frac{32.687,50}{(1+i_{\text{eff}})^3} + \frac{30.250}{(1+i_{\text{eff}})^4} + \frac{27.812,50}{(1+i_{\text{eff}})^5}$$

$$(i_{\text{eff}} = 10,496007 \ \% \ \text{p.a.})$$

(c2) Annuitätenkredit:

$$99.000 \overset{!}{=} 26.511,48 \cdot \frac{(1+i_{\text{eff}})^5 - 1}{(1+i_{\text{eff}})^5 \cdot i}$$

$$(i_{\text{eff}} = 10,591095 \ \% \ \text{p.a.})$$

Ein Annuitätenkredit mit einem Nominale (gleich Auszahlungsbetrag) von 99.000,– und einem Nominalzinssatz von 10,591 % p.a. führt daher bei einer Laufzeit von 5 Jahren ohne Tilgungsfreijahre und $d = a = 0$ ebenfalls zu Annuitätenzahlungen in der Höhe von 26.511,48. Würde der Nominalzinssatz höher sein, würde auch die Annuität des „Alternativkredites" höher sein; ein niedrigerer Zinssatz würde niedrigere Annuitätenzahlungen verlangen. Die Effektivverzinsung kann zum Vergleich von Krediten mit unterschiedlichen Ausstattungsmerkmalen bezüglich der Kosten herangezogen werden. Dabei sollten die anderen Ausstattungsmerkmale (wie vor allem die Laufzeit) ident sein, wie sich im Rahmen der „Methode des Internen Zinsfußes" bei der Investitionsbewertung noch zeigen wird.

(d) Steuerlich absetzbarer Zinsaufwand

Gemäß der gesetzlichen Bestimmungen kann der Aufwand für Fremdkapital steuerlich geltend gemacht werden. Konkret können Zinsen in dem Jahr, in dem sie anfallen, geltend gemacht werden. Sonstige Gebühren und Spesen (also Disagio und Agio) hingegen sind gleichverteilt über die gesamte Laufzeit des Kredites abzusetzen; allfällige Tilgungsfreijahre sind daher nicht zu berücksichtigen.

(d1) Ratenkredit:

	1	2	3	4	5
Zinsen Z_t	9.750,–	9.750,–	7.312,50	4.875,–	2.437,50
anteiliges Auszahlungsdisagio	200,–	200,–	200,–	200,–	200,–
anteiliges Rückzahlungsagio	300,–	300,–	300,–	300,–	300,–
steuerlich berücksichtigbare Kreditbeschaffungskosten Z'_t	10.250,–	10.250,–	7.812,50	5.375,–	2.937,50

(d2) Annuitätenkredit:

	1	2	3	4	5
Zinsen	9.750	8.145,01	6.383,52	4.450,30	2.328,58
anteiliges Auszahlungsdisagio	200,–	200,–	200,–	200,–	200,–
anteiliges Rückzahlungsagio	300,–	300,–	300,–	300,–	300,–
steuerlich berücksichtigbare Kreditbeschaffungskosten Z_t'	10.250	8.645,01	6.883,52	4.950,30	2.828,58

Aufgabe 1.22

Zur Finanzierung eines Sportwagens hat Florida Floridsdorfer am 1.1.1993 folgenden festver-zinslichen Kredit aufgenommen:

> *Nominale:*   *500.000,–*
> *Laufzeit:*   *4 Jahre*
> *nomineller Zinssatz:*   *10 % p.a.*
> *Auszahlungsdisagio:*   *keines*
> *Rückzahlungsagio:*   *keines*
> *Tilgungsform:*   *Annuitätentilgung ohne Freijahre,*
>   *zahlbar jährlich im nachhinein*

Aufgrund finanzieller Schwierigkeiten überlegt Florida am 1.1.1995, den restlichen Kredit bei gleichbleibendem nominellen Zinssatz durch neuerliche Verhandlungen mit der Bank umzu-schulden:

(a) *Wie groß wäre die neue Restlaufzeit des Kredits, falls Florida eine Halbierung der An-nuität anstrebt?*

(b) *Wie groß wäre die neue Annuität, falls Florida eine Verdoppelung der Restlaufzeit an-strebt?*

Unterstellen Sie, daß die Bank für die Umschuldung keinerlei Spesen verrechnet.

Zins- und Tilgungsplan des ursprünglichen Kredits

$$Ann = 500.000 \cdot \frac{1,10^4 \cdot 0,10}{1,10^4 - 1}$$

$$= 157.735,40$$

	1	2	3	4
ausstehendes Nominale zu Periodenbeginn	500.000,–	392.264,60	273.755,66	143.395,82
Ann	157.735,40	157.735,40	157.735,40	157.735,40
davon Zinsen	50.000,–	39.226,46	27.375,57	14.339,58
davon Tilgung	107.735,40	118.508,94	130.359,84	143.395,82

Für die weitere Betrachtung sind nur die Zahlungen ab der dritten Periode in die Betrachtung einzubeziehen. Die Zahlungen in den ersten beiden Jahren liegen vor dem Betrachtungszeitpunkt und können nicht mehr beeinflußt werden; sie sind daher als sunk costs zu betrachten und dürfen ihrerseits die Entscheidung über zukünftiges Verhalten nicht beeinflussen.

(a) Halbierung der Annuität

Falls ab der dritten Periode nur mehr $\frac{157.735,40}{2} = 78.867,70$ je Periode bezahlt werden, dann ergibt sich als neue Restlaufzeit

$$78.867,70 = 273.755,66 \cdot \frac{1,10^T \cdot 0,10}{1,10^T - 1}$$

$$\Rightarrow T = \frac{\ln\left(\frac{78.867,70}{78.867,70 - 273.755,66 \cdot 0,10}\right)}{\ln(1,10)}$$

$$= 4,47 \text{ Jahre.}$$

(b) Verdopplung der Restlaufzeit

$$Ann = 273.755,66 \cdot \frac{1,10^4 \cdot 0,10}{1,10^4 - 1}$$

$$= 86.361,92$$

	3	4	5	6
ausstehendes Nominale zu Periodenbeginn	273.755,66	214.769,30	149.884,32	78.510,83
Ann	86.361,92	86.361,92	86.361,92	86.361,92
davon Zinsen	27.375,57	21.476,93	14.988,43	7.851,08
davon Tilgung	58.986,35	64.884,99	71.373,49	78.510,83

Aufgabe 1.23

Zur Finanzierung seiner neuen Einbauküche hat Floridus Floridsdorfer am 1.1.1993 folgenden vom Schuldner kündbaren, festverzinslichen Kredit aufgenommen:

Nominale:	*100.000,–*
maximale Laufzeit:	*4 Jahre*
Tilgungsform:	*Ratentilgung ohne Freijahre jeden 31. Dezember*
nomineller Zinssatz:	*10 % p.a.*
Zinszahlungen:	*jährlich im nachhinein*
Auszahlungsdisagio:	*2 %*
Rückzahlungsagio:	*keines*
Kündigungsprämie:	*5 % vom ausstehenden Nominale*

Am 1.1.1995 überlegt Floridus, ob er mit Hilfe des folgenden neuen, vom Schuldner kündbaren, festverzinslichen Kredits aus dem obigen Kredit aussteigen soll.

maximale Laufzeit:	2 Jahre
Tilgungsform:	Annuitätentilgung ohne Freijahre jeden 31. Dezember
nomineller Zinssatz:	8 % p.a.
Zinszahlungen:	jährlich im nachhinein
Auszahlungsdisagio:	0,5 %
Rückzahlungsagio:	1 %
Kündigungsprämie:	5 % vom ausstehenden Nominale

Wie soll sich Floridus verhalten (mit Begründung)?

Lösung

Zins– und Tilgungsplan des alten Kredits:

	1	2	3	4
ausstehendes Nominale zu Periodenbeginn	100.000	75.000	50.000	25.000
Tilgung	25.000	25.000	25.000	25.000
Zinsen	10.000	7.500	5.000	2.500
Gesamte Zahlungen	35.000	32.500	30.000	27.500

Um aus dem alten Kredit aussteigen zu können, müßte Floridus Floridsdorfer das noch ausstehende Nominale (50.000,–) und die Kündigungsprämie (50.000 · 0, 05 = 2.500,–), insgesamt also $Y_0 = 52.500,–$, bezahlen — die er zur Gänze aus dem neuen Kredit erhalten müßte. Berücksichtigt man, daß beim neuen Kredit ein Auszahlungsdisagio anfällt, dann ergibt sich das neue Nominale aus

$$Y_0 = Nom \cdot (1 - d)$$
$$\iff Nom = \frac{Y_0}{1 - d} = \frac{52.500}{1 - 0,005}$$
$$= 52.763,82.$$

Die Laufzeit des neuen muß gleich sein der Restlaufzeit des alten Kredits. Die Annuität beträgt daher

$$Ann = 52.763,82 \cdot \frac{1,08^2 \cdot 0,08}{1,08^2 - 1} + \frac{52.763,82 \cdot 0,01}{2}$$
$$= 29.852,15.$$

Zins– und Tilgungsplan des neuen Kredits:

	3	4
ausstehendes Nominale zu Periodenbeginn	52.763,82	27.396,60
Ann	29.852,15	29.852,15
davon Zinsen	4.221,11	2.191,73
davon Rückzahlungsagio	263,82	263,82
davon Tilgung	25.367,22	27.396,60

Vergleich der beiden Kredite:

	3	4
gesamte Zahlungen alter Kredit	30.000,–	27.500,–
gesamte Zahlungen neuer Kredit ($=Ann$)	29.852,15	29.852,15
Differenz	–147,85	2.352,15

Die Ersparnis im Jahr 3 ist zu gering, um die höheren Zahlungen im Jahr 4 zu rechtfertigen: Der Interner Zinsfuß von $\frac{2.352,15}{147,85} - 1 = 1491$ % p.a. liegt eindeutig über seinem Kalkulationszinssatz, zu dem er den ersparten Betrag zwischenzeitlich anlegen könnte. Floridus Floridsdorfer sollte daher zum aktuellen Betrachtungszeitpunkt (also zu Beginn des Jahres 3) nicht aus dem alten Kredit aussteigen.

Aufgabe 1.24

Nach ihrem Studium steht Mag. Florida Floridsdorfer vor der Entscheidung, eine neue Wohnung zu kaufen oder zu mieten.

* *Variante Kauf:*
  Der Preis der Wohnung beträgt 2 Mio. Florida verfügt über 500.000,–, und der Rest müßte über folgenden festverzinslichen Kredit fremdfinanziert werden:

Laufzeit:	*25 Jahre*
nomineller Zinssatz:	*8 % p.a.*
Tilgung:	*monatliche Annuitäten im nachhinein*
Auszahlungsdisagio:	*keines*
Rückzahlungsagio:	*keines*

* *Variante Miete:*
  Die Miete ist monatlich im vorhinein zu bezahlen und beträgt im ersten Monat 7.000,–. Die darauffolgenden Mieten werden an einen Wohnpreisindex angepaßt, wobei Florida eine monatliche Erhöhung von 0,8 % unterstellt.
  Florida beabsichtigt, die Wohnung 25 Jahre zu nutzen und danach ein neues Leben am Lande zu beginnen. Sie rechnet mit einer durchschnittlichen Wertsteigerung bei Eigentumswohnungen in der Höhe von 6,5 % p.a.

Die Alternativrendite für das Eigenkapital beträgt 5 % p.a. Entscheiden Sie mit Hilfe der Kapitalwertmethode, ob Florida die Wohnung kaufen oder mieten soll.

Lösung

Der Kredit für den Wohnungskauf hätte eine Laufzeit von $T = 300$ Monaten bei einem Zinssatz von $i = \sqrt[12]{1,08} - 1 = 0,6434$ % p.m. Es müßten daher jeweils am Monatsende

$$Ann = 1.500.000 \cdot \frac{(1+i)^{300} \cdot i}{(1+i)^{300} - 1}$$

$$= 11.301,23$$

bezahlt werden. Berücksichtigt man die Alternativrendite von $i_E = \sqrt[12]{1,05} - 1 = 0,4074\ \%$ p.m., dann hat die Variante „Wohnungskauf" einen Kapitalwert von

$$K_0^{\text{Kauf}} = -500.000 - 11.301,23 \cdot \frac{(1 + i_E)^{300} - 1}{(1 + i_E)^{300} \cdot i_E} + \frac{2.000.000 \cdot 1,065^{25}}{1,05^{25}}$$

$$= +396.503,09$$

Bei der Variante „Miete" fallen ausschließlich Auszahlungen an, die man als vorschüssige geometrisch veränderliche Rente betrachten kann. Der Kapitalwert beträgt hier

$$K_0^{\text{Miete}} = -7.000 \cdot (1 + i_E) \cdot \frac{\left(\frac{1+i_E}{1,008}\right)^{300} - 1}{(1 + i_E - 1,008) \cdot \left(\frac{1+i_E}{1,008}\right)^{300}}$$

$$= -3.982.066,99$$

Die Variante „Wohnungskauf" hat den größeren Kapitalwert, der zudem positiv ist; die Investorin sollte sich daher für diese Alternative entscheiden.

Aufgabe 1.25

Während seines Praktikums vom Juli bis September 1994 im deutschsprachigem Ausland hat der verheiratete BWZ–Student Floridus Floridsdorfer die attraktive Dkfr. Fenja Pfiffig–Flachmann kennen- und liebengelernt. Um klare Verhältnisse zu schaffen, beschließen Floridus und seine Frau Florida nach zahllosen durchdiskutierten Nächten im Herbst 1994, einvernehmlich die Scheidung einzureichen. Floridus erklärt sich bereit, für seine drei bei Florida verbleibenden Kinder aus gemeinsamer Ehe

Kind	Geburtsdatum
Florian	1.1.1993
Europa	1.1.1994
Flora	1.1.1994

ab Jänner 1995 jeden Monatsletzten pro Kind 3.000,– bis zu deren 19. Geburtstag an Florida zu zahlen. Gehen Sie bei der Behandlung der folgenden Aufgabenstellungen davon aus, daß alle Beteiligten den 19. Geburtstag der Zwillinge erleben.

(a) *Welchen Betrag verspricht Floridus insgesamt für seine drei Kinder zu bezahlen?*

Der Scheidungsrichter stellt das scheidungswillige Ehepaar vor die Alternative, anstelle der obigen monatlichen Zahlungen einen am 1.1.1995 zahlbaren einmaligen Pauschalbetrag in der Höhe von 1 Mio. öS zu vereinbaren.

(b) *Wie soll sich Floridus zu diesem Vorschlag des Richters verhalten (mit Begründung), falls er*

   (b1) *über diesen Betrag auf einem festverzinslichen Sparbuch mit einer Verzinsung von 6 % p.a. verfügt?*

(b2) für diesen Betrag zwei Kredite mit unterschiedlicher Laufzeit zu folgenden Konditionen aufnehmen müßte?

	Kredit A	Kredit B
Laufzeiten:	bis 31.12.2011	bis 31.12.2012
Nominale:	von Floridus festzulegen!	von Floridus festzulegen!
Auszahlungsdisagio:	1 %	1 %
Rückzahlungsagio:	keines	keines
nomineller Zinssatz:	12 % p.a.	12 % p.a.
Tilgung:	Annuitätentilgung bei monatlichen Zahlungen im nachhinein	
Freijahre:	keine	keine

(c) Wie soll sich Florida zu diesem Vorschlag des Richters verhalten (mit Begründung und Fallunterscheidungen analog zu (b))?

(d) Welche Pauschalbeträge muß der Scheidungsrichter vorschlagen, damit sich das scheidungswillige Ehepaar diesbezüglich einigt (mit Begründung und kombinierten Fallunterscheidungen)?

(a) Gesamtbetrag an die Kinder

Floridus bezahlt für

Kind		Betrag
Florian	17 Jahre = 204 Monate $\Rightarrow$ 204 · 3.000 =	612.000, –
Europa	18 Jahre = 216 Monate $\Rightarrow$ 216 · 3.000 =	648.000, –
Flora	18 Jahre = 216 Monate $\Rightarrow$ 216 · 3.000 =	648.000, –
insgesamt		1.908.000, –

(b) Entscheidung von Floridus über den Richtervorschlag

(b1) Sparbuch:
Bei einem Zinssatz von $\sqrt[12]{1,06} - 1 = 0,486755$ % p.m. müßte Floridus für die drei Kinder heute auf ein Sparbuch

Kind	T		K_0
Florian	204	$3.000 \cdot \frac{(1+i)^{204}-1}{(1+i)^{204}\cdot i}$ =	387.444,70
Europa	216	$3.000 \cdot \frac{(1+i)^{216}-1}{(1+i)^{216}\cdot i}$ =	400.400,30
Flora	216	$3.000 \cdot \frac{(1+i)^{216}-1}{(1+i)^{216}\cdot i}$ =	400.400,30
insgesamt			1.188.245,30

einbezahlen, um vom Sparbuch die regelmäßigen Zahlungen zu bedienen; der Pauschalbetrag ist niedriger. Er nimmt daher den Vorschlag des Richters an.

(b2) Kredit:
Wenn Floridus die zukünftigen Zahlungen zur Tilgung von Krediten verwenden würde, dann

könnte er heute bei einem Zinssatz von $\sqrt[12]{1,12} - 1 = 0,948879$ % p.m. einen Kredit mit Nominale

Kind	T		K_0
Florian	204	$3.000 \cdot \frac{(1+i)^{204}-1}{(1+i)^{204} \cdot i} =$	270.115,18
Europa	216	$3.000 \cdot \frac{(1+i)^{216}-1}{(1+i)^{216} \cdot i} =$	275.048,815
Flora	216	$3.000 \cdot \frac{(1+i)^{216}-1}{(1+i)^{216} \cdot i} =$	275.048,815
insgesamt			820.212,81

aufnehmen; der Auszahlungsbetrag hätte dann eine Höhe von $Y_0 = 820.212,81 \cdot (1 - 0,01) = 812.010,67$. Würde er den Vorschlag des Richters annehmen und den Pauschalbetrag über einen Kredit finanzieren, dann würde er somit monatlich mehr als die ursprünglichen Zahlungen an die Kinder leisten müssen. Er lehnt daher den Vorschlag des Richters ab.

(c) Entscheidung von Florida über den Richtervorschlag

(c1) Sparbuch:
Florida müßte heute 1.188.245,30 auf ein Sparbuch einbezahlen, damit sie zu den gleichen Beträgen kommt wie die ursprünglich vorgesehenen von ihrem Ex–Mann. Da der vorgeschlagene Betrag des Richters darunter liegt, wird sie ablehnen.

(c2) Kredit:
Falls Florida heute einen Kredit laufen hat bzw. unmittelbar vor Aufnahme eines Kredites steht, dann könnte sie nur ein Nominale von 820.212,88 ($\Rightarrow Y_0 = 812.010,67$) mit den regelmäßigen Zahlungen tilgen. In diesem Fall ist der Pauschalbetrag für sie besser, und sie wird annehmen.

(d) Pauschalbeträge zur Einigung

Floridus ist bereit, maximal 1.188.245,30 (wenn Kapital vorhanden) bzw. 812.010,67 (wenn über Kredit finanziert) zu bezahlen.
Florida verlangt mindestens 1.188.245,30 (wenn sie es auf ein Sparbuch legt) bzw. 820.212,81 (wenn sie bereits einen Kredit aufgenommen hat) bzw. 812.010,67 (falls sie unmittelbar vor Aufnahme eines Kredites steht). Es sind somit sechs Fälle zu unterscheiden:

Florida	Floridus	
	Sparbuch $\leq 1.188.245,30$	Kredit $\leq 812.010,67$
Sparbuch $\geq 1.188.245,30$	1.188.245,30	keine Einigung
laufender Kredit $\geq 820.212,81$	von 820.212,81 bis 1.188.245,30	keine Einigung
vor Kreditaufnahme $\geq 812.010,67$	von 812.010,67 bis 1.188.245,30	812.010,67

Aufgabe 1.26

Zu Silvester 199X beschließen Roman Tausch, Student der Literaturwissenschaften, und seine Verlobte, die Sportstudentin Anna Bolika, am nächsten Tag einen Bausparvertrag abzuschließen. Sie wollen hierfür jeweils zu Jahresbeginn aus den Erlösen ihrer von den Verwandten erhaltenen Weihnachtsgeschenke 10.000,– mittels Telebanking auf ihr Bausparkonto überweisen.

Der Bausparvertrag hat eine Laufzeit von 6 Jahren, und die nominelle Verzinsung der jährlichen Einzahlungen beträgt 4,5 % p.a. Die staatliche Bausparprämie liegt bei 5 %. Sie wird jährlich am Jahresende für die Einzahlungen des abgelaufenen Jahres dem Konto gutgeschrieben und in den darauffolgenden Jahren von der Bausparkassa zugunsten des Bausparers verzinst.

(a) *Über wie viel Geld können Roman Tausch und Anna Bolika am Ende der Laufzeit verfügen?*

(b) *Zeigen Sie, daß die Rendite (interner Zinsfuß) des Bausparvertrages 5,847879 % p.a. aus Sicht der beiden Bausparer beträgt.*

(c) *Stellen Sie allgemein den Endwert K_T mit folgenden Symbolen dar:*

C ... *konstante jährliche Einzahlungen zu Jahresanfang*

r ... *Verzinsung in % p.a.*

T ... *Laufzeit in Jahren*

p ... *staatliche Bausparprämie in % der Einzahlungen*

(d) *Wie lange müssen Roman und Anna sparen, damit sie auf ein Endvermögen von 1 Million Schilling kommen, wenn der Bausparvertrag bei sonst gleichen Bedingungen beliebig lange laufen kann?*

(e) *Ermitteln Sie unter Verwendung der Ergebnisse von Punkt (c) die Höhe von C, damit die beiden mit ansonsten unveränderten Werten in zehn Jahren auf ein Endvermögen von 1 Million kommen.*

Anmerkung: Ignorieren Sie eine eventuelle Kapitalertragsteuer.

(a) **Sparvermögen nach 6 Jahren**

Die Einzahlungen aus den Geschenken bilden eine vorschüssige konstante Rente mit einer Laufzeit von 6 Jahren, deren Endwert

$$K_6^{\text{Einzahlungen}} = 10.000 \cdot 1,045 \cdot \frac{1,045^6 - 1}{0,045}$$

$$= 70.191,52$$

beträgt. Dazu kommen aber jeweils am Jahresende 500,– an Bausparprämie; diese bilden eine nachschüssige konstante Rente mit einem Endwert von

$$K_6^{\text{Prämie}} = 500 \cdot \frac{1,045^6 - 1}{0,045}$$

$$= 3.358,45.$$

Das gesamte Endvermögen beträgt somit

$$K_6 = K_6^{\text{Einzahlungen}} + K_6^{\text{Prämie}}$$

$$= 70.191,52 + 3.358,45$$

$$= 73.549,96.$$

(b) Effektivverzinsung

Für ihre vorschüssige konstante Rente mit Zahlungen in der Höhe von 10.000,– erhalten die beiden Sparer einen Endbetrag von 73.549,96:

$$10.000 \cdot 1,05847879 \cdot \frac{1,05847879^6 - 1}{0,05847879} = 73.549,96.$$

(c) Endvermögen aus Bausparverträgen

Das gesamte Endvermögen ergibt sich analog zu (a) aus dem Endwert der (vorschüssigen) Einzahlungen, $K_T^{\text{Einzahlungen}}$, und dem Endwert der (nachschüssigen) Prämien, $K_T^{\text{Prämien}}$. Es gilt daher

$$K_T = \underbrace{C \cdot (1+r) \cdot \frac{(1+r)^T - 1}{r}}_{=K_T^{\text{Einzahlungen}}} + \underbrace{p \cdot C \cdot \frac{(1+r)^T - 1}{r}}_{=K_T^{\text{Prämien}}}$$

$$= C \cdot (1 + r + p) \cdot \frac{(1+r)^T - 1}{r}.$$

(d) Laufzeitbestimmung

Löst man die in (c) hergeleitete Formel nach T auf und setzt die verfügbaren Werte ein, so ergibt sich

$$T = \frac{\ln\left(\frac{1.000.000 \cdot i}{10.000 \cdot (1,045 + 0,05)} + 1\right)}{\ln(1,045)}$$

$$= 37,06 \text{ Jahre.}$$

(e) Bestimmung der Höhe der Einzahlungen

Ebenfalls durch Umformung des Ergebnisses aus (c) ergibt sich

$$C = \frac{K_T \cdot r}{(1 + r + p) \cdot ((1+r)^T - 1)}$$

$$= \frac{1.000.000 \cdot 0,045}{1,095 \cdot (1,045^{10} - 1)}$$

$$= 74.318,56.$$

Aufgabe 1.27

Aufgrund eines unerwarteten Familienzuwachses beschließen Florida und Floridus Floridsdorfer den Kauf einer Eigentumswohnung. Der augenblickliche Kaufpreis der Wohnung beträgt 2 Mio. öS.

(a) *Da das junge Ehepaar über keinerlei Eigenmittel verfügt, muß es einen Kredit zu folgenden Konditionen aufnehmen:*

nomineller Zinssatz: 8 % p.a.
Auszahlungsdisagio: 3 %
Rückzahlungsagio: keines

*Das Ehepaar kann monatlich 20.000,- an Annuität für Tilgung und Zinsen zurückzahlen.
Die Zahlung des ersten Betrages erfolgt einen Monat nach der Kreditaufnahme.
Nach wie vielen Monaten ist der Kredit zurückbezahlt?*

(b) *Da das Ehepaar nicht verschuldet sein will, beschließt es, die monatlichen 20.000,- auf
ein festverzinsliches Sparbuch mit einer Verzinsung von 6 % p.a. regelmäßig solange ein-
zuzahlen, bis der erreichte Sparbetrag zur Anschaffung der Wohnung ausreicht. Dabei
wird gerechnet, daß die monatliche Preissteigerung der Wohnung 0,5 % beträgt.
Nach wie vielen Monaten kann die Wohnung mit Eigenmitteln angeschafft werden?*

(c) *Wie ändern sich die Ergebnisse aus (a) und (b), wenn das Ehepaar aufgrund steigender
Einkommen die Zahlungsbeträge jeden Monat um jeweils 0,3 % erhöhen kann?*

(a) Laufzeitbestimmung

Aufgrund des Auszahlungsdisagios ist das Nominale mit $\frac{2.000.000}{1-0,03} = 2.061.855,67$ festzulegen.
Bei einem Monatszinssatz von $i = \sqrt[12]{1,08} - 1 = 0,643403\ \%$ p.m. ergibt sich die Laufzeit
analog zu einer nachschüssigen Rente mit bekanntem Barwert aus

$$T = \frac{\ln\left(\frac{Ann}{Ann - Nom \cdot i}\right)}{\ln(1+i)}$$

$$= \frac{\ln\left(\frac{20.000}{20.000 - 2.061.855,67 \cdot i}\right)}{\ln(1,00643403)}$$

$$= 169,73\ \text{Monate}$$

(b) Laufzeit bei Preissteigerung

Falls die Einzahlungen (analog zum Kredit) nachschüssig erfolgen, muß gelten

$$\underbrace{K_0 \cdot (1+\pi)^T}_{=K_T} \stackrel{!}{=} C \cdot \frac{(1+i)^T - 1}{i}$$

$$\Rightarrow f(T) = 2.000.000 \cdot 1,005^T - 20.000 \cdot \frac{(1+i)^T - 1}{i} \stackrel{!}{=} 0$$

mit $i = \sqrt[12]{1,06} - 1 = 0,486755\ \%$ p.m. Diese Gleichung kann iterativ mit $T_3 = T_1 - (T_2 - T_1) \cdot \frac{f(T_1)}{f(T_2) - f(T_1)}$ gelöst werden. Dabei ergibt sich eine Laufzeit von ca. 141 Monaten:

j	T_j	$f(T_j)$
1	100,00	724.866,8
2	200,00	−1.319.477,3
3	135,46	107.407,3
4	140,32	14.464,4
5	141,07	−192,6
6	141,06	0,0

(ca) Laufzeit einer geometrischen Rente

Bezeichnet man mit C die Höhe der ersten Zahlung, erhält man durch Umformung der entsprechenden Rentenbarwertformel

$$Nom \stackrel{!}{=} C \cdot \frac{\left(\frac{1+i}{g}\right)^T - 1}{(1+i-g) \cdot \left(\frac{1+i}{g}\right)^T}$$

$$Nom \cdot (1+i-g) \cdot \left(\frac{1+i}{g}\right)^T = C \cdot \left(\frac{1+i}{g}\right)^T - C$$

$$\left(\frac{1+i}{g}\right)^T \cdot (Nom \cdot (1+i-g) - C) = -C$$

$$\left(\frac{1+i}{g}\right)^T = \frac{C}{C - Nom \cdot (1+i-g)}$$

$$\Longleftrightarrow T = \frac{\ln\left(\frac{C}{C-Nom\cdot(1+i-g)}\right)}{\ln\left(\frac{1+i}{g}\right)}$$

$$= \frac{\ln\left(\frac{20.000}{20.000-2.061.855,67\cdot(1+i-1,03)}\right)}{\ln\left(\frac{1,00643403}{1,003}\right)}$$

$$= 127,85 \text{ Monate.}$$

(cb) Laufzeit einer geometrischen Rente bei Preissteigerung

Die Gleichung

$$f(T) = 2.000.000 \cdot 1,005^T - 20.000 \cdot 1,003^T \cdot \frac{\left(\frac{1+i}{1,003}\right)^T - 1}{1+i-1,003} \stackrel{!}{=} 0$$

ist wiederum nur iterativ lösbar:

j	T_j	$f(T_j)$
1	100,00	339.144,3
2	200,00	−3.363.800,3
3	109,16	103.529,1
4	111,87	30.413,5
5	113,00	−461,0
6	112,98	0,0

Aufgabe 1.28

(a) Die AC-Bank bietet ihren Stammkunden seit kurzem ein „Jahrtausend–Sparbuch" zu folgenden Konditionen an:

Laufzeit: $3^1/_2$ Jahre
Zinszahlungen: jeweils am 1. Jänner (nachschüssig)
Zinssatz: 3,5625 % netto p.a. (nach Abzug von 25 % KESt)
einmalige Einzahlung: 100.000,– am 30.6.1996

Wie groß ist das jeweils angesparte Kapital am 1.1.1997, 1.1.1998, 1.1.1999 und 1.1.2000, wenn die Verrechnung der Zinszahlungen auf der Basis einer

   (a1) gemischten Zinsrechnung,

   (a2) Zinseszinsrechnung,

   (a3) einfachen Zinsrechnung

erfolgt?

(b) *Für junge Kunden (bis 25) bietet die AC–Bank außerdem ein „Erfolgssparbuch" mit folgenden Ausstattungsmerkmalen an:*

erste Einzahlung:	1. Jänner 1997
Laufzeit:	5 Jahre
Ermittlung der Zinsen:	nach Zinseszinsrechnung
Zinszahlungen:	jeweils am 1. Jänner (nachschüssig)
Zinssatz:	4 % netto p.a. (nach Abzug von 25 % KESt)
Einzahlungen:	jeweils am Jahresanfang

Die Einzahlungen nehmen (beginnend mit dem zweiten Jahr) in jedem Jahre um 4 % zu.

   (b1) *Wie groß muß die erste Einzahlung sein, wenn ein Endvermögen von 100.000,– erzielt werden soll?*

   (b2) *Wie oft kann ein Kunde, der nach 5 Jahren 100.000,– angespart hat, Behebungen von 20.800,– jährlich am Jahresende vornehmen, wenn die Bank auch weiterhin Zinszahlungen von 4 % p.a. (netto) leistet und die Behebungen (beginnend mit dem zweiten Jahr) jährlich um 4 % zunehmen?*

(a1) Gemischte Zinsrechnung

Der Endwert bei gemischter Zinsrechnung ergibt sich aus

$$K_T = K_0 \cdot (1+i)^{\lfloor T \rfloor} \cdot (1 + i \cdot (T - \lfloor T \rfloor)),$$

wobei i der Jahreszinssatz von 3,5628 % p.a. ist und $\lfloor T \rfloor$ den ganzzahligen Anteil von T bezeichnet. Das angesparte Kapital zu den einzelnen Zeitpunkten beträgt daher

$$K_{1.1.1997} = 100.000 \cdot (1+i)^0 \cdot (1 + i \cdot 0,5) = 101.781,25$$
$$K_{1.1.1998} = 100.000 \cdot (1+i)^1 \cdot (1 + i \cdot 0,5) = 105.407,21$$
$$K_{1.1.1999} = 100.000 \cdot (1+i)^2 \cdot (1 + i \cdot 0,5) = 109.162,34$$
$$K_{1.1.2000} = 100.000 \cdot (1+i)^3 \cdot (1 + i \cdot 0,5) = 113.051,25$$

(a2) Zinseszinsrechnung

Bei Zinseszinsrechnung ist das Endvermögen durch

$$K_T = K_0 \cdot (1+i)^T$$

gegeben. Das Sparvermögen zu den einzelnen Zeitpunkten beträgt in diesem Fall

$$K_{1.1.1997} = 100.000 \cdot (1+i)^{0,5} = 101.765,66$$
$$K_{1.1.1998} = 100.000 \cdot (1+i)^{1,5} = 105.391,06$$
$$K_{1.1.1999} = 100.000 \cdot (1+i)^{2,5} = 109.145,62$$
$$K_{1.1.2000} = 100.000 \cdot (1+i)^{3,5} = 113.033,93$$

(a3) Einfache Zinsrechnung

Bei linearer Verzinsung schließlich ist das Endvermögen durch

$$K_T = K_0 \cdot (1 + i \cdot T)$$

zu bestimmen.

$$K_{1.1.1997} = 100.000 \cdot (1 + i \cdot 0,5) = 101.781,25$$
$$K_{1.1.1998} = 100.000 \cdot (1 + i \cdot 1,5) = 105.343,75$$
$$K_{1.1.1999} = 100.000 \cdot (1 + i \cdot 2,5) = 108.906,25$$
$$K_{1.1.2000} = 100.000 \cdot (1 + i \cdot 3,5) = 112.468,75$$

(b1) Rentenhöhe

Da der Wachstumsfaktor g gleich dem Zinsfaktor $(1+i)$ ist, ergibt sich die Höhe der ersten Rentenzahlung aus

$$K_T = C \cdot T \cdot (1+i)^T$$
$$\iff C = \frac{K_T}{T \cdot (1+i)^T}$$
$$= \frac{100.000}{5 \cdot 1,04^5}$$
$$= 16.438,54.$$

(b2) Laufzeit

Die Laufzeit dieser geometrischen Rente mit $g = 1 + i = 1,04$ ergibt sich aus

$$K_0 = \frac{C}{1+i} \cdot T$$
$$\iff T = \frac{K_0 \cdot (1+i)}{C}$$
$$= \frac{100.000 \cdot 1,04}{20.800}$$
$$= 5 \text{ Jahre.}$$

Aufgabe 1.29

Zur Geldabhebung im Ausland werden österreichischen Auslandsreisenden von den heimischen Kreditinstituten die beiden Varianten „Euroscheck" und „Bankomatkarte" angeboten. Die Spesen für eine Geldabhebung im Ausland mit einem Euroscheck betragen 1,75 % des ausgestellten Betrages, mindestens aber öS 25,–. Eine Bankomatbehebung im Ausland kostet öS 25,– plus 0,5 % des abgehobenen Betrages.

(a) *Skizzieren Sie graphisch für beide Varianten die Spesen in Abhängigkeit vom Behebungs-*
    betrag in öS.

(b) *Eine Floridsdorfer IBW–Studentin hat sich für ihr Auslandspraktikum in Spanien sowohl*
    Euroschecks als auch eine Bankomatkarte besorgt.
    Für welche Behebungsbeträge (in öS) soll die Studentin einen Euroscheck bzw. die Ban-
    komatkarte verwenden?

(a) Vergleich der Alternativen

Bezeichnet man mit X den Behebungsbetrag, mit S^S die Spesen für Abhebung mittels Scheck
und mit S^B die Spesen für Abhebung mittels Bankomat, dann können die Spesen folgendermaßen berechnet werden:

$$S^S = \max\{25; 0,0175 \cdot X\} = \begin{cases} 25 & \text{für } X \leq 1.428,57 \\ 0,0175 \cdot X & \text{für } X > 1.428,57 \end{cases}$$

$$S^B = 25 + 0,005 \cdot X$$

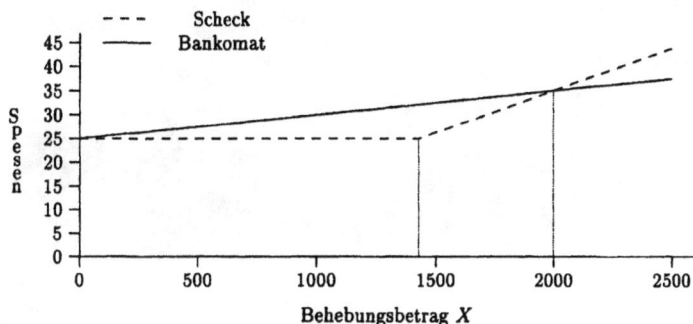

(b) Behebungsart

bis 2.000,– Schecks (Spesen: $25 \leq S^S \leq S^B \leq 35$)
ab 2.000,– Bankomat (Spesen: $35 \leq S^B \leq S^S$)

2 Statische Kriterien

Aufgabe 2.1

Einem Speditionsunternehmen sind die folgenden Daten von zwei alternativen Investitionsprojekten bekannt:

	LKW I	LKW II
Anschaffungsauszahlungen	120.000,–	200.000,–
geplante Nutzungsdauer:	3 Jahre	3 Jahre
Restwert am Ende der Nutzung	10.000,–	30.000,–
zusätzliche Transporterlöse pro Jahr	140.000,–	190.000,–
zusätzliche Auszahlungen vor Steuern		
und Zinsen zu $t = 1$	75.000,–	100.000,–
2	90.000,–	105.000,–
3	100.000,–	110.000,–

Der gewichtete durchschnittliche Kalkulationszinsfuß vor Steuern beträgt 10 % p.a.

(a) Berechnen Sie für den LKW I die

    (a1) approximative Gewinnannuität,

    (a2) approximative Rendite,

    (a3) statische Amortisationsdauer.

(b) Berechnen Sie die Differenzinvestition mit Hilfe der approximativen Gewinnannuität und der approximativen Rendite und treffen Sie eine Investitionsentscheidung.

(c) Halten Sie das Auswahlkriterium aus (b) für sinnvoll? (Begründen Sie Ihre Antwort!)

(a) Bewertung von LKW I

Statische Investitionsbewertungsverfahren sind i.a. dadurch gekennzeichnet, daß sie die zeitliche Struktur von Zahlungsströmen weitestgehend außer acht lassen und daher auf Durchschnittswerten basieren. Konkret werden dabei meist den *durchschnittlichen zusätzlichen Erlösen* die *durchschnittlichen zusätzlichen Kosten* gegenübergestellt. Erstere ergeben sich aus den durchschnittlichen Einzahlungen pro Periode abzüglich etwaiger Erlöseinbußen in den übrigen Geschäftsbereichen, die vom neuen Projekt verursacht werden. Die durchschnittlichen zusätzlichen Kosten bestehen in der vorliegenden Aufgabe zum einen aus den durchschnittlichen fixen und variablen Auszahlungen je Periode abzüglich der Kostenersparnis in den übrigen Geschäftsbereichen. Zum anderen müssen aber auch die *durchschnittlichen kalkulatorischen Kosten* berücksichtigt werden: Im Laufe der Zeit verliert das Anlagevermögen an Wert. Dies ist zwar nicht mit Zahlungen verbunden, bewirkt aber dennoch eine Reduzierung des (Sach–) Vermögens des Investors, er hat daher die sog. *kalkulatorische Abschreibung* zu berücksichtigen. Weiters verzichtet der Investor auf die Möglichkeit, das Kapital, das er für die neue Anlage verwendet, alternativ zu veranlagen und dadurch Zinsen zu erhalten, er muß daher auch jene *durchschnittlichen kalkulatorischen Zinsen* miteinbeziehen, die ihm aufgrund der Kapitalbindung im Projekt entgehen.

Die zahlungswirksamen Kosten werden häufig auch als sonstige Kosten bezeichnet, um sie von den kalkulatorischen Kosten abzugrenzen. Faßt man die durchschnittlichen zusätzlichen Ein- und Auszahlungen zusammen, so erhält man die durchschnittlichen zusätzlichen *Cash Flows*.

(a1) Durchschnittlicher Gewinn von LKW I

Bei der Methode der *Approximativen Gewinnannuität* (*durchschnittlicher Gewinn*) wird untersucht, ob die durchschnittlichen zusätzlichen Erlöse größer sind als die durchschnittlichen zusätzlichen Kosten.

- Für LKW I sind die durchschnittlichen zusätzlichen Erlöse aus der Angabe bekannt; sie betragen jedes Jahr 140.000,– und beinhalten (wie man aus der Bezeichnung erkennen kann) allfällige Erlöseinbußen in den bereits bestehenden Projekten.

- Die sonstigen zusätzlichen Kosten, die unmittelbar mit Auszahlungen verbunden sind, steigen im Laufe der Zeit an; durchschnittlich betragen sie jedes Jahr
$$\frac{75.000 + 90.000 + 100.000}{3} = 88.333,33.$$
es in den bisher bestehenden Geschäftsbereichen zu Erlöseinbußen kommt, kann erwartet werden, daß auch die Auszahlungen in diesen Bereichen zurückgehen werden. Dieser Rückgang ist aber ebenfalls bereits in den angegebenen Werten berücksichtigt worden („*zusätzliche* Auszahlungen").

- Bei seiner Anschaffung hat der LKW einen Wert von 120.000,–. Nach dreijähriger Nutzung sinkt dieser Wert auf 10.000,–. Nimmt man nun an, daß der LKW jedes Jahr um den gleichen Betrag im Wert sinkt, kann man diesen Wertverlust von 110.000,– linear auf die Nutzungsdauer aufteilen und die kalkulatorische Abschreibung mit
$$\frac{120.000 - 10.000}{3} = 36.666,67$$
pro Jahr bestimmen.

- Zu Beginn des ersten Jahres bindet der Investor Kapital in Höhe der Anschaffungsauszahlungen im neuen Projekt, also A_0. Aufgrund der kalkulatorischen Abschreibung steckt aber immer weniger gebundenes Kapital im Projekt. Man kann daher den (kalkulatorischen) Wert der Anlage zu Beginn einer beliebigen Periode t ermitteln, indem man von den Anschaffungsauszahlungen für jede der bereits vergangenen $t - 1$ Perioden die kalkulatorische Abschreibung abzieht. Zu Beginn der letzten der T Perioden, die zum Zeitpunkt $T - 1$ beginnt, beträgt der Wert der Anlage daher
$$A_0 - (T - 1) \cdot \frac{A_0 - R_T}{T} = R_T + \frac{A_0 - R_T}{T}.$$

Wie man leicht ersehen kann, sinkt dieser Wert bis zum Ende der letzten Periode, also dem Zeitpunkt T, auf genau den Restwert.

Um nun die kalkulatorischen Zinsen zu ermitteln, die dem Investor bei der Durchführung des Projektes entgehen, wird zuerst der durchschnittliche Kapitaleinsatz zu Periodenbeginn gemäß

$$\frac{(A_0) + \left(R_T + \frac{A_0 - R_T}{T}\right)}{2}$$

ermittelt und dieser dann mit dem passenden Kalkulationszinsfuß multipliziert. Für LKW I gilt daher

$$0,10 \cdot \frac{120.000 + 10.000 + 36.666,67}{2} = 8.333,33.$$

Der durchschnittliche Gewinn ergibt sich schließlich durch Zusammenfassen aller dieser Zwischenergebnisse:

Ø zusätzliche Erlöse			140.000,–
− Ø zusätzliche sonstige Kosten	$-\frac{75' + 90' + 100'}{3}$	$=$	−88.333,33
+ Ø zusätzliche Cash Flows			51.666,67
− Ø kalk. Abschreibung	$-\frac{120.000 - 10.000}{3}$	$=$	−36.666,67
− Ø kalk. Zinsen	$-0,1 \cdot \frac{120' + 10' + 36.666,67}{2}$	$=$	−8.333,33
− Ø kalkulatorische Kosten			−45.000,–
$= Ann_{\text{proxy}}$			6.666,67

Der durchschnittliche Gewinn besagt, um wie viel Geldeinheiten das Vermögen des Investors durchschnittlich je Periode mehr wächst, als wenn er die Anschaffungsauszahlungen alternativ veranlagt. Ein Projekt sollte daher nach diesem Kriterium genau dann durchgeführt werden, wenn die Gewinnannuität größer (oder zumindest gleich) null ist. Bei Investition in LKW I wächst das Gesamtvermögen des Investors um 15.000,– je Periode, bei Alternativveranlagung hingegen um 8.333,33; die Anschaffung und Nutzung dieses LKWs bringt somit eine höhere Vermögenssteigerung als die Alternativveranlagung ($Ann_{\text{proxy}} = 6.666,67$) und sollte daher durchgeführt werden.

(a2) Durchschnittliche Verzinsung von LKW I

Setzt man die Vermögenssteigerung in Verhältnis zum eingesetzten Kapital, dann erhält man allgemein die Rendite bzw. die Verzinsung, d.h. den Vermögenszuwachs je eingesetzter Geldeinheit. Dieses Prinzip läßt sich auch auf die Investitionsbewertung übertragen: Setzt man den durchschnittlichen Vermögenszuwachs (bestehend aus durchschnittlichen zusätzlichen Erlösen abzüglich durchschnittlicher sonstiger Kosten und durchschnittlicher kalkulatorischer Abschreibung) in Verhältnis zum durchschnittlichen Kapitaleinsatz, erhält man die durchschnittliche Verzinsung.

Wie bereits aus der Lösung für (a1) bekannt, beträgt für LKW I der durchschnittliche Vermögenszuwachs je Periode

$$140.000 - 88.333,33 - 36.666,67 = 15.000,-,$$

wobei durchschnittlich Kapital im Wert von

$$\frac{120.000 + 10.000 + 36.666,67}{2} = 83.333,33,$$

gebunden ist. Die durchschnittliche Verzinsung beträgt daher

$$p_{\text{proxy}} = \frac{15.000}{83.333,33}$$

$$= 0,18 = 18 \text{ \% p.a.}$$

Jede eingesetzte Kapitaleinheit wächst somit im Projekt mit durchschnittlich 18 % pro Jahr. Würde der Investor die Alternativveranlagung wählen, würde er „nur" 10 % erzielen; eine Investition ist daher zu empfehlen.

Aus den „Bestandteilen " der approximativen Rendite ergibt sich auch der enge Zusammenhang zur approximativen Gewinnannuität: Der durchschnittliche Gewinn war die durchschnittliche Vermögenssteigerung, die über den Vermögenszuwachs bei Alternativveranlagung hinausgeht. Setzt man daher die Ann_{proxy} in Relation zum durchschnittlich gebundenen Kapital, erhält man die zusätzliche Rendite bei Realisation des Projekts, die über den Kalkulationszinsfuß k hinausgeht. Die approximative Rendite eines Investitionsprojekts kann daher auch durch

$$p_{\text{proxy}} = k + \frac{Ann_{\text{proxy}}}{\varnothing \text{ Kapitaleinsatz}}$$

$$= 0,10 + \frac{6.666,67}{83.333,33}$$

$$= 0,10 + 0,08$$

$$= 18 \text{ \%}$$

ermittelt werden. Und aus diesem Zusammenhang folgt, daß die Kriterien Ann_{proxy} und p_{proxy} auch immer zur gleichen Investitionsempfehlung kommen: Ist Ann_{proxy} positiv, wird auch p_{proxy} größer als der Kalkulationszinsfuß, und nach beiden Kriterien ist zu investieren; ist Ann_{proxy} negativ, wird p_{proxy} kleiner als k, und nach beiden Verfahren ist von einer Realisation abzusehen.

(a3) Statische Amortisationsdauer von LKW I

Beim Kriterium der Statischen Amortisationsdauer wird untersucht, wielange es dauert, bis die laufenden Einzahlungsüberschüsse die notwendigen Anschaffungsauszahlungen zur Gänze abdecken. Das Verfahren der statischen Amortisationsdauer weicht daher von den beiden bisher besprochenen Verfahren insoferne ab, daß lediglich Ein- und Auszahlungen berücksichtigt werden, aber keine kalkulatorischen Kosten, weiters werden keine durchschnittlichen Werte herangezogen, sondern für jede Periode die tatsächlich anfallendenen Cash Flows. Das „Statische" an diesem Verfahren ist aber, daß die zeitliche Struktur letztlich nur bedingt berücksichtigt wird: Die Cash Flows werden lediglich aufsummiert, frühere Zahlungen werden aber nicht anders behandelt als spätere. Darüberhinaus wird bei der statischen Amortisationsdauer ignoriert, daß die Anschaffungsauszahlungen auch alternativ veranlagt werden könnten.

Zur Ermittlung der statischen Amortisationsdauer werden, beginnend mit der ersten Periode, solange die Cash Flows der nachfolgenden Perioden addiert, bis die Summe die Anschaffungsauszahlungen erstmals überschreitet. Falls alle Cash Flows dazu nicht ausreichen, aber ein hinreichend hoher Restwert erzielt wird, ist die Amortisationsdauer genau die Laufzeit des Projektes. Falls nun auch Restwert nichts mehr „retten" kann, amortisiert sich die Investition nie, es existiert daher auch keine Amortisationsdauer.

Im Falle der Bewertung von LKW I sind vorerst die zusätzlichen Cash Flows in den einzelnen Perioden zu ermitteln:

	1	2	3
zusätzliche Einzahlungen	140.000	140.000	140.000
− zusätzliche Auszahlungen	−75.000	−90.000	−100.000
= Cash Flows	65.000	50.000	40.000

Im nächsten Schritt wird periodenweise überprüft, ob unmittelbar nach Beginn der neuen Periode (t^+) bereits vollständig amortisiert ist oder nicht:

zu amortisierender Betrag zu $t = 0$	−120.000
$+ \quad C_1$	+65.000
zu amortisierender Betrag zu $t = 1^+$	−55.000
$+ \quad C_2$	+50.000
zu amortisierender Betrag zu $t = 2^+$	−5.000
$+ \quad C_3$	+40.000
	> 0

Unterstellt man Gleichverteilung der laufenden Zahlungen im 3. Jahr, dann werden die zu Beginn dieser Periode noch ausstehenden 5.000,– nach einem achtel Jahr amortisiert:

$$40.000 \cdot x = 5.000$$
$$\Longleftrightarrow x = \frac{5.000}{40.000}$$
$$= {}^1\!/_8.$$

Addiert man dies zu den bereits verstrichenen 2 Jahren, erhält man insgesamt eine Amortisationsdauer von $2^1\!/_8 = 2{,}125$ Jahren.

Ob LKW I nun aufgrund dieses Ergebnisses angeschafft werden soll oder nicht, hängt von der kritischen Amortisationsdauer des Speditionsunternehmens ab: Wenn etwa nur Projekte realisiert werden, die sich während der halben Laufzeit amortisieren, ist von einer Realisation abzusehen ($2{,}125 > 1{,}5$); werden hingegen alle Projekte akzeptiert, die innerhalb von drei Jahren ihre Anschaffungskosten einbringen, dann wird der LKW wohl gekauft werden.

(b) Bewertung der Differenzinvestition

Beim Vergleich von zwei Investitionsalternativen tritt häufig der Fall ein, daß eine Variante zwar in der Anschaffung günstiger ist, die andere aber höhere Cash Flows erwirtschaftet oder niedrigere Kosten verursacht. Es stellt sich daher die Frage, ob die höheren Anschaffungsauszahlungen die Vorteile bei der Nutzung rechtfertigen. (Diese Überlegung läßt sich auch auf Unterschiede in der Cash Flow–Struktur bei gleichen Anschaffungsauszahlungen erweitern. Eine Alternative, die sowohl in der Anschaffung als auch im laufenden Betrieb schlechter ist, kann offensichtlich sofort ausgeschlossen werden.) Eine wesentliche Annahme dabei ist, daß sämtliche Unterschiede zwischen den Alternativen in Geldeinheiten ausgedrückt und erfaßt werden können; ein ansprechenderes Design der Motorhaube von LKW I etwa soll daher keine Rolle spielen.

Vergleicht man LKW II mit LKW I, dann zeigt sich, daß LKW II um 80.000,- teurer ist und höhere zusätzliche Auszahlungen verursacht, daß aber andererseits auch der Restwert und die zusätzlichen Erlöse höher sind:

	LKW I	LKW II	Differenz
Anschaffungsauszahlungen A_0	120.000	200.000	80.000
Restwert R_T	10.000	30.000	20.000
Ø kalk. Abschreibung	36.666,67	56.666,67	20.000
Ø Kapitaleinsatz	83.333,33	143.333,33	60.000
Ø kalk. Zinsen	8.333,33	14.333,33	6.000
Ø zusätzliche Erlöse	140.000	190.000	50.000
Ø zusätzliche Auszahlungen	88.333,33	105.000	16.666,67

Man beachte dabei, daß die kalkulatorischen Kosten der Differenzinvestition sowohl als Differenz zwischen den entsprechenden Positionen der beiden Einzelprojekte berechnet werden können als auch direkt aus A_0^{Diff} und R_T^{Diff}.

Die Differenzinvestition kann quasi als „Zusatzprojekt" betrachtet werden, das in Kombination mit LKW I genau LKW II ergibt. Bewertet man daher die Differenzinvestition wie ein eigenes Projekt, dann erhält man einen Vergleich der beiden Alternativen.

Für die approximative Gewinnannuität ergibt sich daher

$$Ann_{\text{proxy}}^{\text{Diff}} = 50.000 - 16.666,67 - 20.000 - 6.000$$
$$= 7.333,33.$$

Da dieser Wert positiv ist, rechtfertigen sich die höheren Anschaffungsauszahlungen für LKW II, es sollte daher dieser Variante der Vorzug gegeben werden. Der durchschnittliche Gewinn bei Kauf von LKW II beträgt übrigens

$$Ann_{\text{proxy}}^{II} = Ann_{\text{proxy}}^{\text{Diff}} + Ann_{\text{proxy}}^{I}$$
$$= 14.000, -.$$

Da der Investor an einer möglichst hohen Vermögenssteigerung interessiert ist, wird er sich auch hier für LKW II entscheiden: $Ann_{\text{proxy}}^{II} > Ann_{\text{proxy}}^{I}$.

Die approximative Rendite der Differenzinvestition beträgt

$$p_{\text{proxy}}^{\text{Diff}} = \frac{50.000 - 16.666,67 - 20.000}{60.000}$$
$$= 0,10 + \frac{7.333,33}{60.000}$$
$$= 22,22\ \%.$$

Wegen $p_{\text{proxy}}^{\text{Diff}} > k$ sollte auch nach diesem Kriterium LKW II der Vorzug gegeben werden: Die Verwendung des Differenzbetrages, um den teureren LKW anschaffen zu können, bringt einen höheren Vermögenszuwachs als eine Investition dieses Betrages zum Alternativzinsfuß.

(c) Kritische Beurteilung der Bewertung der Differenzinvestition

Bei der Bewertung der Differenzinvestition ist zu berücksichtigen, daß sie lediglich Aussagen über die relative Vorteilhaftigkeit eines Projektes zuläßt. Dies ist hinreichend bei Muß–Investitionen, bei denen eine Variante auf jeden Fall zu realisieren ist. Bei Kann–Investitionen hingegen muß zusätzlich überprüft werden, ob mit dem „relativ besten Projekt" überhaupt ein Gewinn erzielt werden kann oder ob einfach das „geringere Übel" bestimmt worden ist. Sollte nämlich auch mit dem relativ besten Projekt kein positiver durchschnittlicher Gewinn erzielt werden, dann ist das Kapital optimalerweise alternativ zum Zinssatz k zu veranlagen und auf eine Realisation beider betrachteten Varianten möglichst zu verzichten.

Die Bewertung der Differenzinvestition ist vor allem dann von Vorteil, wenn sich Alternativen nur geringfügig unterscheiden, also wenn quasi ein „Grundprojekt" existiert und sich die verschiedenen Varianten zur Realisation nur in Details unterscheiden. Insbesondere bei komplexen Projekten wird dann eine einmalige Bewertung des Gesamtprojekts und eine anschließende Bewertung der jeweiligen Abweichungen einfacher und rascher durchzuführen sein als die vollständige Bewertung der diversen Varianten. Dies gilt insbesondere, wenn es sich um tatsächliche Ergänzungsinvestitionen handelt. In Anlehnung an das Beispiel könnte das etwa der zusätzliche Kauf eines Anhängers sein: man weiß bereits, daß die Anschaffung eines LKWs alleine schon sinnvoll ist; um herauszufinden, ob „LKW + Anhänger" besser oder schlechter ist als „LKW ohne Anhänger" braucht daher nur untersucht zu werden, ob die zusätzlichen Kosten des Anhängers geringer sind als die zusätzlichen Erlöse, und daraus kann geschlossen werden, ob der zusätzliche Kauf des Anhängers eine Verbesserung oder Verschlechterung gegenüber der Variante „nur LKW" bringt.

Streng genommen ist daher die Bewertung von LKW I in Punkt (a) auch in gewisser Weise eine Differenzinvestition: Man braucht keinen „Vorher–Nachher–Vergleich" für die gesamte Unternehmung anstellen, indem man zuerst die Variante „Gesamtunternehmung ohne LKW I" und die Variante „Gesamtunternehmung mit LKW I" bewertet, sondern man kann sich auf die Bewertung des Zusätzlichen beschränken.

Da für die betrachtete Aufgabe bereits aus Punkt (a) bekannt ist, daß LKW I eine ökonomisch sinnvolle Variante ist, genügt es in Punkt (b) zu überprüfen, ob LKW II besser oder schlechter ist, die Bewertung der Differenzinvestition kann daher in Verbindung mit den Ergebnissen aus Punkt (a) als sinnvoll betrachtet werden.

Aufgabe 2.2

Eine Unternehmung muß zur Aufrechterhaltung der Produktion von 3er–Pack–Kinderschnullern eine neue „Schnull–Maschine" kaufen, für die folgenden Daten ermittelt worden sind:

Anschaffungsauszahlungen:	*500.000,–*
geplante Nutzungsdauer:	*5 Jahre*
Restwert am Ende der Nutzung Variante I:	*30.000,–*
Restwert am Ende der Nutzung Variante II:	*70.000,–*
variable auszahlungswirksame Produktionskosten pro 3er–Pack:	*20,–*
Verkaufspreis pro 3er–Pack:	*50,–*
Produktionsmenge an 3er–Pack pro Jahr (=Periodenkapazität):	*100.000*
gewichteter, durchschnittl. Kalkulationszinsfuß vor Steuern:	*10 % p.a.*

Die „B.Aby–AG" ist die einzige Unternehmung, die „Schnull–Maschinen" verkauft, und bietet hinsichtlich der Wartung zwei Varianten an. Bei Variante I wird die „Schnull–Maschine" einmal pro Jahr, bei Variante II zweimal pro Jahr gewartet. Bei Variante II muß im Kaufzeitpunkt der „Schnull–Maschine" ein Wartungsvertrag abgeschlossen werden. Die einmaligen Auszahlungen dafür werden mit 100.000,– angegeben. Die laufenden auszahlungswirksamen Wartungskosten betragen:

Jahr	1	2	3	4	5
Variante I	20.000,–	22.000,–	24.000,–	26.000,–	28.000,–
Variante II	10.000,–	12.000,–	14.000,–	16.000,–	18.000,–

(a) *Welche Wartungsvariante wählen Sie, wenn Sie Ihrer Entscheidung die Kostenvergleichs-rechnung zugrunde legen und in beiden Varianten 100.000 3er–Pack–Kinderschnuller pro Jahr abgesetzt werden?*

(b) *Welches statische Verfahren sollten Sie anwenden, wenn das Wartungsverfahren zu unterschiedlichen Ausschußquoten und damit zu unterschiedlichen Absatzmengen pro Jahr führt?*

(c) *Nehmen Sie für die Wartungsvariante I an, daß in den jährlichen Produkionsmengen wegen der längeren Wartungsintervalle die folgenden Mengen an Ausschußstücken auftreten, die nicht verwertet werden können:*

Jahr	1	2	3	4	5
Ausschußmenge	0	100	200	300	400

Welcher Wartungsvariante ist in diesem Falle der Vorzug zu geben?

(a) Kostenvergleichsrechnung

Das Kriterium der Kostenvergleichsrechnung unterscheidet sich von der approximativen Gewinnannuität nur insoferne, daß ausschließlich die zusätzlichen Kosten aus einem Investitionsprojekt, nicht aber die erzielten zusätzlichen Erlöse betrachtet werden.

Bei den beiden betrachteten Varianten ergeben sich folgende durchschnittlichen Kosten:

	Variante I		Variante II	
Ø kalk. Abschreibung	$\frac{500.000-30.000}{5}$ =	94.000	$\frac{500.000-70.000}{5}$ =	86.000
Ø kalk. Zinsen	$0,10 \cdot \frac{500.000+124.000}{2}$ =	31.200	$0,10 \cdot \frac{500.000+156.000}{2}$ =	32.800
Ø sonst. zus. fixe Kosten	$\frac{20'+22'+24'+26'+28'}{5}$ =	24.000	$\frac{100'+10'+12'+14'+16'+18'}{5}$ =	34.000
Ø sonst. zus. var Kosten	$100.000 \cdot 20$	= 2.000.000	$100.000 \cdot 20$	= 2.000.000
Ø gesamte Kosten		= 2.149.200		= 2.152.800

Da bei Variante I die durchschnittlichen Gesamtkosten niedriger sind, sollte dieses Projekt gewählt werden.

(b) Bestimmung der Bewertungsmethode

Bei der Kostenvergleichsrechnung werden die Erlöse ignoriert, da man (implizit) unterstellt, daß diese bei allen Alternativen gleich sind und entweder irrelevant sind (Muß–Investition) oder aber hinreichend hoch sind (Kann–Investitions). Sollten aber bei den Alternativen unterschiedliche Ausschußquoten auftreten, dann gilt diese Annahme nicht mehr, und als entsprechendes statisches Verfahren ist der durchschnittliche Gewinn (Gewinnvergleichsrechnung) zu wählen.

(c) Investitionsentscheidung bei Gewinnvergleichsrechnung

Die durchschnittliche Absatzmenge bei Variante I sind 99.800 Stück; jene bei Variante II hingegen 100.000. Je nach Wahl der Produktionsvariante ergeben sich daher durchschnittliche Verkaufserlöse in Höhe von 4.990.000,– bzw. von 5.000.000,–. Faßt man diese Werte mit den dazugehörigen durchschnittlichen Kosten zusammen, ergibt sich

	Variante I	Variante II
+ Ø Erlöse	4.990.000	5.000.000
– Ø gesamte Kosten	–2.149.200	–2.152.800
= Ø Gewinn	2.840.000	2.847.200

Da mit Variante II ein höherer durchschnittlicher Gewinn erzielt wird und dieser positiv ist, sollte diese gewählt werden und die Schnull–Maschine zweimal pro Jahr gewartet werden.

Aufgabe 2.3

Der Brauereibesitzer Gerstfried Hopfentrunk erhält das Angebot, auf der 4–tägigen „Malzviertler Bauernmesse" einen Erfrischungsstand zu errichten. Nach langwierigen Diskussionen mit der Messeleitung, seinem Oberbrauer und seinem Tischler faßt er seine Erkundigungen wie folgt zusammen:

Anschaffungspreis für den Stand:	*40.000,–*
Verkaufspreis für den Stand nach der Messe:	*5.000,–*
Kosten für kaputte Biergläser, Bierdeckel etc. pro Tag:	*2.000,–*
gesamte Transportkosten für Bier und Stand:	*16.000,–*
Gebühren für die Teilnahme an der Messe je Tag:	*8.500,–*
Kosten für Bier und Personal pro Tag:	*10.000,–*
Einnahmen pro Tag:	*34.000,–*

Da Herr Hopfentrunk die Qualität seiner Biere kennt, rechnet er nicht mit „Werbeeffekten" durch die Messeteilnahme, andererseits wird er auch keinen seiner jetzigen Kunden dadurch abschrecken, die zukünftigen Verkaufszahlen werden somit durch eine eventuelle Messeteilnahme nicht beeinflußt. Der Kalkulationszinssatz von Herrn Hopfentrunk ist 0,025 % pro Tag.

Wird Meister Hopfentrunk an der Messe teilnehmen, falls er seine Entscheidung aufgrund

(a) des durchschnittlichen Gewinnes pro Tag

(b) der approximativen Rendite pro Tag

des Projektes trifft?

(a) Durchschnittlicher Gewinn

+ Ø Erlöse		34.000,–
− Ø zusätzliche sonstige Kosten	$-(2.000 + \frac{16.000}{4} + 8.500 + 10.000)$ =	−24.500,–
− Ø kalk. Abschreibung	$-\frac{40.000-5.000}{4}$ =	−8.750,–
− Ø kalk. Zinsen	$-0,00025 \cdot \frac{40.000+5.000+8.750}{2}$ =	6,72
= Ann_{proxy}		743,28

Da der durchschnittliche Gewinn positiv ist, sollte Herr Hopfentrunk an der Messe teilnehmen.

(b) Durchschnittliche Verzinsung

Aufgrund der in Punkt (a) errechneten Durchschnittswerte ergibt sich als approximative Rendite

$$p_{proxy} = \frac{34.000 - 24.500 - 8.750}{26.875}$$
$$= 2,79 \% \text{ pro Tag.}$$

Da die durchschnittliche Verzinsung größer ist als bei Alternativveranlagung, sollte der Erfrischungsstand eingerichtet werden.

Aufgabe 2.4

Eine Unternehmung erwägt die Erweiterung ihrer Produktionskapazität durch den Ankauf einer neuen Maschine. Es stehen zwei alternative Angebote zur Verfügung, für die folgende Daten ermittelt worden sind:

	Maschine A	Maschine B
Anschaffungsauszahlung	*285.000,–*	*100.000,–*
geplante Nutzungsdauer	*4 Jahre*	*4 Jahre*
nomineller Restwert	*9.000,–*	*8.000,–*
erwartete zusätzliche Absatzmenge pro Jahr/Stk.	*100.000*	*100.000*
erwartete reale variable Auszahlungen je Stück	*8,–*	*9,–*
erwartete reale fixe Auszahlungen pro Jahr	*10.000,–*	*9.000,–*
erwarteter realer Verkaufspreis pro Stück	*10,–*	*10,–*

Die realen Zahlungen sind alle auf Preisbasis t = 0 bezogen. Bei den variablen Auszahlungen ist mit einer jährlichen Preissteigerung von 4 %, bei den fixen Auszahlungen mit einer jährlichen Preissteigerung von 1 % und bei den Verkaufspreisen mit einer jährlichen Preissteigerung von 3 % zu rechnen.

Der nominelle Kalkulationszinssatz vor Steuern beträgt 6 % p.a.

Welches Investitionsprojekt ist zu wählen, falls der Entscheidung die Methode der approximativen Annuität zugrunde gelegt wird?

Lösung

Wie bereits aus dem vorigen Kapitel bekannt, erhält man die realen Werte, indem man die
nominellen Werte um die Preissteigerungsrate π für die entsprechende Anzahl von Perioden
bereinigt — und umgekehrt (vgl. Aufgabe 1.6). Werden die aktuellen nominellen Preise gleich
dem realen Wert gesetzt (also Berechnung auf heutiger Preisbasis), dann gilt allgemein $C_t^{nom} =
C_t^{real} \cdot (1 + \pi)^t$.

Wie später noch ausführlicher besprochen wird, sind in der Bewertung entweder ausschließlich
reale oder nominelle Größen (Cash Flows, kalkulatorische Kosten, Kalkulationszinsfüße etc.)
zu verwenden. Da hier mit nominellen Werten gerechnet werden soll, sind zuerst die nominellen
Ein– und Auszahlungen zu bestimmen:

		Maschine A	Maschine B
A_0		285.000	100.000
R_T		9.000	8.000
Einzahlungen zu $t =$	1	1.030.000,–	1.030.000,–
	2	1.060.900,–	1.060.900,–
	3	1.092.727,–	1.092.727,–
	4	1.125.508,81	1.125.508,81
variable Kosten zu $t =$	1	832.000,–	936.000,–
	2	865.280,–	973.440,–
	3	899.891,20	1.012.377,60
	4	935.886,85	1.052.872,70
fixe Kosten zu $t =$	1	10.100,–	9.090,–
	2	10.201,–	9.180,90
	3	10.303,01	9.272,71
	4	10.406,04	9.365,44

Die Ermittlung der (nominellen) durchschnittlichen Gewinne gestaltet sich daher folgendermaßen:

		Maschine A	Maschine B
+	Ø Erlöse	1.077.283,95	1.077.283,95
–	Ø kalk. Abschreibung	69.000,–	23.000,–
–	Ø kalk. Zinsen	10.890,–	3.930,–
–	Ø sonst. var. und fixe Kosten	893.517,02	1.002.899,84
=	Ann_{proxy}	103.876,93	47.454,12

Da der durchschnittliche Gewinn bei Maschine A am größten und zudem positiv ist, sollte
dieses Projekt gewählt werden.

Aufgabe 2.5

*Die gesteigerte Nachfrage an Knallfröschen veranlaßt die Wusch–GmbH zur Errichtung eines
neuen Forschungslabors, das neben der eigenen Nutzung auch an ein Chemie–Institut der Tech-
nischen Universität vermietet werden soll.*

Zur Austattung dieses Labors stehen zwei unterschiedliche Varianten zur Auswahl:

		Krach	Pfloff
Anschaffungsauszahlungen		180.000,–	360.000,–
Restwert zu t = 3		30.000,–	90.000,–
Mieteinzahlungen im	1. Jahr	100.000,–	180.000,–
	2. Jahr	90.000,–	170.000,–
	3. Jahr	80.000,–	160.000,–
Auszahlungen im	1. Jahr	20.000,–	50.000,–
	2. Jahr	30.000,–	50.000,–
	3. Jahr	40.000,–	50.000,–

Für welche Variante soll sich die Unternehmung entscheiden, falls es sich um eine Mußinvestition handelt, der Kalkulationszinsfuß 10 % p.a. beträgt und als Entscheidungskriterium die approximative Annuität gewählt wird?

Lösung

Die durchschnittlichen kalkulatorischen Kosten für die beiden Alternativen sowie für die Differenzinvestition können wie folgt ermittelt werden:

	Krach	Pfloff	Differenz
Ø kalk. Abschreibung	$\frac{180.000-30.000}{3} = 50.000$	$\frac{360.000-90.000}{3} = 90.000$	40.000,–
Ø kalk. Zinsen	$0,1 \cdot \frac{180'+30'+50'}{2} = 13.000$	$0,1 \cdot \frac{360'+90'+90'}{2} = 27.000$	14.000,–

Die durchschnittlichen Gewinne lauten daher

		Krach	Pfloff	Differenz
	A_0	180.000	360.000	180.000
	R_T	30.000	90.000	60.000
	Ø Mieteinnahmen	90.000	170.000	80.000
	Ø Auszahlungen	30.000	50.000	20.000
+	Ø Cash Flows	60.000	120.000	60.000
–	Ø kalk. Abschreibung	–50.000	–90.000	–40.000
–	Ø kalk. Zinsen	–13.000	–27.000	–14.000
=	Ann_{proxy}	–3.000	+3.000	+6.000

Die Unternehmung sollte sich für Alternative Pfloff entscheiden, da sie den größten durchschnittlichen Gewinn aufweist.

(Anmerkung: Da es sich um eine Mußinvestition handelt, reicht die Bewertung der Differenzinvestition aus, um zu einer Entscheidung zu gelangen: Wegen $Ann_{proxy}^{Diff} > 0$ lohnen sich die höheren Anschaffungsauszahlungen von Pfloff, weshalb diese Alternative realisiert werden sollte.)

Aufgabe 2.6

Einer Floridsdorfer IBW–Studentin stehen zwei alternative Investitionsprojekte zur Auswahl:

> *Projekt A: Kauf eines 100–Liter–Eichenfasses,*
> *voll gefüllt mit VSOP–Cognac um 285.000,–.*
> *Projekt B: Kauf eines 100–Liter–Buchenfasses,*
> *voll gefüllt mit XO-Cognac um 290.500,–.*

In beiden Fällen beabsichtigt die Studentin, in den nächsten fünf Jahren jeweils am Jahresende 20 Liter Cognac zu verkaufen. Pro 20 Liter beträgt der gegenwärtige Preis von VSOP–Cognac 53.000,–, der von XO–Cognac 53.100,–. Die Studentin rechnet mit einer jährlichen Preissteigerung in Höhe von 10 % bei VSOP–Cognac und in Höhe von 10,6 % bei XO–Cognac. Da die Studentin das Faß in ihrer Wohnung lagern würde, fallen keine zusätzlichen laufenden Auszahlungen an. Am Ende des fünften Jahres würde der Restwert für das leere Eichenfaß 9.000,– und für das leere Buchenfaß 10.000,– betragen.

(a) *Für welches Investitionsprojekt wird sich die Studentin entscheiden, falls sie das Kriterium der approximativen Rendite der Differenzinvestition anwendet und der Kalkulationszinssatz 6 % p.a. beträgt?*

(b) *Erachten Sie das Auswahlkriterium aus (a) für sinnvoll? (Begründen Sie Ihre Antwort.)*

(a) Approximative Rendite der Differenzinvestition

	Projekt A	Projekt B	Differenz
C_1	58.300,–	58.728,60	428,60
C_2	64.130,–	64.953,83	823,83
C_3	70.543,–	71.838,94	1.295,94
C_4	77.597,30	79.453,87	1.856,57
C_5	85.357,03	87.875,97	2.518,94
$\varnothing\, C$	71.185,47	72.570,24	1.384,78
A_0	285.000,–	290.500,–	5.500,–
R_T	9.000,–	10.000,–	1.000,–

$$p_{\text{proxy}}^{\text{Diff}} = \frac{1.384,78 - \frac{5.500 - 1.000}{5}}{\frac{1}{2} \cdot \left(5.500 + 1.000 + \frac{5.500 - 1.000}{5}\right)}$$

$$= 13,10 \text{ \% p.a.}$$

Da die approximative Rendite der Differenzinvestition größer ist als der Kalkulationszinssatz (13,10 % > 6 %), sollte das Projekt B dem Projekt A vorgezogen werden.

(b) Kritische Beurteilung

Bei der Bewertung der Differenzinvestition wird untersucht, welche von zwei Alternativen die relativ bessere ist. Dies bedeutet, daß entweder die Alternative mit dem höchsten durchschnittlichen Gewinn — oder aber jene mit dem niedrigsten durchschnittlichen Verlust ausgewählt wird. Im Falle einer Mußinvestition genügt die Kenntnis des relativen Vorteils. Bei Kanninvestitionen hingegen besteht immer die Möglichkeit, das Kapital auch alternativ zum Kalkulationszinsfuß zu veranlagen, es muß daher überprüft werden, ob das relativ beste Projekt auch besser als die Alternativveranlagung ist, d.h. ob eine durchschnittliche Verzinsung über dem Kalkulationszinsfuß (bzw. ein positiver durchschnittlicher Gewinn) erzielt wird.

Weiters ignoriert die approximative Rendite der Differenzinvestition die Zeitstruktur der Zahlungsströme, da nur mit Durchschnittswerten gerechnet wird. Für eine endgültige Entscheidung sollte daher ein genaueres, dynamisches Verfahren herangezogen werden — wie etwa der Kapitalwert.

Aufgabe 2.7

Der Leiter der Marketing–Abteilung des Getränkeerzeugers Karl Blubber KG kommt nach ausführlichen Marktstudien zu dem Schluß, daß der seit Jahren existierende Softdrink Blubberwasser extra light vom Ladenhüter zum Spitzenprodukt avancieren könnte, wenn er in Kleinflaschen à 0,33 Liter mit Edelweißaufdruck abgefüllt werden würde. In der Folge würde das Getränk in der aktuellen Verpackung (Tetra–Pak) vom Markt verschwinden (derzeitige jährliche Einzahlungsüberschüsse: 20.000,–), weiters müßte man wegen Umsatzeinbußen bei Lola's Coca mit entgehenden Einzahlungsüberschüssen im Ausmaß von 10.000,– jährlich rechnen. Als Verkaufspreis für Blubberwasser in der neuen Flasche wird 5,90 vorgeschlagen. Die Produktionsabteilung empfiehlt zwei Maschinentypen, die derartige Flaschen abfüllen können und die gleichzeitig die erforderlichen Hygienestandards erfüllen. Beide Maschinen haben eine geplante Nutzungsdauer von 5 Jahren, sie unterscheiden sich aber in den anfallenden Zahlungen:

		Maschine A	Maschine B
Anschaffungspreis		80.000.–	200.000,–
Restwert		20.000,–	50.000,–
Zahlungen für Wartung	1. Periode	0,–	2.500,–
	2. Periode	10.000,–	2.500,–
	3. Periode	10.000,–	5.000,–
	4. Periode	12.000,–	7.500,–
	5. Periode	15.000,–	7.500,–
gesamte variable Kosten je Flasche		5,10	4,70

In der Finanzabteilung der Karl Blubber KG soll nun überprüft werden, ob sich die Umstellung auf die neuen Flaschen lohnt. Die Anschaffung könnte bei beiden Maschinen vollständig eigenfinanziert werden, wobei man von einem Kalkulationszinssatz von 15 % p.a. vor Steuern ausgeht.

(a) Wie viele Flaschen müssen jährlich mindestens erzeugt und verkauft werden, damit

    – *mit Maschine A*

    – *mit Maschine B*

der durchschnittliche Gewinn positiv ist?

(b) Bei welcher jährlich konstanten Produktionsmenge ist Maschine A, bei welcher jährlich konstanten Produktionsmenge ist Maschine B günstiger?

(c) Gemäß den Schätzungen der Marketing–Abteilung könnten jährlich 70.000 Flaschen Blubberwasser abgesetzt werden. Soll in diesem Fall eine Umstellung auf die neuen Flaschen erfolgen und, wenn ja, welche Maschine soll angeschafft werden? Begründen Sie Ihre Entscheidung ausschließlich anhand der Ergebnisse aus den vorigen Punkten!

Anmerkung: Gehen Sie von der vereinfachenden Annahme aus, daß allfällige Umsatzeinbußen in den anderen Geschäftsbereichen unabhängig von der Absatzmenge sind.

(a) Break even–Mengen

Die Break even–Menge ist in der vorliegenden Aufgabe jene Produktionsmenge, bei der die gesamten variablen Einzahlungsüberschüsse gleich den gesamten fixen Kosten sind, bei der also der durchschnittliche Gewinn gleich null ist. Man ermittelt sie daher, indem man zuerst die gesamten Fixkosten (bestehend aus fixen Auszahlungen und kalkulatorischen Kosten) bestimmt und diese dann in Relation zu den variablen Einzahlungsüberschüssen je Stück setzt:

$$x_{BE} \cdot (p - c_v) = \underbrace{C_f + \varnothing \text{ kalk. Zinsen} + \varnothing \text{ kalk. Abschreibung}}_{=\text{gesamte Fixkosten}}$$

$$x_{BE} = \frac{C_f + \varnothing \text{ kalk. Zinsen} + \varnothing \text{ kalk. Abschreibung}}{p - c_v}$$

$$= \frac{\text{gesamte Fixkosten}}{\text{var. Einzahlungsüberschüsse je Stück}}$$

	Maschine A	Maschine B
Ø fixe Auszahlungen	9.400	5.000
Ø entg. EZ–Überschüsse	30.000	30.000
Ø kalk. Abschreibung	12.000	30.000
Ø kalk. Zinsen	8.400	21.000
Ø Gesamte Fixkosten	59.800	86.000
var. EZ–Überschüsse je Stück	0,80	1,20
x_{BE}	$\frac{59.800}{0,80} = 74.750$	$\frac{86.000}{1,20} = 71.666,67$

Um einen positiven durchschnittlichen Gewinn zu erzielen, muß die tatsächliche Produktions- und Absatzmenge jeweils über der Break even–Menge liegen. Bei niedrigeren Mengen wird die Gewinnschwelle nicht überschritten, weshalb auf eine Realisation verzichtet und das Kapital besser zum Kalkulationszinsfuß angelegt werden sollte.

Man beachte dabei, daß die Break even–Mengen für sich genommen noch keine allgemeingültigen Rückschlüsse darüber zulassen, welches der beiden Projekte das bessere für eine bestimmte Produktionsmenge ist. Wenn daher die gewünschte Produktionsmenge bei allen Varianten über der Break even–Menge liegt, ist noch nicht gesagt, daß etwa die Variante mit der niedrigsten Gewinnschwelle auch die optimale Lösung ist (vgl. Punkt (c)).

(b) Kritische Leistungsmenge

Maschine A weist im Vergleich zu Maschine B die niedrigeren Fixkosten, aber dafür die höheren variablen Kosten auf. (Falls bei einem Projekt sowohl fixe als auch variable Kosten höher sind, kann dieses bei gleichen Verkaufspreisen von vorn herein ausgeschlossen werden.) Bei geringen Produktionsmengen wird es daher sinnvoll sein, die höheren variablen Kosten in Kauf zu nehmen, da die Ersparnis bei den fixen überwiegt; bei hohen Produktionsmengen verhält es sich hingegen genau umgekehrt. Die kritische Leistungsmenge gibt nun an, bei welcher Stückzahl die Ersparnis bei den Fixkosten durch die höheren variablen Kosten genau ausgeglichen werden, d.h., bei welcher Stückzahl beide Varianten die gleichen Kosten verursachen. Falls die Verkaufspreise unabhängig von der Produktionsvariante sind, muß daher gelten

$$x_{KL} \cdot c_v^A + \underbrace{C_f^A + \varnothing \text{ kalk. Zinsen}^A + \varnothing \text{ kalk. Abschreibung}^A}_{=\text{gesamte Fixkosten von A}} =$$

$$= x_{KL} \cdot c_v^B + \underbrace{C_f^B + \varnothing \text{ kalk. Zinsen}^B + \varnothing \text{ kalk. Abschreibung}^B}_{=\text{gesamte Fixkosten von B}}$$

$$x_{KL} = \frac{\text{gesamte Fixkosten von B} - \text{gesamte Fixkosten von A}}{c_v^A - c_v^B}$$

$$= \frac{\text{Differenz in den gesamten Fixkosten}}{\text{Differenz in den var. Stückkosten}}$$

	Maschine A	Maschine B
Ø gesamte Fixkosten (vgl. (a))	59.800	86.000
var. Kosten je Flasche	5,10	4,70

$$x_{KL} = \frac{86.000 - 59.800}{5,10 - 4,70}$$

$$= 65.500$$

Bis zu einer Produktions– und Absatzmenge von 65.500 hat Maschine A die niedrigeren Gesamtkosten, da sich die niedrigeren Fixkosten dieser Variante positiv zu Buche schlagen; ab dieser Menge ist Maschine B günstiger, da die Ersparnis bei den variablen Kosten groß genug ist, um die höheren Fixkosten zu rechtfertigen.

Man beachte dabei, daß die kritische Leistungsmenge nur Aussagen darüber zuläßt, welche von zwei Varianten für eine bestimmte Stückzahl die relativ bessere ist und welche daher vorzuziehen ist. Wie bei der Bewertung der Differenzinvestition kann es aber u.U. der Fall sein, daß nur das „geringere Übel" gewählt wird; eine Entscheidung allein auf Basis der kritischen Leistungsmenge ist daher nur bei Mußinvestitionen zulässig (vgl. Punkt (c)).

(c) Investitionsentscheidung

Die erwartete Produktions– und Absatzmenge liegt über der kritischen Leistungsmenge; prinzipiell wäre somit Maschine B vorzuziehen (Mußinvestition). Da aber bei der geplanten Menge selbst mit Maschine B noch Verluste erzielt werden ($70.000 < x_{BE}^B$), sollte auf eine Investition gänzlich verzichtet werden (Kanninvestition). Blubberwasser extra light sollte daher nicht in Flaschen auf den Markt kommen.

Aufgabe 2.8

Die Industrie–AG überlegt die Herstellung eines neuen Produkts, für das folgende Maschine angeschafft werden müßte:

Anschaffungsauszahlungen:	*250.000,–*
geplante Nutzungsdauer:	*5 Jahre*
Restwert am Ende der Nutzung:	*40.000,–*
variable Auszahlungen je Stück:	*110,–*
jährliche fixe Auszahlungen:	*70.000,–*

Die geplante jährliche Produktions– und Absatzmenge beträgt 1.000 Stück, und der geplante Verkaufspreis ist 250,– je Stück.

Die Alternativrendite für das Eigenkapital beträgt 15 % p.a. nach Steuern, die Effektivverzinsung für das Fremdkapital ist 10 % p.a. vor Steuern. Die Unternehmensleitung ist bestrebt, den jetzigen Verschuldungsgrad der Unternehmung in der Höhe von 60 % auch in Zukunft beizubehalten. Der Gewinnsteuersatz beträgt 40 %. Ermitteln Sie die optimale Investitionsentscheidung anhand

(a) der durchschnittlichen Verzinsung,

(b) der approximativen Annuität

aus der Sicht des Gesamtkapitals bei impliziter Berücksichtigung der Steuer.

(c) Berechnen Sie für die Maschine die Break even–Menge (Gewinnschwelle).

(a) Durchschnittliche Verzinsung

Da einerseits die Absatzmengen, andererseits auch die variablen Einzahlungsüberschüsse je Stück (d.h. die Differenz zwischen Stückpreis und variablen Auszahlungen je Stück) sowie die fixen Auszahlungen konstant sind, sind auch die Cash Flows konstant und betragen jede Periode

$$C_t = C = x \cdot (p - c_v) - C_f$$
$$= 1.000 \cdot (250 - 110) - 70.000$$
$$= 70.000, -.$$

Die durchschnittliche kalkulatorische Abschreibung beträgt

$$\frac{A_0 - R_T}{T} = \frac{250.000 - 40.000}{5}$$
$$= 42.000, -.$$

Der durchschnittliche Kapitaleinsatz des Projektes hat eine Höhe von

$$\frac{A_0 + R_T + \varnothing \text{ kalk. Abschreibung}}{2} = \frac{250.000 + 40.000 + 42.000}{2}$$
$$= 166.000, -.$$

Die approximative Rendite des Projektes errechnet sich daher aus

$$p_{proxy} = \frac{\varnothing \text{ Cash Flows} - \varnothing \text{ kalk. Abschreibung}}{\varnothing \text{ Kapitaleinsatz}}$$
$$= \frac{70.000 - 42.000}{166.000}$$
$$= 16,87 \% \text{ p.a.}$$

Da das Projekt teilweise fremdfinanziert ist, muß dieses Ergebnis mit einem Kalkulationszinsfuß verglichen werden, der diese Kapitalstruktur widerspiegelt. Es ist daher nach dem *Weighted Average Cost of Capital (WACC)* –Ansatz ein gewichteter Kalkulationszinsfuß für das Gesamtkapital zu bestimmen, der zudem berücksichtigen soll, daß Steuern noch nicht explizit berücksichtigt sind, und der daher ebenfalls vor Steuern sein muß. Bezeichnet man nun mit v_0 den Verschuldungsgrad, mit k_E^{vorSt} den Kalkulationszinsfuß für das Eigenkapital vor Steuern und mit i^{vorSt} jenen für das Fremdkapital vor Steuern, dann ergibt sich der gewichtete Kalkulationszinsfuß vor Steuern gemäß

$$k_G^{vorSt} = v_0 \cdot i^{vorSt} + (1 - v_0) \cdot k_E^{vorSt}.$$

Bezeichnet man weiters mit s den Steuersatz, dann gilt allgemein für nominelle Kalkulationszinssätze der Zusammenhang

$$k^{nachSt} = (1 - s) \cdot k^{vorSt}$$
$$\Longleftrightarrow k^{vorSt} = \frac{k^{nachSt}}{1 - s}.$$

Für diese Aufgabe beträgt der Kalkulationszinsfuß daher

$$k_G^{vorSt} = 0,1 \cdot 0,6 + (1 - 0,6) \cdot \underbrace{\frac{0,15}{1 - 0,4}}_{=k_E^{vorSt}}$$
$$= 16 \% \text{ p.a.}$$

Da die approximative Rendite (vor Steuer und für das Gesamtkapital) größer ist als der gewichtete durchschnittliche Kapitalkostensatz vor Steuern, soll das Investitionsprojekt durchgeführt werden.

(b) Approximative Annuität

Zur Ermittlung des durchschnittlichen Gewinns können die Zwischenergebnisse von Punkt (a) verwendet werden, wobei zusätzlich die durchschnittlichen kalkulatorischen Zinsen zu berücksichtigen sind. Da nach wie vor Eigen– und Fremdkapital gemeinsam betrachtet werden und die Zahlungen vor Berücksichtigung der Steuern, ist auch hier der gewichtete Kalkulationszinsfuß vor Steuern zu wählen. Es ergibt sich daher

$$Ann_{proxy} = \varnothing \text{ Cash Flows} - \varnothing \text{ kalk. Abschreibung} - \varnothing \text{ kalk. Zinsen}$$
$$= 70.000 - 42.000 - 0,16 \cdot 166.000 = 1.440, -.$$

Da der durchschnittliche Gewinn positiv ist, sollte das Investitionsprojekt durchgeführt werden.

(c) Break even–Menge

Unter Verwendung der in den vorigen Punkten ermittelten Ergebnisse erhält man

$$x_{BE} = \frac{\text{Ø gesamte Fixkosten}}{\text{Ø variable Einzahlungsüberschüsse je Stück}}$$

$$= \frac{70.000 + 42.000 + 0,16 \cdot 166.000}{250 - 110}$$

$$= 989,71$$

Da die geplante Produktionsmenge über der Gewinnschwelle liegt ($1.000 > x_{BE}$), ist eine Realisierung des Projektes sinnvoll.

Aufgabe 2.9

Nach dem Verkauf aller seiner Rinder plant Bauer Johann, mit der Zucht von Hühnern zu beginnen. Er hat sich entschlossen, zu diesem Zweck den vorhandenen Rinderstall entsprechend umzubauen. Seine Frau ist jedoch der Meinung, daß der Bau einer neuen, speziell für die Hühnerzucht konzipierten Halle die ökonomisch bessere Variante sei. Vom Unternehmen Hühnerhallen AG erhält der Bauer die beiden folgenden Angebote, wobei die angegebenen Energie– und Instandhaltungskosten unabhängig von der Anzahl der gezüchteten Hühner sind.

	Umbau	Neubau
Anschaffungskosten	1.000.000,–	1.500.000,–
Nutzungsdauer	10 Jahre	10 Jahre
Restwert am Ende der Nutzung	100.000,–	300.000,–
gesamte variable Kosten je Huhn	10,–	7,–
Verkaufspreis je Huhn	40,–	40,–
Energiekosten pro Jahr:		
1. Jahr bis 5. Jahr	80.000,–	50.000,–
6. Jahr bis 10. Jahr	90.000,–	70.000,–
Instandhaltungskosten pro Jahr:		
1. Jahr bis 5. Jahr	40.000,–	20.000,–
6. Jahr bis 10. Jahr	70.000,–	40.000,–

Sowohl der Neubau als auch der Umbau könnte vollständig eigenfinanziert werden, wobei der Kalkulationszinssatz 16 % p.a. vor Steuern beträgt. Unterstellen Sie weiters eine jährlich konstante Ausbringungsmenge an Hühnern.

(a) Ermitteln Sie die kritische Leistungsmenge und für beide Varianten die Break even–Menge.

(b) Bauer Johann erwartet, daß er über die nächsten 10 Jahre jährlich jeweils

    (b1) 10.000 Hühner

    (b2) 11.000 Hühner

    (b3) 12.000 Hühner

    (b4) 13.000 Hühner

absetzen kann. Soll der Bauer die Variante Umbau, die Variante Neubau oder keine der beiden Varianten wählen? Verwenden Sie zur Beantwortung ausschließlich die in Punkt (a) ermittelten Ergebnisse!

(c) *Wie lange dauert es, bis sich die Variante Umbau bei einer jährlich konstanten Absatzmenge von 13.000 Hühnern amortisiert hat (Entscheidungskriterium: statische Amortisationsdauer)?*

(a1) Kritische Leistungsmenge

	Umbau	Neubau
durchschnittliche fixe Auszahlungen	140.000	90.000
kalkulatorische Abschreibungen	90.000	120.000
kalkulatorische Zinsen	95.200	153.600
durchschnittliche fixe Kosten	325.200	363.600
durchschnittliche variable Auszahlungen je Huhn	10	7

$$x_{KL} = \frac{\text{Ø Differenz in den fixen Kosten}}{\text{Ø Differenz in den variablen Stückkosten}} = \frac{363.600 - 325.200}{10 - 7} = 12.800$$

Beträgt die durchschnittliche jährliche Produktionsmenge höchstens 12.800 Hühner, so ist der Umbau, andernfalls der Neubau kostengünstiger.

(a2) Break even–Mengen

Unter Verwendung der Ergebnisse aus (a1) ergibt sich

$$x_{BE}^{\text{Umbau}} = \frac{\text{Ø gesamte Fixkosten}}{\text{Ø variable Einzahlungsüberschüsse je Stück}} = \frac{325.200}{40 - 10} = 10.840$$

und

$$x_{BE}^{\text{Neubau}} = \frac{363.600}{40 - 7} = 11.018,18.$$

(b) Investitionsentscheidung

Faßt man die Ergebnisse von (a1) und (a2) zusammen, dann erhält man in Abhängigkeit von der Anzahl der verkauften Hühner folgende Investitionsentscheidung:

	jährliche Absatzmenge	Investitions-entscheidung	Begründung
(b1)	10.000	weder Umbau noch Neubau	$x_{BE}^{Umbau} > 10.000$ und $x_{BE}^{Neubau} > 10.000$
(b2)	11.000	Umbau	$x_{KL} > 12.000$ und $x_{BE}^{Umbau} < 11.000$
(b3)	12.000	Umbau	$x_{KL} > 12.000$ und $x_{BE}^{Umbau} < 12.000$
(b4)	13.000	Neubau	$x_{KL} < 13.000$ und $x_{BE}^{Neubau} < 13.000$

(c) Statische Amortisationsdauer

Ermittlung der Cash Flows in den einzelnen Perioden:

	1—5	6—10
Umsatzerlöse	520.000	520.000
– variable Auszahlungen	-130.000	-130.000
– fixe Auszahlungen	-120.000	-160.000
$= C_t$	270.000	230.000

zu amortisierender Betrag zu $t = 0$	-1.000.000
+ C_1	+270.000
zu amortisierender Betrag zu $t = 1^+$	-730.000
+ C_2	+270.000
zu amortisierender Betrag zu $t = 2^+$	-460.000
+ C_3	+270.000
zu amortisierender Betrag zu $t = 3^+$	-190.000
+ C_4	+270.000
	> 0

Unterstellt man Gleichverteilung der Zahlungen im 4. Jahr, dann erhält man die statische Amortisationsdauer aus

$$AD_{stat} = 3 + \frac{190.000}{270.000}$$
$$= 3,70 \text{ Jahre.}$$

Aufgabe 2.10

Die Hochbau GmbH überlegt die Anschaffung einer neuen Betonmischanlage, die Anschaffungsauszahlungen in der Höhe von 1.000.000,- erfordern würde. Diese Anlage könnte 4 Jahre genutzt werden. In diesem Zeitraum würden jährliche Versicherungs- und Energiekosten in Höhe von 300.000,- anfallen, zusätzlich muß im 3. Jahr eine Generalreparatur um 120.000,- durchgeführt werden. An variablen Kosten ist mit 6.000,- pro Kubikmeter Beton zu rechnen. Nach der Nutzung könnte die Anlage um 200.000,- verkauft werden. Der Kalkulationszinsfuß der Unternehmung beträgt 10 % p.a. Bestimmen Sie mit Hilfe der approximativen Annuität

(a) die jährliche Produktionsmenge (in Kubikmeter), ab der sich eine Produktion bei einem Preis von öS 6.100,- / m³ rentiert,

(b) den Preis pro Kubikmeter Beton, der mindestens verlangt werden muß, damit sich eine
jährliche Produktionsmenge von 8.000 m^3 rentiert.

Lösung

Ø fixe Auszahlungen C_f	$300.000 + \frac{120.000}{4}$	= 330.000,–
Ø kalk. Abschreibung	$\frac{1.000.000 - 200.000}{4}$	= 200.000,–
Ø kalk. Zinsen	$0,10 \cdot \frac{1.000.000 + 200.000 + \frac{1.000.000 - 200.000}{4}}{2}$	= 70.000,–

(a) Break even–Menge

$$x_{BE} = \frac{C_f + \text{kalk. Abschreibung} + \text{kalk. Zinsen}}{p - c_v}$$
$$= \frac{330.000 + 200.000 + 70.000}{6.100 - 6.000}$$
$$= 6.000$$

(b) Preisuntergrenze

Damit sich eine Investition lohnt, darf der durchschnittliche Gewinn nicht negativ werden.
Dies bedeutet, daß die gesamten variablen Einzahlungsüberschüsse zumindest die gesamten
Fixkosten abdecken müssen — bzw. der Preis je Kubikmeter zumindest die variablen Kosten
je Kubikmeter plus den anteiligen Fixkosten abdecken muß:

$$Ann_{\text{proxy}} = (p - c_v) \cdot x - (\text{Ø gesamte Fixkosten}) = 0$$
$$\Rightarrow p = \frac{C_f + \text{kalk. Abschreibung} + \text{kalk. Zinsen}}{x} + c_v$$
$$= \frac{330.000 + 200.000 + 70.000}{8.000} + 6.000$$
$$= 6.075, -.$$

Aufgabe 2.11

Der Gummibärenerzeuger Harry Poe & Co erhält das Angebot, während der nächsten fünf
Jahre exklusiv Gummikühe an einen Großkunden zu liefern. Als Auftragsmenge werden 60.000
Packungen pro Jahr vereinbart. Zur Umsetzung dieses Auftrags müßte eine neue Maschine
angeschafft werden, für die folgende Daten bekannt sind:

Anschaffungsauszahlungen:	100.000,–
Restwert nach fünf Jahren:	20.000,–
variable Auszahlungen je Packung:	3,–
fixe Auszahlungen pro Jahr:	30.000,–
Wartungsauszahlungen im dritten Jahr:	2.000,–

Der Kalkulationszinsfuß vor Steuern beträgt 10 % p.a.

Ermitteln Sie auf Basis des durchschnittlichen Gewinns jenen Preis, der pro Packung mindestens verlangt werden muß, damit sich diese Investition lohnt.

Lösung

Die durchschnittlichen fixen Kosten setzen sich wie folgt zusammen:

Ø fixe Auszahlungen C_f	$30.000 + \frac{2.000}{5}$	$= 30.400$
Ø kalkulatorische Abschreibung	$\frac{100' - 20'}{5}$	$= 16.000$
Ø kalkulatorische Zinsen	$0,1 \cdot \frac{100' + 20' + 16'}{2}$	$= 6.800$

Damit sich die Investition lohnt, müssen die durchschnittlichen Erlöse mindestens so hoch wie die durchschnittlichen Kosten sein:

$$Ann_{\text{proxy}} = p \cdot x - (c_v \cdot x + \varnothing \text{ gesamte Fixkosten}) \overset{!}{=} 0$$
$$\Rightarrow p = c_v + \frac{\varnothing \text{ gesamte Fixkosten}}{x}$$
$$= 3 + \frac{30.400 + 16.000 + 6.800}{60.000}$$
$$= 3,88\dot{6}.$$

Aufgabe 2.12

Der Krawattenfabrikant I. Beweh überlegt die Anschaffung einer Produktionsanlage zur schadstoffreduzierten Erzeugung von Hosenträgern bei ansonsten unveränderten Umsätzen. Eine befreundete Boutiquenbesitzerin ist von dieser Idee so angetan, daß sie ihm spontan für die nächsten drei Jahre eine konstante Abnahmemenge von 250 Stück pro Quartal und 180,– Schilling pro Hosenträger zusagt, falls er seine Ware exklusiv an sie liefert. Zur Anschaffung der Anlage sind Auszahlungen in der Höhe von 120.000,– notwendig, der Restwert nach einer geplanten Nutzungsdauer von drei Jahren beträgt 12.000,–. Herr Beweh rechnet mit variablen Auszahlungen in der Höhe von 120,– je Stück. Die Versicherungskosten für die Produktionsanlage belaufen sich auf 4.000,– pro Jahr. Die Anlage könnte in einem Nebenraum der bestehenden Werkshalle installiert werden, der andernfalls während der nächsten drei Jahre ungenutzt bleiben würde; dieser Raum hat eine Größe von 75 m². Die gesamte Halle mit einer Grundfläche von 1500 m² verursacht derzeit Mietkosten in der Höhe von 140.000,– je Quartal, die sich durch die Realisierung nicht ändern würden; die fixen Energiekosten würden aber von derzeit 16.000,– auf 17.000,– je Quartal ansteigen. Der Kalkulationszinssatz vor Steuern wird mit 2 % pro Quartal angenommen.

(a) *Ermitteln Sie den durchschnittlichen Gewinn je Quartal und geben Sie anhand dieses Kriteriums eine Investitionsentscheidung über die Anschaffung der Anlage ab.*

*(b) Welchen Preis je Stück muß Herr Beweh von der Boutiquenbesitzerin mindestens erhalten,
damit er sich (bei sonst gleichen Zahlen und anhand des Kriteriums des durchschnittlichen
Gewinnes) für die Anschaffung der Anlage entscheidet?*

(a) Durchschnittlicher Gewinn

+ Ø zus. Einzahlungen	$180 \cdot 250$		+45.000
− Ø zus. var. Auszahlungen	$-120 \cdot 250$	= −30.000	
− Versicherung je Quartal	$-\frac{4.000}{4}$	= −1.000	
− Ø zus. Energie	$-(17.000 - 16.000)$	= −1.000	
− Ø zus. Auszahlungen			−32.000
− Ø kalk. Abschreibung	$-\frac{120.000-12.000}{12}$	= −9.000	
− Ø kalk. Zinsen	$-0,02 \cdot \frac{120'+12'+9'}{2}$	= −1.410	
− Ø kalk. Kosten			−10.410
= Ann_{proxy}			+2.590

Da der durchschnittliche Gewinn positiv ist, sollte das Projekt realisiert werden.

Anmerkungen:

- Die (anteilige) Mietkosten dürfen hier nicht einbezogen werden, da sie unabhängig von
  der Realisation des Projektes sind (Prinzip der relevanten Zahlungen).

- Als Periodenlänge ist jeweils ein Quartal zu wählen. Würde zuerst der durchschnittliche
  Gewinn je Jahr errechnet und dieser auf die Quartale aufgeteilt werden, dann würden
  sich andere Werte für die kalkulatorischen Zinsen ergeben.

(b) Preisuntergrenze

Der Preis ist so festzulegen, daß der durchschnittliche Gewinn nicht negativ wird:

$$\underset{=\text{Erlöse}-\text{Kosten}}{Ann_{\text{proxy}}} \geq 0$$

$$\text{Erlöse} \geq \text{Kosten}$$

$$\underset{\text{Erlöse}}{p \cdot 250} \geq \underset{\text{Kosten}}{32.000 + 10.410}$$

$$\Rightarrow p \geq \frac{42.410}{250}$$

$$p \geq 169,64$$

3 Dynamische Investitionsrechnung

3.1 Bruttomethode

Aufgabe 3.1

Überraschend zu Reichtum gekommen, überlegt L. Otto König eine Beteiligung am italienischen Restaurant Tolle Pasta. Dabei stehen ihm am 1.1.1996 folgende drei Alternativen zur Auswahl:

(A) Einmalige Einlage in der Höhe von 1.500.000,– am 1.1.1996, laufende Einkünfte aus Erfolgsbeteiligung nach Steuern in der Höhe von

Datum	31.12.1996	31.12.1997	31.12.1998
Ausschüttung	100.000,–	150.000,–	200.000,–

(B) Einmalige Einlage in der Höhe von 1.500.000,– am 1.1.1996, einmalige Einkünfte aus Erfolgsbeteiligung nach Steuern in der Höhe von 450.000,– am 31.12.1998.

(C) Einmalige Einlage in der Höhe von 1.500.000,– am 1.1.1996, einmalige Einkünfte aus Erfolgsbeteiligung nach Steuern in der Höhe von 450.000,– am 31.12.1998.

Datum	31.12.1996	31.12.1997	31.12.1998
Ausschüttung	0,–	250.000,–	250.000,–

Bei allen drei Varianten soll die Beteiligung an der Unternehmung am 31.12.1998 wieder beendet werden. Gleichzeitig soll Herr König seine gesamte Einlage unverzinst zurückerstattet erhalten. Herr König hat derzeit sein gesamtes Vermögen zu 10 % p.a nach Steuern veranlagt und entscheidet mit Hilfe der Kapitalwertmethode.

Soll sich Herr König an der Unternehmung beteiligen? Falls ja: Für welche Variante soll er sich entscheiden (jeweils mit Begründung)?

Lösung

Die beiden wesentlichen statischen Investitionsbewertungsverfahren, die approximative Annuität und die approximative Rendite, basieren in ihrer Ermittlung auf Durchschnittswerten. Diese Vereinfachung ist in der Praxis oftmals zulässig, wenn die Cash Flows in etwa gleichverteilt sind, also die tatsächlichen kaum von den mittleren Werten abweichen.

Wenn aber nun die Cash Flows im Zeitablauf stark schwanken, dann ist zusätzlich zu berücksichtigen, daß frühere Einzahlungen vom Investor gegenüber späteren vorgezogen werden: Je früher er einen bestimmten Betrag erhält, desto früher kann er ihn auch wieder (zum Kalkulationszinsfuß) veranlagen. Würde er daher eine Zahlung in gleicher Höhe verspätet erhalten, entgehen ihm genau diese Zinsen. Bei Auszahlungen verhält es sich analog: Je später er sie bezahlen muß, desto länger kann er diesen Betrag noch selbst zinsbringend anlegen. Die dynamische Investitionsrechnung versucht nun, die zeitliche Struktur der Zahlungen in die Bewertung miteinfließen zu lassen.

Als Ausgangspunkt dient dabei die Überlegung, alle anfallenden Zahlungen auf einen einheitlichen Zeitpunkt zu beziehen, wobei üblicherweise entweder der Anfang oder das Ende der Projektlaufzeit gewählt wird. Um den Wert eines Projektes zu Beginn der Laufzeit zu ermitteln, wird daher für jede Zahlung ihr sog. *Barwert* ermittelt. Dieser besagt, welchen Betrag man heute zum Kalkulationszinsfuß anlegen müßte, um mit Hilfe der Alternativveranlagung bis zu jenem Zeitpunkt, an dem die Zahlung anfällt, einen Zahlungsstrom in gleicher Höhe wie eben diese Zahlung simulieren zu können.[1] Man erhält somit mit dem Barwert einer einzelnen Zahlung, indem man diese über die entsprechende Anzahl von Perioden diskontiert. Falls nicht anders angegeben, soll im weiteren vereinfachend davon ausgegangen werden, daß sämtliche Cash Flows einer Periode jeweils am Periodenende anfallen.

Faßt man nun die Barwerte sämtlicher zukünftigen Zahlungen zusammen, erhält man jenen Betrag, den man unmittelbar bei Projektbeginn alternativ zum Kalkulationszinsfuß anlegen müßte, um während der Projektlaufzeit zu den gleichen Zahlungsströmen zu kommen. Ist nun dieser Betrag größer als die tatsächlichen Anschaffungsauszahlungen, dann bedeutet dies, daß der heutige Wert aller zukünftigen Zahlungsströme aus dem Projekt größer ist als jener Betrag, der heute zur Realisation des Projektes investiert werden muß. Dies bedeutet aber andererseits auch, daß durch eine Realisation des Projektes eine höhere Vermögenssteigerung erzielt werden kann als bei Alternativveranlagung — und daher aus ökonomischer Sicht eine Durchführung des Projektes zu befürworten ist. Die Differenz zwischen dem Barwert sämtlicher zukünftiger Zahlungen und dem Wert der (heutigen) Anschaffungsauszahlungen wird als *Nettobarwert* bzw. als *Kapitalwert*, K_0, bezeichnet.

Faßt man für die Aufgabe die Zahlungsströme nach Steuern aus den unterschiedlichen Varianten zusammen, dann erhält man folgende Tabelle:

Alternative	0	1	2	3
A	−1.500.000	100.000	150.000	200.000+1.500.000
B	−1.500.000	0	0	450.000+1.500.000
C	−1.500.000	0	250.000	250.000+1.500.000

Da Herr König sein Kapital alternativ zu 10 % p.a. nach Steuern anlegen könnte, ergibt sich der Barwert für die Alternative A aus

$$K_0^A = -1.500.000 + \underbrace{\frac{100.000}{1,10^1} + \frac{150.000}{1,10^2} + \frac{1.700.000}{1,10^3}}_{=1.492.111,19}$$

$$= -7.888,81.$$

Herr König müßte somit somit heute 1,5 Millionen für ein Projekt bezahlen, dessen zukünftige Zahlungsströme einen heutigen Wert von „nur" 1.492.111,19 haben. Er wird daher Variante A nicht annehmen.

---

[1] Für eine Herleitung des Barwertkonzepts mit Hilfe der Nutzentheorie, siehe etwa R.A. Brealey und S.C. Myers, *Principles of Corporate Finance*, 5. Aufl., McGraw-Hill, New York et al. 1996.

Variante B liefert in Summe die gleichen Cash Flows wie Variante A, bietet aber den Nachteil, daß alle (positiven) Cash Flows erst zu Ende des Projektes anfallen. Es kann daher vermutet werden, daß einerseits der heutige Wert der zukünftigen Zahlungen aus Variante B unter dem entsprechenden Wert bei Variante A liegt und daß in weiterer Folge auch der Kapitalwert von Alternative B unter jenem für A liegt:

$$K_0^B = -1.500.000 + \underbrace{\frac{1.950.000}{1,10^3}}_{=1.465.063,86}$$

$$= -34.936,14.$$

Da der Kapitalwert negativ ist, sollte Herr König von der Realisation von Variante B ebenfalls absehen.

Der Kapitalwert von Variante C schließlich ergibt sich aus

$$K_0^B = -1.500.000 + \underbrace{\frac{250.000}{1,10^2} + \frac{1.750.000}{1,10^3}}_{=1.521.412,47}$$

$$= 21.412,47.$$

Bei dieser Variante ist der Kapitalwert nicht nur am größten, sondern auch positiv, weshalb sich Herr König an der Unternehmung beteiligen sollte und sich bei den Ausschüttungen für Variante C entscheiden sollte.

Alternativ hätten zur Investitionsbewertung auch die (*Netto-*) *Endwerte* ermittelt werden können, bei der sämtliche Zahlungen auf einen einheitlichen Zeitpunkt aufgezinst und zusammengefaßt werden. Herr König erhält in diesem Fall folgende Ergebnisse:

$$K_T^A = -1.500.000 \cdot 1,10^3 + 100.000 \cdot 1,10^2 + 150.000 \cdot 1,10^1 + 1.700.000 \cdot 1,10^0$$
$$= -10.500,-$$
$$K_T^B = -1.500.000 \cdot 1,10^3 + 1.950.000 \cdot 1,10^0$$
$$= -46.500,-$$
$$K_T^C = -1.500.000 \cdot 1,10^3 + 250.000 \cdot 1,10^1 + 1.750.000 \cdot 1,10^0$$
$$= 28.500,-$$

Der Endwert eines Investitionsprojektes besagt, um welchen Betrag das Vermögen des Investors am Ende des Projektes bei Realisation höher als bei Alternativveranlagung der Anschaffungsauszahlungen ist. Bei Alternative A hätte er somit nach drei Jahren um 10.500,–, bei Alternative B sogar um 46.500,– weniger, wenn Herr König sich beteiligt anstatt das Kapital von 1.500.000,– zu 10 % p.a. zu veranlagen. Bei Alternative C hingegen kommt es tatsächlich zu einer größeren Vermögenssteigerung durch die Beteiligung als bei Alternativveranlagung, weshalb diese Variante gewählt werden sollte.

Kapitalwert- und Endwertkriterium kommen immer zur gleichen Investitionsempfehlung, da der Zusammenhang

$$K_T = K_0 \cdot (1 + k)^T$$

gilt. Obwohl der Betrag, den man als Endwert ermittelt, möglicherweise auf den ersten Blick aussagekräftiger sein könnte als der Nettobarwert, werden doch in der Praxis wie in der Literatur i.a. die Kapitalwerte bevorzugt, u.a. da sie *heutige* Werte wiedergeben und zudem bei unterschiedlich langen Alternativprojekten keiner Konvention zur Wahl des Bezugszeitpunktes bedürfen. Im weiteren werden daher auch hier die Kapitalwerte bevorzugt; mit Hilfe des obigen Zusammenhanges ist aber eine Überleitung der Ergebnisse leicht möglich.

Aufgabe 3.2

Die steirischen Zwillinge Leo und Ben Zwirbelmoser planen die Gründung einer Filiale ihres Friseursalons, der LeoBen Hairlines, in Wien. Während gründlicher Marktstudien haben sie folgende Daten gesammelt:

Räumlichkeiten:

Miete (fällig jeweils zu Monatsbeginn)	*10.000,–*
jährliche Ausgaben für Zeitungsabos etc.	*15.000,–*
(fällig jeweilszu Jahresbeginn)	

einmalige Zahlungen für Geschäftsausstattung (fällig unmittelbar vor Eröffnung):

Einrichtung	*230.000,–*
Trockenhauben, Scheren, Kämme, Handtücher etc.	*170.000,–*

sonstige fixe Auszahlungen (jeweils zu Monatsbeginn):

monatliche Zahlungen für die Mitarbeiter	*50.000,–*
sonstige monatliche fixe Zahlungen	*9.000,–*

Leo und Ben planen, ihren Salon fünf Jahre zu betreiben und ihn dann (inklusive Einrichtung) an ihren Neffen Harry gegen eine Ablöse von 200.000,– weiterzugeben.

Im ersten Monat werden die variablen Einzahlungsüberschüsse 35.000,– betragen; da sich aber der Kundenkreis laufend erweitern wird, werden auch die variablen Einzahlungsüberschüsse wachsen, wobei mit einem monatlichen Anstieg von 2 % gerechnet wird. Im Gegensatz zu den fixen Auszahlungen fallen die variable Einzahlungsüberschüsse aber jeweils zu Monatsende an.

(a) *Entscheiden Sie mit Hilfe der Kapitalwertmethode mit impliziter Berücksichtigung der Steuern, ob die Filiale gegründet werden soll. Der Kalkulationszinssatz für Eigenkapital vor Steuern beträgt 15 % p.a., und die Zwillinge wollen die Filiale ausschließlich mit Eigenkapital finanzieren.*

(b) *Bei sonst gleichen Bedingungen wie für (a): Ben möchte gerne das renommierte Innenarchitektenduo Maurice und Wanda Putz mit der Einrichtung betrauen. Wie viel darf (aus rein ökonomischer Sicht) die Einrichtung maximal kosten, damit die Eröffnung des Salons besser ist als das Kapital zum Kalkulationszinssatz anzulegen? (Gehen Sie dabei von der vereinfachenden Annahme aus, daß dies keinen Einfluß auf den Betrag hat, den die Zwillinge bei Geschäftsübergabe von ihrem Neffen erhalten.)*

(c) *Bei sonst gleichen Bedingungen wie für (a): Welche Höhe müßten die monatlichen variable Einzahlungsüberschüsse mindestens haben, wenn von Anfang an ein genügend großer Kundenstock vorhanden wäre und dieser nicht vergrößert werden soll (also konstante variable Einzahlungsüberschüsse)?*

(a) Kapitalwert

Betrachtet man die Cash Flows aus diesem Projekt genauer, dann zeigt sich der enge Zusammenhang zwischen Rentenrechnung und dynamischer Investitionsrechnung: Die Mietzahlungen, die Zahlungen für die Mitarbeiter sowie die sonstigen fixen Auszahlungen fallen jeden Monatsersten an und haben immer die gleiche Höhe — sie können daher als vorschüssige konstante Rente mit einer Höhe von $10.000 + 50.000 + 9.000 = 69.000$,- betrachtet werden. Bei einem Monatszinssatz von $i = \sqrt[12]{1,15} - 1 = 1,1715\ \%$ p.m. und einer Laufzeit von 60 Monaten hat diese Rente einen Barwert von

$$K_0^{\text{AZ, mon.}} = 69.000 \cdot (1 + i) \cdot \frac{(1 + i)^{60} - 1}{(1 + i)^{60} \cdot i}$$

$$= 2.996.286, 89.$$

Die Auszahlungen für die Zeitungen stellen ebenfalls eine vorschüssige Rente dar; allerdings ist hier zu berücksichtigen, daß die Periodenlänge jetzt 1 Jahr ist, der relevante Zinssatz daher 15 % p.a. beträgt. Der Barwert dieser Rente beträgt folglich

$$K_0^{\text{AZ, jährl.}} = 15.000 \cdot 1,15 \cdot \frac{1,15^5 - 1}{1,15^5 \cdot 0,15}$$

$$= 57.824, 68.$$

Die Einzahlungen bilden eine nachschüssige, geometrisch veränderliche Rente, wobei die Periodenlänge wiederum ein Monat ist. Der Barwert der Einzahlungen ergibt sich daher aus

$$K_0^{\text{EZ}} = 35.000 \frac{\left(\frac{1,011715}{1,02}\right)^{60} - 1}{(1,011715 - 1,02) \cdot \left(\frac{1,011715}{1,02}\right)^{60}}$$

$$= 2.666.699, 41.$$

Faßt man diese Barwerte zusammen, zieht man davon die Anschaffungsauszahlungen ab und addiert man schließlich den diskontierten Restwert, dann erhält man den Kapitalwert des gesamten Investitionsprojektes:

$$K_0 = -A_0^{\text{Einrichtung}} - A_0^{\text{sonst. Ausstattung}} + K_0^{\text{EZ}} - K_0^{\text{AZ, mon.}} - K_0^{\text{AZ, jährl.}} + \frac{200.000}{1,15^5}$$

$$= -230.000 - 170.000 + 2.666.699, 41 - 2.996.286, 89 - 57.824, 68 + 99.435, 35$$

$$= -687.976, 81.$$

Aufgrund des negativen Kapitalwertes sollte von einer Investition in dieser Form abgesehen werden.

(b) Zahlungen für die Einrichtung

Damit sich das Investitionsprojekt lohnt, sollte der Kapitalwert nicht negativ sein. Unter Verwendung der Ergebnisse aus (a) muß daher gelten

$$0 \le -A_0^{\text{Einrichtung}} - A_0^{\text{sonst. Ausstattung}} + K_0^{\text{EZ}} - K_0^{\text{AZ, mon.}} - K_0^{\text{AZ, jährl.}} + \frac{200.000}{1,15^5}$$

$$A_0^{\text{Einrichtung}} \le -170.000 + 2.666.699, 41 - 2.996.286, 89 - 57.824, 68 + 99.435, 35$$

$$A_0^{\text{Einrichtung}} \le -457.976, 78.$$

Das negative Vorzeichen deutet darauf hin, daß Leo & Ben diesen Betrag für die Einrichtung erhalten (und nicht bezahlen) müßten. Die Zwillinge sollten daher versuchen, die Innenarchitekten (etwa im Rahmen eines Product Placement–Vertrages) zur Zahlung dieses Betrages zu bewegen, um doch noch (ökonomisch begründet) die Filiale gründen zu können.

(c) Konstante Mindesteinnahmen

Geht man wiederum von einem positiven Kapitalwert als Bedingung für eine Investition aus, dann muß aufgrund der Ergebnisse aus (a)

$$0 \leq -A_0^{\text{Einrichtung}} - A_0^{\text{sonst. Ausstattung}} + C \cdot \frac{(1+i)^{60} - 1}{(1+i)^{60} \cdot i} - K_0^{\text{AZ, mon.}} - K_0^{\text{AZ, jährl.}} + \frac{200.000}{1,15^5}$$

$$0 \leq -230.000 - 170.000 + C \cdot \frac{(1+i)^{60} - 1}{(1+i)^{60} \cdot i} - 2.996.286,89 - 57.824,68 + 99.435,35$$

$$\Rightarrow C \geq \underbrace{(230.000 + 170.000 + 2.996.286,89 + 57.824,68 - 99.435,35)}_{=3.354.676,19} \cdot \frac{(1+i)^{60} \cdot i}{(1+i)^{60} - 1}$$

$$C \geq 78.158,18$$

gelten, wobei $C = 78.158{,}18$ den Cash Flow zu Ende jeden Monats und i den Monatszinssatz bezeichnet. Die Cash Flows können dabei als konstante nachschüssige Rente betrachtet werden.

Aufgabe 3.3

Einer Unternehmung stehen zwei rein eigenfinanzierte, alternative Investitionsprojekte mit einjähriger Nutzungsdauer zur Auswahl:

	Projekt A	Projekt B
Anschaffungsauszahlungen	200	100
erwarteter gesamter Einzahlungsüberschuß am Ende der Nutzung	260	140

Jedes Projekt kann nur höchstens einmal realisiert werden. Die Alternativrendite für die Eigenkapitalgeber beträgt 6 % p.a. nach Steuern und der Gewinnsteuersatz ist 60 %. Beide Projekte können steuerlich nach einem Jahr abgeschrieben werden.

Bei den folgenden Kriterien sollen die Steuern explizit berücksichtigt werden.

(a) *Welche Investitionsentscheidung ist nach der Kapitalwertmethode zu treffen?*

(b) *Welche Investitionsentscheidung ist nach der Methode des Internen Zinsfußes zu treffen?*

(c) *Warum können die beiden Beurteilungskriterien zu unterschiedlicher Investitionsentscheidung führen und welches Projekt soll dann letztendlich gewählt werden (mit Begründung anhand des Zahlenbeispiels)?*

Ermittlung der Cash Flows nach Steuern

Bevor mit der eigentlichen Behandlung der Aufgabe begonnen werden kann, sind vorweg die *Cash Flows nach Steuern* zu ermitteln. Diese ergeben sich aus den Cash Flows vor Steuern abzüglich der Steuerzahlungen. Die Steuerzahlungen wiederum erhält man, indem man den steuerlichen Gewinn als Steuerbasis (bestehend aus den Einzahlungen in der jeweiligen Periode abzüglich aller Absetzposten) mit dem Gewinnsteuersatz multipliziert.

Aufgrund der einjährigen Nutzungsdauer können die gesamten jeweiligen Anschaffungsauszahlungen in diesem Jahr in Form der Absetzung für Abnutzung (AfA_1) und Buchwert (BW_1) geltend gemacht werden, also $AfA_1 + BW_1 = A_0$. Die Steuern errechnen sich daher wie folgt:

	Projekt A	Projekt B
$+\ C^{vorSt}$	260,–	140,–
$-\ (AfA_1 + BW_1)$	–200,–	–100,–
= Steuerbasis	60,–	40,–
Steuern	36,–	24,–

Die Cash Flows nach Steuern lauten daher

	Projekt A	Projekt B
$+\ C^{vorSt}$	260,–	140,–
– Steuern	–36,–	–24,–
$=\ C^{nachSt}$	224,–	116,–

(a) Kapitalwert

Die Kapitalwerte mit expliziter Berücksichtigung der Steuern erhält man, indem man die Cash Flows nach Steuern mit dem Kalkulationszinsfuß nach Steuern diskontiert und davon die Anschaffungsauszahlungen abzieht:

$$K_0^A = -200 + \frac{224}{1,06} = 11,32$$
$$K_0^B = -100 + \frac{116}{1,06} = 9,43$$

Nach diesem Kriterium sollte wegen des höheren positiven Kapitalwertes Projekt A realisiert werden.

(b) Interner Zinsfuß

Der Interne Zinsfuß gibt (analog zur durchschnittlichen Verzinsung) wieder, wie stark eine eingesetzte Geldeinheit durchschnittlich jede Periode wächst. Im Gegensatz zum statischen Pendant aber wird auch hier die zeitliche Struktur der Zahlungen berücksichtigt, indem man jenen Zinssatz sucht, bei dem der Barwert der zukünftigen Zahlungen gleich den Anschaffungsauszahlungen zu Beginn der Laufzeit wird — bzw. bei dem der Kapitalwert gleich null wird. Je höher der Kalkulationszinsfuß, desto geringer ist der Barwert der (positiven) zukünftigen Zahlungen. Liegt daher der Interne Zinsfuß über dem entsprechenden Kalkulationszinsfuß, dann wird der Kapitalwert i.a. positiv sein, da ja das Kapital stärker wächst als bei Alternativveranlagung.

Für die beiden Projekte in der Aufgabe ergeben sich die Internen Zinsfüße wie folgt:

$$p_A = \frac{224 - 200}{200}$$

$$= 12 \text{ \% p.a.}$$

$$p_B = \frac{116 - 100}{100}$$

$$= 16 \text{ \% p.a.}$$

Prinzipiell ist ein Projekt dann sinnvoll, wenn sein Interner Zinsfuß über dem Kalkulationszinsfuß liegt. Trifft dies auf mehrere Alternativprojekte zu, dann ist jenes mit dem höchsten Internen Zinsfuß zu wählen. Da in dieser Aufgabe Projekt B den höheren Internen Zinsfuß aufweist und dieser auch über dem Kalkulationszinssatz von 6 % p.a. liegt, sollte dieses auch realisiert werden.

(c) Vergleich der Methoden

Das Kriterium des Internen Zinsfuß weist mehrere Schwachstellen auf. So wird letztlich nicht berücksichtigt, daß die beiden Projekte unterschiedlich hohe Kapitalbindungen aufweisen und bei Projekt B die verbleibenden 100,– „nur“ zur Alternativrendite von 6 % p.a. angelegt werden können. Zum Ende der Nutzungsdauer erhält daher der Investor für eine Investition von 200,– bei Projekt A einen Zahlungsüberschuß von 224,–, bei Projekt B von 116 + 100 · 1,06 = 222,–. Er sollte sich daher für Projekt A entscheiden — was auch dem Ergebnis nach dem Kapitalwertkriterium entspricht.

Wie sich in späteren Aufgaben noch zeigen wird, sind weitere Nachteile bei der Bewertung mehrperiodiger Projekte aufgrund der *Wiederveranlagungsprämisse* zu berücksichtigen: Bei der Ermittlung wird unterstellt, daß die Cash Flows zum Internen Zinsfuß (und nicht zum Kalkulationszinsfuß) wiederveranlagt werden können, was aber in der Praxis nur selten tatsächlich möglich ist. Daneben kann ein mehrperiodiges Projekt mehrere Interne Zinsfüße haben, von denen zudem nicht immer gesagt werden kann, ob es sich um einen Soll-oder einen Habenzinssatz handelt. Zusätzliche Probleme können beim Vergleich von unterschiedlich langen Projekten auftreten.

All diese Punkte haben zur Folge, daß das Kriterium des Internen Zinsfußes zu anderen Investitionsempfehlungen kommen kann als das Kapitalwertkriterium und es nur auf bestimmte Fragestellungen angewandt werden sollte (wie etwa der Ermittlung der Effektivverzinsung von Krediten). Da der Kapitalwert in Hinblick auf das Zielkriterium der Vermögensmaximierung zuverlässigere Aussagen erlaubt, sollte dieser daher vorgezogen werden.

Anmerkung: Der Interne Zinsfuß besagt, zu welchem Zinssatz man A_0 anlegen können müßte, um die Cash Flows simulieren zu können. Er besagt aber *nicht*, wie hoch verzinst man A_0 anlegen müßte, um zum gleichen Endvermögen wie durch das Projekt zu kommen. Letzteres wird durch den *Modifizierten Internen Zinsfuß* ausgedrückt: Unterstellt man, daß alle laufenden Zahlungen zum Alternativzinssatz k angelegt bzw. ausgeborgt werden können, dann gilt

$$A_0 \cdot (1 + p_{\text{mod}})^T = \underbrace{\sum_{t=1}^{T} C_t \cdot (1 + k)^{T-t} + R_T}_{=K_T + (1+k)^T \cdot A_0 = (1+k)^T \cdot (K_0 + A_0)}$$

$$\Longleftrightarrow p_{\text{mod}} = \left((1 + k) \cdot \sqrt[T]{\frac{K_0}{A_0} + 1} \right) - 1.$$

Liegt p_{mod} über dem Kalkulationszinsfuß, ist das Projekt durchzuführen, andernfalls zu ver-
werfen. Da diese Kennzahl aber unmittelbar aus dem Kapitalwert hervorgeht und daher auch
immer zur gleichen Empfehlung wie dieser kommt, soll sie im weiteren nicht näher behandelt
werden.

Aufgabe 3.4

*Einer Unternehmung stehen zwei rein eigenfinanzierte, alternative Investitionsprojekte mit glei-
chen Anschaffungsauszahlungen und gleichen geplanten Nutzungsdauern zur Auswahl:*

	Projekt A	Projekt B
Anschaffungsauszahlungen	1.000,–	1.000,–
geplante Nutzungsdauer	2 Jahre	2 Jahre
erwarteter Restwert	0,–	0,–
erwarteter Cash Flow vor Steuern am Ende des		
1. Jahres	600,–	0,–
2. Jahres	600,–	1.260,–

Der Kalkulationszinsfuß beträgt 7 % p.a. vor Steuern.

(a) *Bestimmen Sie für jedes Projekt bei impliziter Berücksichtigung der Steuern*

    (a1) *den Kapitalwert,*

    (a2) *den Internen Zinsfuß.*

    Anmerkung: Die Gleichung $x^2 + px + q = 0$ hat als Lösungen $x_{1,2} = -\frac{p}{2} \pm \sqrt{\frac{p^2}{4} - q}$.

(b) *Welche Investitionsentscheidung soll die Unternehmung treffen? (Begründen Sie Ihre
Empfehlung anhand des Zahlenbeispiels.)*

(a) Bewertung der Projekte

(a1) Kapitalwerte:

$$K_0^A = -1.000 + \frac{600}{1,07} + \frac{600}{1,07^2}$$
$$= 84,81$$
$$K_0^B = -1.000 + \frac{1.260}{1,07^2}$$
$$= 100,53$$

Da Projekt B den höchsten positiven Kapitalwert aufweist, sollte es gewählt werden.

(a2) Interne Zinsfüße:

$$0 = -1.000 + \frac{600}{1+p_A} + \frac{600}{(1+p_A)^2}$$

$$0 = p_A^2 + 1,4 \cdot p_A - 0,2$$

$$\Rightarrow \quad p_A = -0,7 \pm \sqrt{\frac{1,4^2}{4} + 0,2} \;=\; \left\{ \begin{array}{l} 13,066 \text{ \% p.a.} \\ - \end{array} \right.$$

$$0 = -1.000 + \frac{1.260}{(1+p_B)^2}$$

$$0 = p_B^2 + 2 \cdot p_B - 0,26$$

$$\Rightarrow \quad p_B = -1 \pm \sqrt{\frac{2^2}{4} + 0,26} \;=\; \left\{ \begin{array}{l} 12,2479 \text{ \% p.a.} \\ - \end{array} \right.$$

Da Projekt A den höheren, über dem Kalkulationszinsfuß liegenden Internen Zinsfuß aufweist, sollte es realisiert werden. (Anmerkung: Für beide Projekte ist die zweite, nicht dargestellte Lösung der quadratischen Gleichung negativ und kann daher nicht als sinnvoller Interner Zinsfuß interpretiert werden.)

(b) Vergleich der Methoden

Bei der Ermittlung des Internen Zinsfußes wird unterstellt, daß sämtliche anfallenden Zahlungen zum Internen Zinsfuß veranlagt werden können (Wiederveranlagungsprämisse). Tatsächlich aber ist „nur" eine Investition zum Kalkulationszinsfuß von 7 % p.a. möglich. Ermittelt man daher die Endwerte der beiden Projekte aus

$$K_T = -A_0 \cdot (1+k)^T + \sum_{t=1}^{T} C_t \cdot (1+k)^{T-t} + R_T$$

$$= K_0 \cdot (1+k)^T,$$

so erhält man

$$K_T^A = 84,81 \cdot 1,07^2$$
$$= 97,10$$
$$K_T^B = 100,53 \cdot 1,07^2$$
$$= 115,10.$$

In Hinblick auf das Zielkriterium „Vermögensmaximierung" würde das Kriterium des Internen Zinsfußes hier somit zu einer Fehlentscheidung führen. Allgemein ist daher immer das Kapitalwertkriterium vorzuziehen.

Aufgabe 3.5

Die Wiener Telekabel Ges.m.b.H. bietet ihren Kunden für die Bezahlung der laufenden Betriebsgebühren drei Varianten an:

pro Monat bei Vierteljahreszahlung:	*öS 183,–*
pro Monat bei Halbjahreszahlung:	*öS 172,–*
pro Monat bei Jahreszahlung:	*öS 164,–*

Diese Gebühren sind bei den angeführten Varianten jeweils am Periodenanfang (Quartalsbeginn, Halbjahresbeginn bzw. Jahresbeginn) zu bezahlen.

(a) *Berechnen Sie die Internen Zinsfüße in % p.a (Prozentgenauigkeit ist ausreichend).*

(b) *Für welche Zahlungsvariante werden Sie sich entscheiden, falls Sie*

   (b1) *am Jahresanfang über einen ausreichenden Betrag auf Ihrem mit 6 % p.a. festverzinslichen Sparbuch verfügen?*

   (b2) *am Jahresanfang über kein Kapital verfügen, aber bei ihrer Bank Ihr Girokonto mit einer Effektivverzinsung von 14 % p.a. überziehen können?*

Zahlungen

Je nach Zahlungsweise fallen zu Beginn eines jeden Quartals folgende Zahlungen an:

	0	1	2	3
vierteljährig	549	549	549	549
halbjährig	1.032	0	1.032	0
ganzjährig	1.968	0	0	0

(a) Interne Zinsfüße

Bei der Bewertung nach der Methode der Internen Zinsfüße sind hier die Differenzinvestitionen zu bilden, da jede Zahlungsart für sich nur Auszahlungen bringt. Die so erhaltenen Quartalszinssätze sind dann auf einen Jahreszinssatz umzurechnen ($p_{Jahr} = (1 + p_{Quartal})^4 - 1$):

	0	1	2	3	$p_{Quartal}$	p_{Jahr}
viertelj. – halbj.	–483	+549	–483	+549	13,7 %	66,9 % p.a.
viertelj. – ganzj.	–1.419	+549	+549	+549	7,8 %	35,2 % p.a.
halbj. – ganzj.	–936	0	+1.032	0	5,0 %	21,6 % p.a.

Der Interne Zinsfuß der Differenzinvestition besagt, zu welchem Zinssatz man den Differenzbetrag in der Zwischenzeit (mindestens) anlegen müßte, um den höheren Gesamtbetrag, der aber über einen längeren Zeitraum zu bezahlen ist, zu akzeptieren. Falls daher der Interne Zinsfuß größer ist als der Kalkulationszinsfuß, dann sollte die „langfristigere" der „kurzfristigeren" Zahlungsvariante vorgezogen werden. Die Ergebnisse zeigen, daß die halbjährige der vierteljährigen und die ganzjährige beiden Varianten vorzuziehen ist.

(b) Barwerte und Endwerte

Mit Hilfe der Bar– bzw. Endwerte kann ermittelt werden, über welchen Betrag man zu Beginn bzw. zu Ende des Jahres verfügen muß, um die Zahlungen aus einem Sparbuch bzw. durch einen Kredit zu finanzieren.

(b1) Sparbuch:

$$i = \sqrt[4]{1,06} - 1$$
$$= 1,4764 \% \text{ pro Quartal}$$

$$K_0^{\text{viertelj}} = 549 \cdot \left(\frac{1}{1,014764^0} + \frac{1}{1,014764^1} + \frac{1}{1,014764^2} + \frac{1}{1,014764^3} \right)$$
$$= 2.148,82$$
$$K_0^{\text{halbj}} = 1.032 \cdot \left(\frac{1}{1,014764^0} + \frac{1}{1,014764^2} \right)$$
$$= 2.034,37$$
$$K_0^{\text{ganzj}} = 1.968 \cdot \left(\frac{1}{1,014764^0} \right)$$
$$= 1.968, -$$

Da bei ganzjähriger Zahlung heute der niedrigste Betrag auf dem Sparbuch verfügbar sein müßte, sollte diese Variante gewählt werden.

(b2) Kredit:

$$i = \sqrt[4]{1,14} - 1$$
$$= 3,3299 \% \text{ pro Quartal}$$

$$K_T^{\text{viertelj}} = 549 \cdot \left(1,033299^4 + 1,033299^3 + 1,033299^2 + 1,033299^1 \right)$$
$$= 2.385, -$$
$$K_T^{\text{halbj}} = 1.032 \cdot \left(1,033299^4 + 1,033299^2 \right)$$
$$= 2.278,35$$
$$K_T^{\text{ganzj}} = 1.968 \cdot \left(1,033299^4 \right)$$
$$= 2.243,52$$

Da bei ganzjähriger Zahlung am Ende des Jahres das Konto am wenigsten überzogen ist, sollte diese Zahlungsvariante gewählt werden.

Aufgabe 3.6

Für ein Investitionsprojekt mit Anschaffungsauszahlungen in der Höhe von 1.000,–, unendlicher Nutzungsdauer und konstanten jährlichen Cash Flows beträgt der Interne Zinsfuß 10 % p.a. Berechnen Sie den Kapitalwert des Projekts für einen Kalkulationszinsfuß von 8 % p.a.

Lösung

Konstante jährliche Cash Flows aus einem Projekt mit unendlicher Nutzungsdauer können wie eine unendliche konstante nachschüssige Rente behandelt werden, deren Barwert sich aus $\frac{C}{k}$ ermitteln läßt. Ist dieser Barwert nun gleich den Anschaffungsauszahlungen, dann ist der

Kalkulationszinsfuß k gleich dem Internen Zinsfuß p:

$$0 = -A_0 + \frac{C}{p}$$

$$\Longleftrightarrow A_0 = \frac{C}{p}$$

Die Cash Flows in diesem Projekt haben daher eine Höhe von

$$C = A_0 \cdot p$$
$$= 1.000 \cdot 0,10$$
$$= 100,-.$$

Der Kapitalwert des Projektes bei einem Kalkulationszinsfuß von 8 % p.a. beträgt folglich

$$K_0 = -A_0 + \sum_{t=1}^{\infty} \frac{C}{(1+k)^t}$$
$$= -A_0 + \frac{C}{k}$$
$$= -1.000 + \frac{100}{0,08}$$
$$= 250,-.$$

Aufgabe 3.7

Ein Wiener Taxiunternehmer überlegt für den 1.1.1996 die Anschaffung eines neuen Autos, das er drei Jahre benützen und dann wieder verkaufen möchte. Die Entscheidung für die Marke, die Farbe und die Ausstattung ist bereits gefallen, er weiß aber noch nicht, ob er das Diesel- oder das Benzinmodell wählen soll. Er hat deshalb folgende Daten für die beiden neuen Modelle erfaßt:

		„Diesel"	„Benzin"
Anschaffungsauszahlungen		350.000,-	320.000,-
Restwert zu $T = 3$		170.000,-	130.000,-
Treibstoff-Verbrauch auf 100 km		7 l	10 l
Treibstoff-Preis je Liter zu $t =$	1	8,80	10,50
	2	9,20	11,30
	3	9,70	12,00
fixe Auszahlungen zu $t =$	1	25.000,-	28.000,-
	2	31.000,-	30.700,-
	3	37.000,-	35.500,-
Einzahlungen je km zu $t =$	1	11,-	11,-
	2	12,-	12,-
	3	13,-	13,-

Der Taxifahrer rechnet, daß er jedes Jahr 40.000 km fahren wird. Sein gewichteter durchschnittlicher Kalkulationszinsfuß nach Steuern beträgt 5 % p.a., sein Steuersatz 25 %. Das Fahrzeug kann über 5 Jahre steuerlich linear abgeschrieben werden. Für welches Auto wird er sich entscheiden, falls er nach der Bruttomethode mit expliziter Berücksichtigung der Steuern entscheidet?

Variante „Diesel"

Ermittlung der Cash Flows:

	1	2	3
Einzahlungen	440.000	480.000	520.000
− variable Auszahlungen	−24.640	−25.760	−27.160
− fixe Auszahlungen	−25.000	−31.000	−37.000
= Cash Flows	390.360	423.240	455.840

Bei der Ermittlung der Steuerzahlungen ist zu berücksichtigen, daß das Fahrzeug über fünf Jahre linear abzuschreiben ist. Die AfA während der Nutzungsjahre beträgt daher $AfA_t = \frac{A_0}{5} = \frac{350.000}{5} = 70.000,-$. Dabei darf nicht übersehen werden, daß *steuerlich* immer auf null abgeschrieben wird. Da das Fahrzeug aber bereits nach drei Jahren wieder veräußert wird, verringert sich die Steuerbasis für den Restwert um den Buchwert, der die noch nicht abgeschriebenen Anschaffungsauszahlungen repräsentiert. Der Buchwert am Ende der dritten Periode beträgt somit $BW_3 = A_0 - 3 \cdot AfA = 350.000 - 3 \cdot 70.000 = 140.000,-$. (Als Daumenregel gilt für die Ermittlung der Steuern: Bei den Cash Flows auf die AfA achten, beim Restwert auf dem Buchwert.) Die gesamte Steuerbasis und die Steuerzahlungen errechnen sich daher wie folgt:

	1	2	3
Cash Flows	390.360	423.240	455.840
+ Restwert			170.000
− AfA_t	−70.000	−70.000	−70.000
− BW_T			−140.000
= Steuerbasis	320.360	353.240	415.840
Steuern	80.090	88.310	103.960

Zahlungen nach Steuern:

	1	2	3
Cash Flows	390.360	423.240	455.840
+ Restwert			170.000
− Steuern	−80.090	−88.310	−103.960
	310.270	334.930	521.880

Da in den Cash Flows die Steuern bereits explizit berücksichtigt worden sind, muß auch ein Kalkulationszinssatz nach Steuern zur Ermittlung des Kapitalwertes herangezogen werden. Bei $k^{nachSt} = 5\%$ p.a. erhält der Taxifahrer daher

$$K_0^{Diesel} = -350.000 + \frac{310.270}{1,05^1} + \frac{334.930}{1,05^2} + \frac{521.880}{1,05^3}$$
$$= 700.106,19.$$

Variante „Benzin"

Ermittlung der Cash Flows:

	1	2	3
Einzahlungen	440.000	480.000	520.000
− variable Auszahlungen	−42.000	−45.200	−48.000
− fixe Auszahlungen	−28.000	−30.700	−35.500
= Cash Flows	370.000	404.100	436.500

Zur Ermittlung der Steuerzahlungen sind auch hier vorweg die AfA und der Buchwert zu bestimmen. Sie betragen bei einer steuerlichen Nutzungsdauer von 5 Jahren $AfA_t = \frac{320.000}{5} = 64.000,-$ und $BW_3 = 320.000 - 3 \cdot 64.000 = 128.000,-$.

	1	2	3
Cash Flows	370.000	404.100	436.500
+ Restwert			130.000
− AfA_t	−64.000	−64.000	−64.000
− BW_T			−128.000
= Steuerbasis	306.000	340.100	374.500
Steuern	76.500	85.025	93.625

Zahlungen nach Steuern:

	1	2	3
Cash Flows	370.000	404.100	436.500
+ Restwert			130.000
− Steuern	−76.500	−85.025	−93.625
	293.500	319.075	472.875

$$K_0^{\text{Benzin}} = -320.000 + \frac{293.500}{1,05^1} + \frac{319.075}{1,05^2} + \frac{472.875}{1,05^3}$$
$$= 657.421,44$$

Investitionsentscheidung

Da der Kapitalwert der Variante „Diesel" den höheren positiven Kapitalwert aufweist, sollte sich der Taxifahrer für dieses Modell entscheiden.

Alternative Bewertung: Differenzinvestition

Da es für den Taxifahrer ohnehin schon beschlossene Sache ist, sich einen Neuwagen zuzulegen, könnte hier die Bewertung auch alternativ mit Hilfe der Differenzinvestition („Diesel" − „Benzin") vorgenommen werden: Die um 30.000,- höheren Anschaffungsauszahlungen für den Diesel führen zu einer zusätzlichen AfA von 6.000,- und einen um 12.000,- höheren Buchwert. Berücksichtigt man die Unterschiede in den Auszahlungen während der einzelnen Jahre, so ergeben sich folgende Unterschiede in den Steuerzahlungen:

	1	2	3
+ Diff. Cash Flows	20.360	19.140	19.340
+ Diff. Restwert			40.000
− AfA_L^{Diff}	−6.000	−6.000	−6.000
− BW_T^{Diff}			−12.000
= Diff. Steuerbasis	14.360	13.140	41.340
Diff. Steuern	3.590	3.285	10.335

Die Differenz in den Zahlungen nach Steuern beträgt daher

	1	2	3
+ Diff. Cash Flows	20.360	19.140	19.340
+ Diff. Restwert			40.000
− Diff. Steuern	−3.590	−3.285	−10.335
	16.770	15.855	49.005

Der Kapitalwert der Differenzinvestition hat somit eine Höhe von

$$K_0^{Diff} = -30.000 + \frac{16.770}{1,05^1} + \frac{15.855}{1,05^2} + \frac{49.005}{1,05^3}$$

$$= 42.684,74.$$

Das in der Anschaffung teurere Dieselfahrzeug ist vorzuziehen, da die laufenden Cash Flows ausreichend größer sind; daß die Variante „Diesel" für sich genommen einen positiven Kapitalwert hat und daher ökonomisch sinnvoll ist, ist bereits aus (a) bekannt. Man beachte dabei, daß der Kapitalwert der Differenzinvestition gleich der Differenz der Kapitalwerte ist (sieht man von Rundungsfehlern ab). Das gleiche gilt übrigens auch für die übrigen Werte, die in die Berechnung eingehen.

Aufgabe 3.8

Das skandinavische Möbelhaus Elch & Co. überlegt die Eröffnung einer Verkaufs- und Lagerhalle im Norden Wiens. Das dazu benötigte Areal könnte um 400.000,– pro Jahr (zahlbar jährlich im nachhinein) angemietet werden. An Anschaffungsauszahlungen würden 3.000.000,– für Regale, Kassen und sonstige Einrichtung anfallen. Diese Gegenstände können erfahrungsgemäß drei Jahre genutzt werden, danach haben sie einen Restwert von 100.000,–. Die steuerliche Abschreibungsdauer dieser Geschäftsausstattung beträgt drei Jahre. Die Unternehmung rechnet für diese neue Filiale mit jährlichen zusätzlichen Einzahlungsüberschüssen aus Umsätzen vor Steuern und Zinsen in der Höhe von 1.700.000,–. Im Rahmen des Genehmigungsverfahrens ist mit einmaligen Abgaben und Gebühren in der Höhe von 200.000,– zu rechnen, die unmittelbar bei Beginn der ersten Durchführung zu bezahlen sind und die steuerlich nicht als Aufwand verrechnet werden dürfen. Für Reinvestitionen fallen keine derartigen Zahlungen an. Die Unternehmung rechnet mit einem gewichteten Kalkulationszinsfuß von 7 % p.a. nach Steuern, der Gewinnsteuersatz beträgt 40 %. Ermitteln Sie nach der Bruttomethode mit expliziter Berücksichtigung von Steuern den Kapitalwert bei

(a) einmaliger Durchführung

(b) unendlicher identischer Reinvestition

und geben Sie für beide Fälle eine begründete Investitionsempfehlung ab.

(a) Einmalige Durchführung

Die Cash Flows haben jedes Jahr eine Höhe von $1.700.000 - 400.000 = 1.300.000,-$. Die Steuern betragen daher

	1	2	3
C_t	1.300.000	1.300.000	1.300.000
$+\ R_T$			100.000
$-\ AfA_t$	-1.000.000	-1.000.000	-1.000.000
$=$ Steuerbasis	300.000	300.000	400.000
Steuern	120.000	120.000	160.000

Daraus ergeben sich folgende Zahlungen nach Steuern:

	1	2	3
C_t	1.300.000	1.300.000	1.300.000
$+\ R_T$			100.000
$-$ Steuern	-120.000	-120.000	-160.000
	1.180.000	1.180.000	1.240.000

Der Kapitalwert des Projektes inklusive der einmalig fälligen Gebühren beträgt somit

$$K_0 = \underbrace{-200.000}_{\text{Gebühren}} \underbrace{-3.000.000 + \frac{1.180.000}{1,07^1} + \frac{1.180.000}{1,07^2} + \frac{1.240.000}{1,07^3}}_{\text{übriges Projekt}}$$

$$= -200.000 + 145.670,81$$

$$= -54.329,19.$$

Aufgrund der hohen (einmaligen) Genehmigungsgebühren sollte von einer einmaligen Investition abgesehen werden.

(b) Unendliche Reinvestition

Bei der Bewertung einer unendlichen Kette von identischen Reinvestitionen kann man sich die Eigenschaft zunutze machen, daß jede einzelne dieser Investitionen den gleichen Kapitalwert hat — bezogen auf den jeweiligen Investitionszeitpunkt. Der Kettenkapitalwert ergibt sich daher aus

$$KK_0 = \sum_{t=0}^{\infty} \frac{K_{t \cdot T}}{(1+k)^{t \cdot T}}$$

$$= K_0 \cdot \frac{(1+k)^T}{(1+k)^T - 1},$$

wobei $K_{t \cdot T} = K_0$ der jeweilige (gleichbleibende) Kapitalwert einer einmaligen Investition zum Investitionszeitpunkt und T die Laufzeit einer Durchführung ist.

Da die Genehmigungsgebühren nur einmal anfallen, ergibt sich der gesamte Kettenkapitalwert somit aus

$$KK_0 = -200.000 + 145.670,81 \cdot \frac{1,07^3}{1,07^3 - 1}$$
$$= -200.000 + 792.972,90$$
$$= 592.972,90.$$

Bei unendlicher identischer Reinvestition sollte das Investitionsprojekt durchgeführt werden.

Aufgabe 3.9

Eine Bäckerei plant, die Produktion einer neuen Sorte von Maisweckerln aufzunehmen. Folgende alternative Aggregate stehen für die Produktion der Maisweckerln zur Auswahl:

	Aggregat I	Aggregat II
Anschaffungsauszahlungen:	220.000,–	200.000,–
Nutzungsdauer:	6 Jahre	4 Jahre
Restwert am Ende der Nutzung:	100.000,–	40.000,–

Der Kalkulationszinssatz vor Steuern beträgt 10 % p.a.

Eine Studie über das potentielle Käuferverhalten hat ergeben, daß in den ersten beiden Jahren mit einem Absatz von jeweils 20.000 Stück Maisweckerln gerechnet werden kann. Nach dieser Produkteinführungsphase wird ab dem dritten Jahr eine konstante jährliche Absatzmenge von 40.000 Stück erwartet. Die Absatzmenge entspricht genau der Produktionsmenge.

Der erzielbare Nettoverkaufspreis beträgt in den ersten beiden Jahren jeweils 6,– je Stück, ab dem dritten Jahr wird er auf 3,– je Stück gesenkt. Die Produktionskosten (inkl. Anlaufkosten für die ersten beiden Jahre) betragen für Aggregat I jeweils 60.000,– pro Jahr und für Aggregat II jeweils 40.000,– pro Jahr.

Zur Beantwortung der Fragen (a) und (b) sind jeweils der Kapitalwert und die Annuität zu berechnen.

(a) *Welches Aggregat ist zu wählen, wenn mit dem Ende der Nutzungsdauer des jeweiligen Aggregats die Produktion der Maisweckerln eingestellt wird?*

(b) *Welches Aggregat soll die Bäckerei für die Produktion der Maisweckerln anschaffen, wenn geplant ist, die Maisweckerln 12 Jahre lang zu produzieren? Gehen Sie davon aus, daß die beiden Aggregate zu den angegebenen Bedingungen identisch reinvestiert werden können.*

(c) *Berechnen Sie für Aggregat II die dynamische Amortisationsdauer.*

(a1) einmalige Durchführung, Kapitalwerte

Ermittlung der Cash Flows vor Zinsen und vor Steuern für **Aggregat I**:

	1	2	3 – 5	6
Absatzmenge	20.000	20.000	40.000	40.000
Nettoverkaufspreis	6	6	3	3
variabler Einzahlungsüberschuß	120.000	120.000	120.000	120.000
− fixe Auszahlungen	-60.000	-60.000	-60.000	-60.000
+ R_T				100.000
= C_t inkl. R_T	60.000	60.000	60.000	160.000

Daraus ergibt sich für das Aggregat I ein Kapitalwert von

$$K_0^I = -220.000 + \frac{60.000}{1,10} + \frac{60.000}{1,10^2} + \frac{60.000}{1,10^3} + \frac{60.000}{1,10^4} + \frac{60.000}{1,10^5} + \frac{160.000}{1,10^6}$$
$$= 97.763,03$$

Ermittlung der Cash Flows vor Zinsen und vor Steuern von **Aggregat II**:

	1	2	3	4
Absatzmenge	20.000	20.000	40.000	40.000
Nettoverkaufspreis	6	6	3	3
variabler Einzahlungsüberschuß	120.000	120.000	120.000	120.000
− fixe Auszahlungen	-40.000	-40.000	-40.000	-40.000
+ R_T				40.000
= C_t inkl. R_T	80.000	80.000	80.000	120.000

Aggregat II hat somit einen Kapitalwert von

$$K_0^{II} = -200.000 + \frac{80.000}{1,10} + \frac{80.000}{1,10^2} + \frac{80.000}{1,10^3} + \frac{120.000}{1,10^4}$$
$$= 80.909,77.$$

Aufgrund des höheren positiven Kapitalwertes von Aggregat I sollte dieses angeschafft werden.

(a2) einmalige Durchführung, Annuitäten

Die (*exakte*) *Annuität* stellt den (finanzmathematisch) exakten durchschnittlichen Gewinn je Periode dar, der über den Ertrag bei Alternativveranlagung des Kapitals hinausgeht; sie stellt daher das dynamische Pendant zur statischen Gewinnannuität dar. Da der Kapitalwert den gesamten Gewinn über dem Ertrag bei Alternativveranlagung, bezogen auf den Investitionszeitpunkt, darstellt, muß als Zusammenhang gelten, daß der Barwert aller Annuitäten (die selbst eine konstante nachschüssige Rente bilden) gleich dem Kapitalwert sein muß:

$$K_0 = Ann \cdot \underbrace{\frac{(1+k)^T - 1}{(1+k)^T \cdot k}}_{=\text{Rentenbarwertfaktor}}$$

$$\Longleftrightarrow Ann = K_0 \cdot \underbrace{\frac{(1+k)^T \cdot k}{(1+k)^T - 1}}_{=\text{Annuitätenfaktor}}.$$

Für das erste Aggregat ergibt sich die Annuität folglich aus

$$Ann^I = K_0^I \cdot AF_{k=10\%,T=6}$$

$$= 97.763,03 \cdot \frac{0,1 \cdot 1,1^6}{1,1^6 - 1}$$

$$= 22.447,11$$

Aggregat I wirft somit (durchschnittlich) am Ende jeder Periode um 22.447,11 mehr ab als der Investor bei Alternativanlage der Anschaffungsauszahlungen erhalten würde.

Bei Aggregat II ist zu beachten, daß es eine kürzere Laufzeit als Aggregat I hat. Um einen Vergleich der beiden Alternativen mit Hilfe der Annuitätenmethode durchführen zu können, müssen aber die Betrachtungszeiträume gleich groß sein. Würde man nämlich die Annuität von Aggregat II auf die kürzere Laufzeit beziehen, dann könnte es zu Fehleinschätzung kommen: niedrigere Gewinne über einen längeren Zeitraum können insgesamt zu einem höheren Vermögenszuwachs führen als höhere Gewinn, die aber nur über einen kurzen Zeitraum erzielt werden. Es ist daher für Aggregat II die sog. *modifizierte Annuität* zu bilden, die sich auf die Laufzeit des längsten der betrachteten Projekte bezieht, also auf 6 Jahre:

$$Ann^{mod,II} = K_0^{II} \cdot AF_{k=10\%,T^{mod}=6}$$

$$= 80.909,77 \cdot \frac{1,1^6 \cdot 0,1}{1,1^6 - 1}$$

$$= 18.577,48$$

Da Aggregat I über den gesamten Betrachtungszeitraum höhere durchschnittliche Gewinne erzielt als Aggregat II und diese zudem positiv sind, sollte es ausgewählt werden.

Hinweis: Würde man für Aggregat II die Annuität für die tatsächliche Laufzeit, also vier Jahre, berechnen, dann würde man eine (nicht modifizierte) Annuität von 25.524,67 für die ersten vier Jahre erhalten, während für die letzten beiden Jahre ein exakter durchschnittlicher Gewinn von 0 ausgewiesen würde. Ein unmittelbarer Vergleich zwischen den beiden Aggregaten und somit auch eine Investitionsentscheidung auf Basis dieser Ergebnisse ist daher nicht unmittelbar möglich.

Man beachte dabei, daß aufgrund der Modifikation die Annuitätenmethode und die Kapital-wertmethode zur gleichen Investitionsempfehlung kommen, da die Kapitalwerte der einzelnen Varianten alle mit dem gleichen Annuitätenfaktor multipliziert werden und die Vorzeichen der Kapitalwerte erhalten bleiben. Üblicherweise wird als einheitlicher Betrachtungszeitraum ent-weder die Laufzeit des längsten Projektes oder (bei unterschiedlichen Investitionszeitpunkten) der Zeitraum zwischen frühestem Beginnzeitpunkt und spätestem Endzeitpunkt gewählt. Die Wahl des Zeitraumes selbst hat aber keinen Einfluß auf die prinzipielle Entscheidung, wel-ches Projekt realisiert werden soll oder nicht, sondern gibt lediglich den Zeitraum, auf den der Kapitalwert des Projektes aufgeteilt werden soll, wieder.

(b1) 12–jährige Nutzung, Kapitalwerte

Aufgrund der unterschiedlichen Laufzeit bei einmaliger Durchführung ist bei 12–jähriger Nut-zung Aggregat I einmal, Aggregat II hingegen zweimal zu reinvestieren. Nützt man hier wieder die Tatsache aus, daß der Kapitalwert jeder Reinvestition zum Investitionszeitpunkt gleich dem Kapitalwert der ersten Durchführung ist, dann ergibt sich der Kettenkapitalwert bei m–maliger

Reinvestition (also insgesamt $m + 1$ Durchführungen) aus

$$KK_0 = \sum_{t=0}^{m} \frac{K_{t \cdot T}}{(1+k)^{t \cdot T}}$$

$$= K_0 \cdot \frac{(1+k)^{(m+1) \cdot T} - 1}{(1+k)^{m \cdot T} \cdot \left((1+k)^T - 1\right)}.$$

Wegen $m^I = 1$ mit $T^I = 6$ und $m^{II} = 2$ mit $T^{II} = 4$ lauten die Kettenkapitalwerte für die beiden Aggregate daher

$$KK_0^I = K_0^I \cdot \frac{(1+k)^{(m^I+1) \cdot T^I}}{(1+k)^{m^I \cdot T^I} \cdot \left((1+k)^{T^I} - 1\right)}$$

$$= 97.763,03 \cdot \frac{1,1^{12} - 1}{1,1^6 \cdot (1,1^6 - 1)}$$

$$= 152.947,72$$

$$KK_0^{II} = K_0^{II} \cdot \frac{(1+k)^{(m^{II}+1) \cdot T^{II}}}{(1+k)^{m^{II} \cdot T^{II}} \cdot \left((1+k)^{T^{II}} - 1\right)}$$

$$= 80.909,77 \cdot \frac{1,1^{12} - 1}{1,1^8 \cdot (1,1^4 - 1)}$$

$$= 173.917,24$$

Aufgrund des höheren Kettenkapitalwertes ist bei 12–jähriger Produktion Aggregat II vorzuziehen.

(b2) 12–jährige Nutzung, Annuitäten

Um die exakten durchschnittlichen Gewinne zu ermitteln, sind die Kettenkapitalwerte mit Hilfe des Annuitätenfaktors für einen Zeitraum von 12 Jahren „aufzuteilen", wobei aufgrund der gleichen Gesamtlaufzeit keine Modifikation vorgenommen werden muß:

$$Ann^I = 152.947,72 \cdot \frac{1,1^{12} \cdot 0,1}{1,1^{12} - 1}$$

$$= 22.447,11$$

$$Ann^{II} = 173.917,24 \cdot \frac{1,1^{12} \cdot 0,1}{1,1^{12} - 1}$$

$$= 25.524,67$$

Auch nach diesem Kritierium ist bei 12–jähriger Produktion Aggregat II vorzuziehen.

Man beachte, daß die Annuitäten aus den Kettenkapitalwerten bei gleicher Gesamtlaufzeit aller Alternativen die gleiche Höhe haben wie die (nicht modifizierten) Annuitäten bei einmaliger Durchführung.

(c) Dynamische Amortisationsdauer

Bei der dynamischen Amortisationsdauer werden (im Gegensatz zur statischen Variante) auch die kalkulatorischen Zinsen berücksichtigt, die sich aufgrund der Kapitalbindung im Projekt ergeben. Diese werden berechnet, indem man den zu Beginn der jeweiligen Periode noch ausstehenden Betrag mit dem Kalkulationszinssatz multipliziert; vereinfachend wird dabei unterstellt, daß die Cash Flows jeweils am Periodenende anfallen.

zu amortisierender Betrag zu $t = 0$	–	200.000
kalkulatorische Zinsen der ersten Periode	–	20.000
zu amortisierender Betrag zu $t = 1^-$	–	220.000
C_1	+	80.000
zu amortisierender Betrag zu $t = 1^+$	–	140.000
kalkulatorische Zinsen der zweiten Periode	–	14.000
zu amortisierender Betrag zu $t = 2^-$	–	154.000
C_2	+	80.000
zu amortisierender Betrag zu $t = 2^+$	–	74.000
kalkulatorische Zinsen der dritten Periode	–	7.400
zu amortisierender Betrag zu $t = 3^-$	–	81.400
C_3	+	80.000
zu amortisierender Betrag zu $t = 3^+$	–	1.400
kalkulatorische Zinsen der vierten Periode	–	140
zu amortisierender Betrag zu $t = 4^-$	–	1.540
C_4	+	80.000
		> 0

Unterstellt man Gleichverteilung der laufenden Einzahlungsüberschüsse im 4. Jahr, so erhält man den Restzeitraum x, nach dem der noch ausstehende Betrag inklusive Zinsen amortisiert ist, aus

$$80.000 = 1.540 \cdot (1 + k \cdot x) \cdot x$$
$$\Longleftrightarrow x = \frac{1.400}{80.000 - 0,10 \cdot 1.400}$$
$$= 0,0175.$$

Die gesamte dynamische Amortisationsdauer beträgt daher 4,0175 Jahre.

Aufgabe 3.10

Da der Absatz von Biokipferln ständig zunimmt, plant die Bäckerei Indy–Kipferl & Co KG die Anschaffung einer zusätzlichen Produktionsanlage mit folgenden Daten:

Anschaffungspreis (nominell):	*400.000,–*
Nutzungsdauer:	*2 Jahre*
Restwert am Ende der Nutzung (nominell):	*50.000,–*

Steuerlich kann die Anlage linear über zwei Jahre abgeschrieben werden. Die Indy-Kipferl & Co KG kalkuliert mit einem Gewinnsteuersatz von 40 %. Die nominelle jährliche Alternativrendite der Anteilseigner nach Steuern beträgt 12 %, die nominelle jährliche Fremdkapitalverzinsung vor Steuern 9 %. Die neue Produktionsanlage wird zu 20 % fremdfinanziert. Weiters wird mit einer jährlichen Inflationsrate (über die nächsten vier Jahre) von 2 % gerechnet. Es wird unterstellt, daß sowohl der nominelle Anschaffungspreis als auch der nominelle Restwert jährlich mit der Inflationsrate steigen.

Der neuen Produktionsanlage können folgende nominelle Cash Flows vor Zinsen und Steuern zugeordnet werden:

Jahr	1	2
C_t	250.000,-	350.000,-

Ermitteln Sie den Kapitalwert nach der Bruttomethode mit expliziter Berücksichtigung der Steuern für reale Werte, wenn

(a) *eine einmalige Durchführung (Produktion der Biokipferl über zwei Jahre)*

(b) *eine einmalige identische Reinvestition (Produktion der Biokipferl über vier Jahre)*

geplant ist.

Lösung

Bei der Bruttomethode werden die Cash Flows nicht in jene an die Fremdkapital- und jene an die Eigenkapitalgeber aufgespalten. Da aber diese beiden Kapitalgebergruppen i.a. unterschiedliches Risiko tragen und daher auch unterschiedlich hohe Kalkulationszinsfüße haben, muß die Kapitalstruktur in einem *gewichteten Kalkulationszinsfuß* k_G reflektiert werden. Gemäß dem *Weighted Average Cost of Capital*-Ansatz ist daher der Fremdkapitalsatz i mit dem Verschuldungsgrad v_0 und der Eigenkapitalsatz k_E mit $(1 - v_0)$ zu gewichten. Bei impliziter Berücksichtigung der Steuern sind dabei jeweils die „vor Steuer"-Kalkulationszinssätze, bei expliziter Berücksichtigung jene „nach Steuer" heranzuziehen, wobei (für nominelle Zinssätze) der Zusammenhang $k^{\text{nachSt}} = (1 - s) \cdot k^{\text{vorSt}}$ gilt.

Während *nominelle Zinssätze* die betragsmäßigen Vermögensänderungen widerspiegeln, berücksichtigen *reale Zinssätze* darüberhinaus die Inflation und geben daher die kaufkraftmäßige Vermögensänderung wieder. Analog zur Umrechnung von Cash Flows, $C_t^{\text{real}} = \frac{C_t^{\text{nom}}}{(1+\pi)^t}$, gilt als Zusammenhang für Kalkulationszinsfüße $k^{\text{real}} = \frac{1+k^{\text{nom}}}{1+\pi} - 1$. Da für reale Kalkulationszinssätze die Zusammenhänge bezüglich vor und nach Steuern ein wenig komplizierter sind, sollten sie immer mittels der eben dargestellten Formel direkt aus ihrem nominellen Pendant ermittelt werden.

In der vorliegenden Aufgabe ist nach der Bruttomethode (gewichteter Zinssatz, k_G) mit expliziter Steuerberücksichtigung (nach Steuer, k_G^{nachSt}) für reale Werte (realer Kalkulationszinsfuß, $k_G^{\text{nachSt,real}}$) vorzugehen. Es ist daher zuerst der entsprechende nominelle Kalkulationszinssatz $k_G^{\text{nachSt,nom}}$ zu ermitteln:

$$k_G^{\text{nachSt,nom}} = (1 - v_0) \cdot k_E^{\text{nom,nachSt}} + v_0 \cdot \underbrace{(1 - s) \cdot i^{\text{nom,vorSt}}}_{=i^{\text{nom,nachSt}}}$$

$$= (1 - 0,20) \cdot 0,12 + 0,20 \cdot (1 - 0,40) \cdot 0,09$$

$$= 10,68 \ \% \text{ p.a.}$$

Daraus kann nun der gewichtete reale Kalkulationszinsfuß nach Steuern bestimmt werden:

$$k_G^{\text{real,nachSt}} = \frac{1 + k_G^{\text{nom,nachSt}}}{1 + \pi} - 1$$

$$= \frac{1 + 0,1068}{1 + 0,02} - 1$$

$$= 8,51 \ \% \text{ p.a.}$$

(a) Einmalige Durchführung

Bei der Ermittlung der Steuern kann auf zwei Arten vorgegangen werden, die beide zum gleichen Ergebnis führen: Entweder werden die nominellen Steuerzahlungen errechnet und diese dann um die Inflation bereinigt, oder aber es werden reale Cash Flows und Restwerte herangezogen, davon die um die Inflation bereinigten Abschreibungen (d.h. ausgedrückt in ihrer Kaufkraft zu den entsprechenden Zeitpunkten) abgezogen und von der so ermittelten realen Basis die realen Steuerzahlungen errechnet:

		1	2
$C_t^{real} = \frac{C_t^{nom}}{(1+\pi)^t}$		245.098,04	336.409,07
$+ \quad R_T^{real} = \frac{R_T^{nom}}{(1+\pi)^T}$			48.058,44
$- \quad AfA_t^{real} = \frac{AfA_t^{nom}}{(1+\pi)^t}$		−196.078,43	−192.233,76
$=$ reale Steuerbasis		49.019,61	192.233,76
reale Steuer		19.607,84	76.893,50

Zieht man von den realen Cash Flows die realen Steuern ab, erhält man die realen Operating Cash Flows:

	1	2
C_t^{real}	245.098,04	336.409,07
$+ \quad R_T^{real}$		48.058,44
$-$ reale Steuer	−19.607,84	−76.893,50
$= OCF_t^{real}$ inkl. R_T^{real} nach Steuern	225.490,20	307.574,01

Diese realen Operating Cash Flows inklusive (realem) Restwert können nun mit dem eingangs ermittelten realen Kalkulationszinsfuß diskontiert werden:

$$K_0 = -400.000 + \frac{225.490,20}{(1,0851)} + \frac{307.574,01}{(1,0851)^2}$$

$$= 69.028,13.$$

Aufgrund des positiven Kapitalwertes sollte das Projekt realisiert werden.

Anmerkung: Da in dieser Aufgabe (ebenso wie in allen übrigen Aufgaben) bei der Umrechnung von nominellen in reale Werte immer von der Preisbasis zu $t = 0$ ausgegangen wird, müssen der Kapitalwert zu nominellen Werten und jener zu realen Werten gleich sein: Der Kapitalwert drückt ja den Wert des Projektes nach Anschaffungsauszahlungen zum Zeitpunkt $t = 0$ aus — und zu diesem Zeitpunkt hat eine nominelle Geldeinheit eine Kaufkraft von genau 1.

(b) Einmalige Reinvestition

Bei den Kapitalwerten mit nominellen Werten gilt, daß bei identischer Reinvestition die Kapitalwerte bezogen auf den jeweiligen Beginn der Durchführung die gleiche Höhe haben. Für nominelle Werte ergibt sich daher entweder durch diskontieren der einzelnen Kapitalwerte oder mit Hilfe des Kettenfaktors bei einmaliger Reinvestition ($m = 1$) und einer Laufzeit von $T = 2$ Jahren je Durchführung der Kettenkapitalwert aus

$$KK_0 = 69.028,13 + \frac{69.028,13}{1,1068^2} \left(= 69.028,13 \cdot \frac{1,1068^4 - 1}{1,1068^2 \cdot (1,1068^2 - 1)} \right)$$

$$= 153.588,02.$$

Rechnet man hingegen mit realen Werten bei nominell identischen Reinvestitionen, dann ändert sich auch der Kapitalwert, da ja sämtliche Zahlungen in heutiger Kaufkraft ausgedrückt werden, die einzelnen Kapitalwerte sich aber auf unterschiedliche Zeitpunkte beziehen. Der reale Kapitalwert der ersten Durchführung ist gleich dem nominellen, da er sich auf den Zeitpunkt $t = 0$ bezieht. Die zweite Durchführung beginnt zu $t = 2$ und hat (auf diesen Zeitpunkt bezogen) einen nominellen Kapitalwert von $K_2^{nom} = 69.028,13$; berücksichtigt man aber die bis zu diesem Zeitpunkt gesunkene Kaufkraft, dann ist der entsprechende reale Wert (auf Preisbasis $t = 0$)

$$K_2^{real} = \frac{K_2^{nom}}{(1+\pi)^2}$$
$$= \frac{69.028,13}{1,02^2}$$
$$= 66.347,68.$$

Da hier die realen Kapitalwerte im Zeitablauf sinken, kann nicht mit dem Kettenfaktor (der ja konstante Einzelkapitalwerte voraussetzt) gerechnet werden, sondern sind die einzelnen realen Kapitalwerte mit dem realen Kalkulationszinsfuß zu diskontieren und zusammenzufassen:

$$KK_0 = 69.028,13 + \frac{66.347,68}{1,0851^2}$$
$$= 153.588,02.$$

Da sich der nomineller wie der realer Kettenkapitalwert auf den Zeitpunkt $t = 0$ bezieht, der zugleich die Preisbasis bildet, müssen aber wiederum beide Varianten zum gleichen Endwert führen.

Aufgabe 3.11

Die FIWI–AG plant die Durchführung eines Investitionsprojekts, für welches folgende Daten zur Verfügung stehen:

Anschaffungszahlungen:	150.000,–
nomineller Restwert:	40.000,–
geplante Nutzungsdauer:	4 Jahre
steuerlich zulässige Abschreibung:	linear, über 5 Jahre

Dem Investitionsprojekt können folgende nominelle Cash Flows vor Zinsen und Steuern zugeordnet werden:

Jahr der Nutzung	1	2	3	4
C_t	60.000,–	40.000,–	70.000,–	80.000,–

Das Unternehmen kalkuliert mit einem Gewinnsteuersatz von 40 %. Die nominelle jährliche Alternativrendite der Anteilseigner vor Steuern beträgt 17,42 %, die Fremdkapitalverzinsung nach Steuern 15 %. Das Investitionsprojekt wird zu 40 % fremdfinanziert. Das Unternehmen erwartet eine jährliche Inflationsrate von 3 %. Berechnen Sie den Kapitalwert nach der Bruttomethode mit expliziter Berücksichtigung der Steuern für

(a) nominelle Werte,

(b) reale Werte.

(a) Nomineller Kapitalwert, Bruttomethode, explizite Steuerberücksichtigung

Bei der Ermittlung der Steuern ist hier zu beachten, daß die tatsächliche Nutzungsdauer kürzer ist als die steuerliche Abschreibungsdauer. In der Folge ist das Aggregat zu seinem Verkaufszeitpunkt noch nicht vollständig abgeschrieben, und der verbleibende Buchwert kann bei der Steuerermittlung vom Restwert abgezogen werden.

Ermittlung der nominellen Steuern:

	1	2	3	4
C_t^{nom}	60.000	40.000	70.000	80.000
$+\ R_T^{nom}$				40.000
$-\ AfA_t^{nom}$	−30.000	−30.000	−30.000	−30.000
$-\ BW_T^{nom}$				−30.000
= Steuerbasis (nominell)	30.000	10.000	40.000	60.000
Steuern (nominell)	12.000	4.000	16.000	24.000

Ermittlung der nominellen Operating Cash Flows inklusive Restwert:

	1	2	3	4
C_t^{nom}	60.000	40.000	70.000	80.000
$+\ R_T^{nom}$				40.000
$-$ Steuern (nominell)	−12.000	−4.000	−16.000	−24.000
	48.000	36.000	54.000	96.000

$$k_G^{nom,nachSt} = 0,4 \cdot \underbrace{0,15}_{=i^{nachSt}} + (1-0,4) \cdot \underbrace{(1-0,4) \cdot 0,1742}_{=k_E^{nachSt}}$$

$$= 12,2712 \ \% \ \text{p.a.}$$

$$K_0^{nom} = -150.000 + \frac{48.000}{1,122712^1} + \frac{36.000}{1,122712^2} + \frac{54.000}{1,122712^3} + \frac{96.000}{1,122712^4}$$

$$= 19.894,76$$

Aufgrund des positiven Kapitalwertes sollte das Investitionsprojekt realisiert werden.

(b) Realer Kapitalwert, Bruttomethode, explizite Steuerberücksichtigung

Ermittlung der realen Cash Flows:

	1	2	3	4
$C_t^{real} = \frac{C_t^{nom}}{(1+\pi)^t}$	58.252,43	37.703,84	64.059,92	71.078,96
R_T^{real}				35.539,48

Ermittlung der realen Steuern:

	1	2	3	4
C_t^{real}	58.252,43	37.703,84	64.059,92	71.078,96
$+ \quad R_T^{real}$				35.539,48
$- \quad AfA_t^{real}$	-29.126,21	-28.277,88	-27.454,25	-26.654,61
$- \quad BW_T^{real}$				-26.654,61
$=$ Steuerbasis (real)	29.126,21	9.425,96	36.605,67	53.309,22
Steuern (real)	11.650,49	3.770,38	14.642,27	21.323,59

Ermittlung der realen Operating Cash Flows inklusive Restwert:

	1	2	3	4
$+ \quad C_t^{real}$	58.252,43	37.703,84	64.059,92	71.078,96
$+ \quad R_T^{real}$				35.539,48
$- \quad$ Steuern (real)	-11.650,49	-3.770,38	-14.642,27	-21.323,59
	46.601,94	33.393,45	49.417,65	85.294,75

$$k_G^{real,nachSt} = \frac{1,122712}{1+0,03} - 1$$

$$= 9,0012 \text{ \% p.a.}$$

$$K_0^{real} = -150.000 + \frac{46.601,94}{1,090012^1} + \frac{33.393,45}{1,090012^2} + \frac{49.417,65}{1,090012^3} + \frac{85.294,75}{1,090012^4}$$

$$= 19.894,76$$

Da bei der Ermittlung mit realen Werten sämtliche Zahlungen auf die Preisbasis $t = 0$ bezogen wurden, müssen der nominelle und der reale Kapitalwert gleich sein. Es ist daher auch aufgrund des realen Ergebnisses die Investition zu empfehlen.

Aufgabe 3.12

Eine Unternehmung erwägt die Erweiterung ihrer Produktionskapazität durch den Ankauf einer neuen Maschine. Die folgenden Daten wurden ermittelt:

Anschaffungsauszahlung (nominell):	*120.000,-*
Nutzungsdauer:	*5 Jahre*
nomineller Restwert am Ende der Nutzungsdauer:	*10.000,-*
Gewinnsteuersatz:	*40 %*
steuerliche Abschreibung:	*linear über 4 Jahre*

Erwartete zusätzliche nominelle Cash Flows vor Zinsen und Steuern:

Jahr der Nutzung	1	2	3	4	5
Cash Flow	*40.000,-*	*40.000,-*	*40.000,-*	*40.000,-*	*60.000,-*

Dem Investitionsprojekt kann ein Kredit nicht direkt zugerechnet werden. Der geplante Verschuldungsgrad beträgt 70 %, und die nominellen Kapitalkostensätze sind für das Fremdkapital 20 % p.a. vor Steuern und für das Eigenkapital 30 % p.a. vor Steuern. Sämtliche Zahlungen (Anschaffungsauszahlungen, Restwert, Cash Flows) sind von der Inflation betroffen. Die jährliche Inflationsrate beträgt 3 %.

(a) Berechnen Sie den Kapitalwert des Investitionsprojekts nach der Bruttomethode

  (a1) mit expliziter Berücksichtigung der Steuern für reale Werte,

  (a2) mit impliziter Berücksichtigung der Steuern für reale Werte.

(b) Berechnen Sie für (a1) und (a2) den Kapitalwert, falls das Investitionsprojekt und seine
    identischen Nachfolger der Unternehmung insgesamt 15 Jahre zur Verfügung stehen sollen.

Kalkulationszinsfüße

Die für die folgenden Punkte benötigten Kalkulationszinssätze errechnen sich folgendermaßen:

$$k_G^{\text{nom,vorSt}} = 0,7 \cdot 0,2 + 0,3 \cdot 0,3$$
$$= 23 \text{ \% p.a.}$$
$$\Rightarrow k_G^{\text{real,vorSt}} = \frac{1,23}{1,03} - 1$$
$$= 19,4175 \text{ \% p.a.}$$
$$k_G^{\text{nom,nachSt}} = 0,23 \cdot (1 - 0,4)$$
$$= 13,8 \text{ \% p.a.}$$
$$\Rightarrow k_G^{\text{real,nachSt}} = \frac{1,138}{1,03} - 1$$
$$10,4854 \text{ \% p.a.}$$

(a1) Kapitalwert, Bruttomethode, explizite Berücksichtigung der Steuern

Ermittlung der realen Cash Flows:

	1	2	3	4	5
$C_t^{\text{real}} = \frac{C^{\text{nom}}}{(1+\pi)^t}$	38.834,95	37.703,84	36.605,67	35.539,48	51.756,53
R_T^{real}					8.626,09

Ermittlung der realen Steuern:

		1	2	3	4	5
	$C_t^{\text{real}} = \frac{C^{\text{nom}}}{(1+\pi)^t}$	38.834,95	37.703,84	36.605,67	35.539,48	51.756,53
+	R_T^{real}					8.626,09
−	AfA_t^{real}	−29.126,21	−28.277,88	−27.454,25	−26.654,61	0
=	Steuerbasis (real)	9.708,74	9.425,96	9.151,42	8.884,87	60.382,53
	Steuern (real)	3.883,50	3.770,38	3.660,57	3.553,95	24.153,05

Ermittlung der realen Operating Cash Flows inklusive Restwert:

		1	2	3	4	5
	$C_t^{\text{real}} = \frac{C^{\text{nom}}}{(1+\pi)^t}$	38.834,95	37.703,84	36.605,67	35.539,48	51.756,53
+	R_T^{real}					8.262,09
−	Steuern (real)	−3.883,50	−3.770,38	−3.660,57	−3.553,95	−24.153,05
		34.951,46	33.933,45	32.945,10	31.985,53	36.229,57

$$K_0 = -120.000 + \frac{34.951,46}{1,104854^1} + \frac{33.933,45}{1,104854^2} + \frac{32.945,10}{1,104854^3} + \frac{31.985,53}{1,104854^4} + \frac{36.229,57}{1,104854^5}$$

$$= 7.331,01$$

Da der Kapitalwert positiv ist, sollte das Investitionsprojekt realisiert werden.

(a2) Kapitalwert, Bruttomethode, implizite Berücksichtigung der Steuern

$$K_0 = -120.000 + \frac{38.834,95}{1,194175^1} + \frac{37.703,84}{1,194175^2} + \frac{36.605,67}{1,194175^3} + \frac{35.539,48}{1,194175^4} + \frac{51.756,53 + 8.262,09}{1,194175^5}$$

$$= 2.794,96$$

Da der Kapitalwert positiv ist, sollte das Investitionsprojekt realisiert werden.

(b) Kettenkapitalwerte

Um insgesamt 15 Jahre produzieren zu können, müssen zwei Reinvestitionen getätigt werden, also $m = 2$. Da die nominellen Werte an die Inflation angepaßt werden, steigen auch die nominellen Kapitalwerte, während die realen Kapitalwerte gleich bleiben: Der reale Kapitalwert mit impliziter Berücksichtigung der Steuern hat für die zweite Durchführung hat zu Beginn der zweiten Durchführung (also zu $t = 5$) einen Wert von $K_5^{real,impl} = K_0^{real,impl} = 2.794,96$, während der entsprechende nominelle Kapitalwert eine Höhe von $K_5^{nom,impl} = K_5^{real,impl} \cdot 1,03^5 = 3.240,13$ hat. Beim Kettenfaktor werden gleichbleibende Einzelkapitalwerte unterstellt, weswegen hier mit den realen Werten — und somit auch mit den realen Kalkulationszinsfüßen zu arbeiten ist. Unter Einbeziehung der Ergebnisse aus (a) erhält man daher folgende Kettenkapitalwerte:

$$KK_0^{expl} = 7.331,01 \cdot \frac{1,104854^{3\cdot 5} - 1}{1,104854^{2\cdot 5} \cdot (1,104854^5 - 1)}$$

$$= 14.488,53$$

$$KK_0^{impl} = 2.794,96 \cdot \frac{1,194175^{3\cdot 5} - 1}{1,194175^{2\cdot 5} \cdot (1,194175^5 - 1)}$$

$$= 4.419,76$$

Aufgabe 3.13

Eine Unternehmung erwägt die Erweiterung ihrer Produktionskapazität durch den Ankauf einer neuen Maschine, für die folgende Daten ermittelt worden sind:

Anschaffungsauszahlungen:	*300.000,-*
geplante Nutzungsdauer:	*5 Jahre*
nomineller Restwert am Ende der Nutzung:	*20.000,-*

Jahr	1	2	3	4	5
Absatzmenge in Stück	*800*	*900*	*1.000*	*1.000*	*1.000*
nomineller Verkaufspreis pro Stück	*200,-*	*210,-*	*220,-*	*230,-*	*240,-*
entgangene nom. Cash Flows aufgrund von Umsatzeinbußen in anderen Bereichen	*5.000,-*	*6.000,-*	*4.000,-*	*3.000,-*	*2.000,-*

reale variable Auszahlungen je Stück auf Preisbasis zu t = 0:   50,–
reale fixe Auszahlungen je Periode auf Preisbasis zu t = 0:   5.000,–

Sowohl bei den variablen als auch bei den fixen Auszahlungen wird mit einer jährlichen Preissteigerung von 6 % gerechnet. Die steuerliche Abschreibung der Maschine erfolgt linear über 6 Jahre und der Gewinnsteuersatz beträgt 40 %.

Eine direkte Zurechnung von Fremdkapital auf das Projekt ist nicht möglich. Die Unternehmung möchte jedoch ihren derzeitigen Verschuldungsgrad in der Höhe von 20 % auch weiterhin beibehalten. Der Kapitalkostensatz für das Fremdkapital beträgt 12 % p.a. (Effektivverzinsung vor Steuern). Die Anteilseigner fordern eine Verzinsung in der Höhe von 20 % p.a. nach Steuern.

Berechnen Sie den Kapitalwert nach der Bruttomethode mit

(a) expliziter

(b) impliziter

Berücksichtigung der Steuern.

(a) Bruttomethode mit expliziter Berücksichtigung der Steuern

Ermittlung der nominellen Werte:

	1	2	3	4	5
Verkaufspreis	200,–	210,–	222,–	230,–	240,–
fixe Auszahlungen	5.300,–	5.618,–	5.955,08	6.312,38	6.691,13
variable Auszahlungen	42.400,–	50.562,–	59.550,80	63.123,85	66.911,28

Ermittlung der nominellen Cash Flows vor Zinsen und vor Steuern:

		1	2	3	4	5
	Umsatzerlöse	160.000,–	189.000,–	220.000,–	230.000,–	240.000,–
–	fixe Auszahlungen	–5.300,–	–5.618,–	–5.955,08	–6.312,38	–6.691,13
–	variable Auszahlungen	–42.400,–	–50.562,–	–59.550,80	–63.123,85	–66.911,28
–	Umsatzeinbußen	–5.000,–	–6.000,–	–4.000,–	–3.000,–	–2.000,–
=	Cash Flows	107.300,–	126.820,–	150.494,12	157.563,77	164.397,59

Ermittlung der Steuerzahlungen:

		1	2	3	4	5
	C_t	107.300,–	126.820,–	150.494,12	157.563,77	164.397,59
	R_T					20.000,–
–	AfA_t	–50.000,–	–50.000,–	–50.000,–	–50.000,–	–50.000,–
–	BW_T					–50.000
=	Steuerbasis	57.300,–	76.820,–	100.494,12	107.563,77	84.397,59
	Steuer	22.920,–	30.728,–	40.197,65	43.025,51	33.759,04

Ermittlung der Operating Cash Flows:

	1	2	3	4	5
C_t	107.300,-	126.820,-	150.494,12	157.563,77	164.397,59
R_T					20.000,-
$-$ Steuer	-22.920,-	-30.728,-	-40.197,65	-43.025,51	-33.759,04
$= OCF_t$ inkl. R_T	84.380,-	96.092,-	110.296,47	114.538,26	150.638,56

$$k_G^{nachSt} = (1 - 0,20) \cdot 0,20 + 0,20 \cdot (1 - 0,40) \cdot 0,12$$
$$= 17,44 \text{ \%p.a.}$$

$$K_0 = -300.000 + \frac{84.380}{1,1744} + \frac{96.092}{1,1744^2} + \frac{110.296,47}{1,1744^3} + \frac{114.538,26}{1,1744^4} + \frac{150.638,56}{1,1744^5}$$
$$= 37.258,58$$

(b) Bruttomethode mit impliziter Berücksichtigung der Steuern

	1	2	3	4	5
C_t	107.300,-	126.820,-	150.494,12	157.563,77	164.397,59
R_T					20.000,—
	107.300,-	126.820,-	150.494,12	157.563,77	184.397,59

$$k_G^{vorSt} = \frac{k_G^{nachSt}}{(1-s)} = \frac{0,1744}{(1-0,40)}$$
$$= 29,06 \text{ \% p.a.}$$

$$K_0 = -300.000 + \frac{107.300}{1,290667} + \frac{126.820}{1,290667^2} + \frac{150.494,12}{1,290667^3} + \frac{157.563,77}{1,290667^4} + \frac{184.397,59}{1,290667^5}$$
$$= 37.528,72$$

Wie die Ergebnisse aus (a) und (b) zeigen, liefert in dieser Aufgabe die implizite Berücksichtigung der Steuern über den Kalkulationszinsfuß eine gute Approximation für die genauere Variante der expliziten Berücksichtigung der Steuerzahlungen. Entsprechend ist auch hier (aufgrund des positiven Kapitalwertes) eine Investition zu empfehlen.

Aufgabe 3.14

Eine Unternehmung erwägt die sofortige einmalige Anschaffung einer neuen Maschine zur Herstellung eines neuen Produkts. Die Maschine erfordert zu t = 0 Anschaffungsauszahlungen in Höhe von 500.000,-, könnte drei Jahre genutzt werden und danach zu einem realen Restwert (auf heutiger Preisbasis) von 80.000,- veräußert werden. Während der Nutzung würde es (ebenfalls auf heutiger Preisbasis) zu folgenden realen fixen Auszahlungen je Periode kommen:

Jahr der Nutzung	1	2	3
reale fixe Auszahlung	40.000,-	45.000,-	55.000,-

Vom neuen Produkt könnten im ersten Jahr 5.000, im zweiten Jahr 7.000 und im dritten Jahr 4.000 Stück produziert und abgesetzt werden. Der reale Verkaufspreis je Stück beträgt zu t = 0 genau 180,–, die variablen Auszahlungen je Stück auf gleicher Preisbasis liegen bei 100,–. Es kann unterstellt werden, daß sowohl der nominelle Verkaufspreis und die nominellen Auszahlungen als auch der nominelle Restwert der Maschine jährlich mit der Inflationsrate von 5 % p.a. steigen werden.

Die steuerliche Abschreibung der Maschine erfolgt linear über 4 Jahre, und der Gewinnsteuersatz ist 40 %. Eine direkte Zurechnung von Fremdkapital auf das Projekt ist nicht möglich. Die Unternehmung möchte jedoch ihren jetzigen Verschuldungsgrad von 40 % auch weiterhin beibehalten. Der nominelle Kapitalkostensatz für das Eigenkapital beträgt 25 % p.a. nach Steuern und der nominelle Kapitalkostensatz für das Fremdkapital ist 8 % vor Steuern.

(a) Bestimmen Sie die Kapitalwerte nach der Bruttomethode mit

    (a1) expliziter

    (a2) impliziter

    Berücksichtigung der Steuern für reale Zahlungen und Kalkulationszinsfüße.

(b) Welche Kalkulationszinsfüße sind zur Berechnung der Kapitalwerte nach der Bruttomethode mit expliziter und impliziter Berücksichtigung der Steuern heranzuziehen, falls die nominellen Zahlungen verwendet werden?

Ermittlung der realen Cash Flows

	1	2	3
reale Einzahlungen	900.000	1.260.000	720.000
− reale fixe Auszahlungen	−40.000	−45.000	−55.000
− reale variable Auszahlungen	−500.000	−700.000	−400.000
= C^{real}	360.000	515.000	265.000

(a1) Explizite Berücksichtigung der Steuern

Ermittlung der realen Steuerzahlungen:

	1	2	3
C^{real}	360.000	515.000	265.000
+ R_T^{real}			80.000
− AfA_t^{real}	−119.048	−113.379	−107.980
− BW_T^{real}			−107.980
= reale Steuerbasis	240.952	401.651	129.040
reale Steuern	96.381	160.649	51.616

Ermittlung der realen Operating Cash Flows inklusive Restwert:

	1	2	3
C^{real}	360.000	515.000	265.000
$+\quad R_T^{real}$			80.000
$-\quad$ reale Steuern	-96.381	-160.649	-51.616
	263.619	354.351	293.384

$$k_G^{nom,nachSt} = (1 - 0,4) \cdot 0,25 + 0,4 \cdot (1 - 0,4) \cdot 0,08$$
$$= 16,92 \ \% \ \text{p.a.}$$
$$k_G^{real,nachSt} = \frac{1,1692}{1,05} - 1$$
$$= 11,35 \ \% \ \text{p.a.}$$

$$K_0 = -500.000 + \frac{263.619}{1,1135^1} + \frac{354.351}{1,1135^2} + \frac{293.384}{1,1135^3}$$
$$= 235.014,84$$

Aufgrund des positiven Kapitalwertes sollte das Investitionsprojekt realisiert werden.

(a2) Implizite Berücksichtigung der Steuern

$$k_G^{nom,vorSt} = \frac{0,1692}{1-0,4}$$
$$= 28,20 \ \% \ \text{p.a.}$$
$$k_G^{real,vorSt} = \frac{1,2820}{1,05} - 1$$
$$= 22,10 \ \% \ \text{p.a.}$$

$$K_0 = -500.000 + \frac{360.000}{1,2210^1} + \frac{515.000}{1,2210^2} + \frac{265.000 + 80.000}{1,2210^3}$$
$$= 329.870,97$$

Auch in diesem Fall ist aufgrund des positiven Kapitalwertes die Realisation des Projektes zu empfehlen.

(b) Kalkulationszinssätze für nominelle Werte

Bei expliziter Berücksichtigung der Steuern ist bei der Bruttomethode für das angegebene Projekt $k_G^{nom,nachSt} = 16,92 \ \%$ p.a., bei impliziter Berücksichtigung der Steuern $k_G^{nom,vorSt} = 28,20 \ \%$ p.a. zu wählen.

Aufgabe 3.15

Eine Unternehmung erwägt die Erweiterung ihrer Produktionskapazität durch den Ankauf einer neuen Maschine, für die folgende Daten ermittelt worden sind:

Anschaffungsauszahlungen: 300.000,–
geplante Nutzungsdauer: 4 Jahre
nomineller Restwert: 20.000,–

Jahr	1	2	3	4
Absatzmenge in Stück	800	900	1.000	1.000
nomineller Verkaufspreispreis pro Stück	200,–	210,–	220,–	230,–
entgangene nom. Cash Flows aufgrund von Umsatzeinbußen in anderen Bereichen	5.000,–	6.000,–	4.000,–	3.000,–

reale variable Auszahlungen je Stück auf Preisbasis zu $t = 0$:   50,–
reale fixe Auszahlungen je Periode auf Preisbasis zu $t = 0$:   5.000,–

Sowohl bei den variablen als auch bei den fixen Auszahlungen wird mit einer jährlichen Preissteigerung von 5 % gerechnet. Die bilanzielle Abschreibung der Maschine erfolgt linear über 5 Jahre und der Gewinnsteuersatz beträgt 40 %. Eine direkte Zurechnung von Fremdkapital auf das Projekt ist nicht möglich. Die Unternehmung möchte jedoch ihren derzeitigen Verschuldungsgrad in der Höhe von 70 % auch weiterhin beibehalten. Der Kapitalkostensatz für das Fremdkapital beträgt 14 % p.a. (Effektivverzinsung vor Steuern). Die Anteilseigner fordern eine Verzinsung in der Höhe von 20 % p.a. nach Steuern. Berechnen Sie den Kapitalwert nach der Bruttomethode mit

(a) impliziter

(b) expliziter

Berücksichtigung der Steuern.

(a) Implizite Berücksichtigung der Steuern

	1	2	3	4
Einzahlungen	160.000,–	189.000,–	220.000,–	230.000,–
− Erlöseinbußen	−5.000,–	−6.000,–	−4.000,–	−3.000,–
− fixe Auszahlungen	−5.250,–	5.512,50	5.788,13	6.077,53
− variable Auszahlungen	42.000,–	49.612,50	57.881,25	60.775,31
= C_t^{nom}	107.750,–	127.875,–	152.330,63	160.147,16

$$k_G^{nom,vorSt} = (1 - 0,7) \cdot \frac{0,20}{1 - 0,4} + 0,7 \cdot 0,14$$

$$= 19,8 \text{ % p.a.}$$

$$K_0 = -300.000 + \frac{107.750}{1,198^1} + \frac{127.875}{1,198^2} + \frac{152.330,63}{1,198^3} + \frac{160.147,16 + 20.000}{1,198^4}$$

$$= 55.095,06$$

Da der Kapitalwert positiv ist, sollte das Investitionsprojekt realisiert werden.

(b) Explizite Berücksichtigung der Steuern

Steuern:

	1	2	3	4
C_t^{nom}	107.750,–	127.875,–	152.330,63	160.147,16
+ R_T				20.000,–
– AfA_t	–60.000,–	–60.000,–	–60.000,–	–60.000,–
– BW_T				–60.000,–
= Steuerbasis	47.750,–	67.875,–	92.330,63	60.147,16
Steuern	19.100,–	27.150,–	36.932,25	24.058,86

Operating Cash Flows inklusive Restwert:

	1	2	3	4
C_t^{nom}	107.750,–	127.875,–	152.330,63	160.147,16
+ R_T				20.000,–
– Steuern	–19.100,–	–27.150,–	–36.932,25	–24.058,86
	88.650,–	100.725,–	115.398,38	156.088,29

$$k_G^{nom,nachSt} = 0,198 \cdot (1 - 0,40)$$
$$= 11,88 \% \text{ p.a.}$$

$$K_0 = -300.000 + \frac{88.650}{1,1188^1} + \frac{100.725}{1,1188^2} + \frac{115.398,38}{1,1188^3} + \frac{156.088,29}{1,1188^4}$$
$$= 41.732,45$$

Aufgrund des positiven Kapitalwertes sollte das Investitionsprojekt durchgeführt werden.

Aufgabe 3.16

Die Industrie–AG plant für 1994 die Einführung eines neuen Produkts, für das mit folgenden Absatzmengen gerechnet werden kann:

Jahr	1994	1995	ab 1996
Stück	600	800	jährlich 1000

Die Unternehmensleitung beabsichtigt, das neue Produkt für immer im Produktionsprogramm der Unternehmung zu behalten. Der erzielbare Verkaufspreis im ersten Jahr beträgt 120,–, und es ist geplant, in den darauffolgenden Jahren den Verkaufspreis um die Inflationsrate von 5 % p.a. anzupassen. Die auf Preisbasis zu t = 0 (Beginn 1994) ermittelten variablen Auszahlungen je Stück betragen 60,–, und es wird mit fixen Auszahlungen im ersten Jahr in der Höhe von 10.000,– gerechnet. Sowohl die fixen Auszahlungen als auch die variablen Auszahlungen je Stück werden pro Jahr voraussichtlich um 3 % steigen. Zur Herstellung des Produkts ist folgende Maschine notwendig:

Anschaffungsauszahlungen zu t = 0:	*100.000,–*
Restwert:	*0,–*
geplante Nutzungsdauer:	*4 Jahre*
steuerliche Abschreibung:	*linear über 4 Jahre*

Der Kaufpreis der Maschine wird jährlich um 4 % steigen. Die Unternehmung ist zu 70 % ver-schuldet, die nominellen Kapitalkostensätze betragen für das Eigenkapital 20 % nach Steuern und für das Fremdkapital 10 % vor Steuern. Der Gewinnsteuersatz ist 40 %. Unterstellen Sie unendliche aufeinanderfolgende Reinvestition der Maschine und ermitteln Sie den Kettenkapi-talwert mit

   (a) impliziter

   (b) expliziter

Berücksichtigung der Steuern.

(a) Implizite Berücksichtigung der Steuern

Kalkulationszinsfuß:

$$k_G^{\text{nom,vorSt}} = 0,3 \cdot \frac{0,20}{0,60} + 0,7 \cdot 0,10$$
$$= 17 \text{ \% p.a.}$$

Der Kettenkapitalwert besteht aus den Barwerten der nominellen Anschaffungsauszahlungen, der nominellen Cash Flows vor Zinsen und Steuern und der nominellen Restwerte:

$$KK_0 = -\sum_{j=0}^{\infty} \frac{A_{j \cdot T}^{\text{nom}}}{\left(1 + k_G^{\text{nom,vorSt}}\right)^{j \cdot T}} + \sum_{t=1}^{\infty} \frac{C_t^{\text{nom}}}{\left(1 + k_G^{\text{nom,vorSt}}\right)^{t}} + \sum_{j=1}^{\infty} \frac{R_{j \cdot T}^{\text{nom}}}{\left(1 + k_G^{\text{nom,vorSt}}\right)^{j \cdot T}}.$$

Der Barwert der nominellen Cash Flows vor Zinsen und Steuern muß wegen der unterschiedli-chen Preisänderungsraten in den Barwert der nominellen Einzahlungen, der nominellen varia-blen Auszahlungen und der nominellen fixen Auszahlungen aufgespalten werden

$$\sum_{t=1}^{\infty} \frac{C_t^{\text{nom}}}{\left(1 + k_G^{\text{nom,vorSt}}\right)^{t}} = \sum_{t=1}^{\infty} \frac{p_t^{\text{nom}} \cdot x_t}{\left(1 + k_G^{\text{nom,vorSt}}\right)^{t}} - \sum_{t=1}^{\infty} \frac{c_{v,t}^{\text{nom}} \cdot x_t}{\left(1 + k_G^{\text{nom,vorSt}}\right)^{t}} - \sum_{t=1}^{\infty} \frac{C_{f,t}^{\text{nom}}}{\left(1 + k_G^{\text{nom,vorSt}}\right)^{t}},$$

wobei

$$p_t^{\text{nom}} \cdot x_t = \begin{cases} 120 \cdot 600 & \text{für } t = 1 \\ 120 \cdot 1,05 \cdot 800 & \text{für } t = 2 \\ 120 \cdot 1,05^{t-1} \cdot 1.000 & \text{sonst,} \end{cases}$$

$$c_{v,t}^{\text{nom}} \cdot x_t = \begin{cases} 60 \cdot 1,03 \cdot 600 & \text{für } t = 1 \\ 60 \cdot 1,03^2 \cdot 800 & \text{für } t = 2 \\ 60 \cdot 1,03^t \cdot 1.000 & \text{sonst,} \end{cases}$$

und

$$C_{f,t}^{\text{nom}} = 10.000 \cdot 1,03^{t-1}.$$

Bei der Ermittlung der einzelnen Barwerte ist nun zu berücksichtigen, ob sie beginnend mit der ersten Periode um die Preissteigerungsrate steigen (fixe Auszahlungen), ob sich zusätzlich während einiger Perioden die Absatzmengen ändern (variable Zahlungen) oder ob sie nur alle T Jahre anfallen (Anschaffungsauszahlungen).

Die nominellen fixen Auszahlungen haben die Form einer unendlichen, geometrisch wachsenden Rente, ihr Barwert ergibt sich daher aus

$$-\frac{C_f}{k - \pi} = -\frac{10.000}{0,17 - 0,03}$$
$$= -71.428,57.$$

Beim Barwert der nominellen Einzahlungen sind zuerst die Zahlungen während der ersten beiden Perioden zu diskontieren. Ab der dritten Periode können die nominellen Einzahlungen (analog zu den fixen Auszahlungen) wie eine unendliche, geometrisch wachsende Rente betrachtet werden, ihr Barwert zu Beginn der dritten Periode (also zu $t = 2$) ergibt sich somit aus $\frac{C}{k-\pi}$. Dieser Wert muß noch um zwei Perioden diskontiert werden, um den Barwert dieser Zahlungen auf den Zeitpunkt $t = 0$ zu beziehen. Der Barwert sämtlicher nominellen Einzahlungen ergibt sich schließlich, indem man diese Einzelbarwerte zusammenfaßt:

$$\frac{120 \cdot 600}{1,17} + \frac{120 \cdot 1,05 \cdot 800}{1,17^2} + \frac{\frac{120 \cdot 1,05^2 \cdot 1.000}{0,17-0,05}}{1,17^2} = 940.565,42$$

Für den Barwert der nominellen variablen Auszahlungen ist analog zu den nominellen variablen Einzahlungen vorzugehen:

$$-\frac{60 \cdot 1,03 \cdot 600}{1,17} - \frac{60 \cdot 1,03^2 \cdot 800}{1,17^2} - \frac{\frac{60 \cdot 1,03^3 \cdot 1.000}{0,17-0,03}}{1,17^2} = -411.000,34$$

Der Barwert der nominellen Cash Flows vor Zinsen und Steuern ergibt sich aus der Differenz des Barwertes der Einzahlungen von jenen der Auszahlungen:

$$940.565,42 - 411.000,34 - 71.428,57 = 458.136,51$$

Die Anschaffungsauszahlungen fallen im 4-Jahres-Zyklus an und steigen mit einer Rate von 4 % p.a. Ihr Barwert bei unendlichen Reinvestition beträgt

$$-100.000 \cdot \frac{\left(\frac{1,17}{1,04}\right)^4}{\left(\frac{1,17}{1,04}\right)^4 - 1} = -266.166,33$$

Der Kettenkapitalwert bei unendlicher Reinvestition schließlich ist die Differenz zwichen dem Wert der Cash Flows und dem Barwert der Anschaffungsauszahlungen:

$$KK_0 = -266.166,33 + 458.136,51$$
$$= 191.970,18$$

Da der Kettenkapitalwert positiv ist, sollte das Projekt realisiert werden.

(b) Explizite Berücksichtigung der Steuern

Der Kalkulationszinsfuß hat eine Höhe von

$$k_G^{nom,nachSt} = (1 - s) \cdot k_G^{nom,vorSt}$$
$$= (1 - 0,4) \cdot 0,17$$
$$= 10,2 \text{ % p.a.}$$

Der Kettenkapitalwert besteht aus den Barwerten der nominellen Anschaffungsauszahlungen, der nominellen Operating Cash Flows und der nominellen Restwerte nach Steuern:

$$KK_0 = -\sum_{j=0}^{\infty} \frac{A_{j \cdot T}^{\text{nom}}}{\left(1 + k_G^{\text{nom,nachSt}}\right)^{j \cdot T}} + \sum_{t=1}^{\infty} \frac{OCF_t^{\text{nom}}}{\left(1 + k_G^{\text{nom,nachSt}}\right)^t} + \sum_{j=1}^{\infty} \frac{R_{j \cdot T}^{\text{nom}} - s \cdot \left(R_{j \cdot T}^{\text{nom}} - BW_{j \cdot T}\right)}{\left(1 + k_G^{\text{nom,nachSt}}\right)^{j \cdot T}}.$$

Die nominellen Operating Cash Flows betragen

$$\begin{aligned}
OCF_t^{\text{nom}} &= C_t^{\text{nom}} - s \cdot (C_t^{\text{nom}} - AfA_t^{\text{nom}}) \\
&= (1-s) \cdot C_t^{\text{nom}} + s \cdot AfA_t^{\text{nom}} \\
&= (1-s) \cdot p_t^{\text{nom}} \cdot x_t - (1-s) \cdot c_{v,t}^{\text{nom}} \cdot x_t - (1-s) \cdot C_{f,t}^{\text{nom}} + s \cdot AfA_t^{\text{nom}}.
\end{aligned}$$

Der entsprechende Barwert kann daher in den Barwert der nominellen Einzahlungen nach Steuern, der nominellen variablen Auszahlungen nach Steuern, der nominellen fixen Auszahlungen nach Steuern und der nominellen Steuerersparnisse aufgrund der AfA unterteilt werden. Bei der Ermittlung der einzelnen Barwerte (vor Steuern) ist analog zu (a) vorzugehen; man kann aber nicht die in (a) ermittelten Zwischenergebnisse verwenden, da dort mit einem Zinssatz vor Steuern gerechnet worden ist.

Barwert der nominellen Einzahlungen nach Steuern:

$$(1 - 0,4) \cdot \left[\frac{120 \cdot 600}{1,102} + \frac{120 \cdot 1,05 \cdot 800}{1,102^2} + \frac{\frac{120 \cdot 1,05^2 \cdot 1.000}{0,102 - 0,05}}{1,102^2}\right] = 0,6 \cdot 2.243.384,22$$

$$= 1.346.030,53$$

Barwert der nominellen variablen Auszahlungen:

$$(1 - 0,4) \cdot \left[-\frac{60 \cdot 1,03 \cdot 600}{1,102} - \frac{60 \cdot 1,03^2 \cdot 800}{1,102^2} - \frac{\frac{60 \cdot 1,03^3 \cdot 1.000}{0,102 - 0,03}}{1,102^2}\right] = -0,6 \cdot 825.418,22$$

$$= -495.250,93$$

Barwert der nominellen fixen Auszahlungen nach Steuern:

$$(1 - 0,4) \cdot \frac{-10.000}{0,102 - 0,03} = -0,6 \cdot 138.888,88$$

$$= -83.333,33$$

Bei der *AfA* ist zu berücksichtigen, daß sie jeweils 4 Jahre die gleiche nominelle Höhe hat und dann entsprechend den Anschaffungsauszahlungen sprunghaft ansteigt. Bei der ersten Durchführung können daher jährlich nominell $\frac{A_0}{4} = 25.000,-$ abgesetzt werden; bei der ersten Reinvestition bereits $\frac{A_4}{4} = \frac{A_0 \cdot (1+\pi)^4}{4} = \frac{A_0}{4} \cdot (1+\pi)^4 = 25.000 \cdot (1,04)^4 = 29.246,46$, bei der zweiten Reinvestition $25.000 \cdot (1,04)^8 = 29.246,46 \cdot (1,04)^4 = 34.214,23$ usw. Daraus ergibt sich, daß auch die nominellen Barwerte der *AfA* von jeweils einer Durchführung um den Faktor $1,04^4$ wachsen. Der Kettenkapitalwert ist daher in zwei Schritten zu ermitteln, indem zuerst der Barwert der ersten Durchführung und daraus der Kettenbarwert gemäß der Wachstumsrate (analog zum Kettenbarwert der Anschaffungsauszahlungen) zu berechnen ist:

Erste Durchführung:

$$s \cdot \sum_{t=1}^{T} \frac{AfA_t}{(1+k_G^{nom,nachSt})^t} = s \cdot \frac{A_0}{T} \cdot RBF_{T,k_G^{nom,nachSt}}$$

$$= 0,4 \cdot 25.000 \cdot \frac{1,102^4 - 1}{1,102^4 \cdot 0,102}$$

$$= 0,4 \cdot 78.904,76$$

$$= 31.561,90$$

Sämtliche Durchführungen:

$$s \cdot \frac{A_0}{T} \cdot RBF_{T,k_G^{nom,nachSt}} \cdot \sum_{j=0}^{\infty} \left[\left(\frac{1+\pi}{1+k_G^{nom,nachSt}} \right)^T \right]^j = 31.561,90 \cdot \frac{\left(\frac{1+k_G^{nom,nachSt}}{1+\pi} \right)^T}{\left(\frac{1+k_G^{nom,nachSt}}{1+\pi} \right)^T - 1}$$

$$= 31.561,90 \cdot \frac{\left(\frac{1,102}{1,04} \right)^4}{\left(\frac{1,102}{1,04} \right)^4 - 1}$$

$$= 152.653,15$$

Barwert der nominellen Operating Cash Flows:

$$1.346.030,53 - 495.250,93 - 83.333,33 + 152.653,15 = 920.099,42$$

Barwert der nominellen Anschaffungsauszahlungen:

$$-100.000 \cdot \frac{\left(\frac{1,102}{1,04} \right)^4}{\left(\frac{1,102}{1,04} \right)^4 - 1} = -483.662,68$$

Kettenkapitalwert:

$$KK_0 = -483.662,68 + 920.099,42$$

$$= 436.436,73$$

Auch nach diesem Ergebnis sollte das Projekt realisiert werden.

Aufgabe 3.17

Die Industrie–AG plant für 1995 die Einführung eines neuen Produkts, für das mit folgenden Absatzmengen gerechnet werden kann:

Jahr	1995	1996	ab 1997
Stück	600	800	jährlich 1000

Der erzielbare nominelle Verkaufspreis ist ersten Jahr beträgt 120,-, und es ist geplant, in den darauffolgenden Jahren den Verkaufspreis um die Inflationsrate von 5 % p.a. anzupassen. Die auf Preisbasis zu t = 0 (Beginn 1995) ermittelten variable Auszahlungen je Stück betragen 60,-, und es wird mit fixen nominellen Auszahlungen im ersten Jahr in der Höhe von 10.000,- gerechnet. Sowohl die fixen Auszahlungen als auch die variablen Auszahlungen je Stück werden nominell pro Jahr voraussichtlich um 5 % steigen.

Zur Herstellung des Produkts ist folgende neue Maschine notwendig:

Anschaffungsauszahlungen zu t = 0:   100.000,–
Restwert: 0,–
geplante Nutzungsdauer: 4 Jahre
steuerliche Abschreibung: linear über vier Jahre

Der nominelle Kaufpreis der Maschine wird jährlich um 5 % steigen.

Die Unternehmung ist zu 70 % verschuldet, und das Management beabsichtigt, diesen Verschuldungsgrad auch in Zukunft beizubehalten. Der Gewinnsteuersatz ist 40 %. Die nominellen Kapitalkostensätze betragen für das Eigenkapital 20 % p.a. nach Steuern und für das Fremdkapital 10 % p.a. vor Steuern.

Ermitteln Sie den Kapitalwert mit

(1) impliziter

(2) expliziter

Berücksichtigung der Steuern für reale Werte, falls die Unternehmungsleitung beabsichtigt,

(a) das neue Produkt nach vier Jahren wieder einzustellen,

(b) das neue Produkt für immer im Produktionsprogramm zu behalten.

(a1) Produktion über vier Jahre, implizite Steuerberücksichtigung

Kalkulationszinsfuß:

$$k_G^{\text{nom,vorSt}} = 0,3 \cdot \frac{0,20}{0,60} + 0,7 \cdot 0,10$$
$$= 17 \text{ \% p.a.}$$
$$k_G^{\text{real,vorSt}} = \frac{1,17}{1,05} - 1$$
$$= 11,43 \text{ \% p.a.}$$

Cash Flows vor Zinsen und Steuern:

		1	2	3	4
+	reale laufende Einzahlungen	68.571,43	91428,57	114.285,71	114.285,71
–	reale variable Auszahlungen	–36.000,–	–48.000,–	–60.000,–	–60.000,–
–	reale fixe Auszahlungen	–9.523,81	–9.523,81	–9.523,81	–9.523,81
=	reale Cash Flows	23.047,62	33.904,76	44.761,90	44.761,90

Kapitalwert:

$$K_0 = -100.000 + \frac{23.047,62}{1,1143} + \frac{33.904,76}{1,1143^2} + \frac{44.761,90}{1,1143^3} + \frac{44.761,90}{1,1143^4}$$
$$= 9.378,71$$

(a2) Produktion über vier Jahre, explizite Steuerberücksichtigung

Kalkulationszinsfuß:

$$k_G^{nom,nachSt} = 0,3 \cdot 0,20 + 0,7 \cdot 0,10 \cdot 0,6$$
$$= 10,2 \ \% \ \text{p.a.}$$
$$k_G^{real,nachSt} = \frac{1,102}{1,05} - 1$$
$$= 4,95 \ \% \ \text{p.a.}$$

Steuern:

	1	2	3	4
+ reale Cash Flows	23.047,62	33.904,76	44.761,90	44.761,90
− reale AfA	−23.809,52	−22.675,74	−21.595,94	−20.567,56
= reale Steuerbasis	−761,90	11.229,02	23.165,96	24.194,34
reale Steuern	−304,76	4.491,61	9.266,39	9.677,74

Operating Cash Flows:

	1	2	3	4
+ reale Cash Flows	23.047,62	33.904,76	44.761,90	44.761,90
− reale Steuern	−304,76	4.491,61	9.266,39	9.677,74
= OCF^{real}	23.352,38	29.413,15	35.495,52	35.084,17

Kapitalwert:

$$K_0 = -100.000 + \frac{23.352,38}{1,0495} + \frac{29.413,15}{1,0495^2} + \frac{35.495,52}{1,0495^3} + \frac{35.084,17}{1,0495^4}$$
$$= 8.573,64$$

(b1) Unendliche Reinvestition, implizite Steuerberücksichtigung

Bei der ersten Durchführung sind die Produktionsmengen anders als bei den nachfolgenden Realisationen, weshalb es sich nicht um *identische* Reinvestitionen handelt — und weshalb auch nicht die Ergebnissen aus (a) einfach mit dem Kettenfaktor multipliziert werden können. Der Kettenkapitalwert besteht aus dem Barwert der realen Anschaffungsauszahlungen, der realen Cash Flows vor Zinsen und Steuern und der realen Restwerte

$$KK_0 = -\sum_{j=0}^{\infty} \frac{A_{j\cdot T}^{real}}{\left(1 + k_G^{real,vorSt}\right)^{j\cdot T}} + \sum_{t=1}^{\infty} \frac{C_t^{real}}{\left(1 + k_G^{real,vorSt}\right)^{t}} + \sum_{j=1}^{\infty} \frac{R_{j\cdot T}^{real}}{\left(1 + k_G^{real,vorSt}\right)^{j\cdot T}}.$$

Reale Cash Flows vor Zinsen und Steuern:

	1	2	ab $t=3$
reale Einzahlungen	68.571,43	91.428,57	114.285,71
− reale variable Auszahlungen	−36.000,−	−48.000,−	−60.000,−
− reale fixe Auszahlungen	−9.523,81	−9.523,81	−9.523,81
= reale Cash Flows	23.047,62	33.904,76	44.761,90

Barwert der realen Cash Flows vor Zinsen und Steuern:
Die Zahlungen für die erste und zweite Periode können einfach diskontiert werden. Da die Zahlungen ab der dritten Periode (real) konstant sind, ergibt sich ihr Barwert gemäß der Formel für unendliche konstante Renten, $\frac{C}{k^{real}}$. Es ist aber zu berücksichtigen, daß sich dieser Wert auf den Beginn der dritten Periode (also auf $t = 2$) bezieht. Er muß daher um zwei Perioden diskontiert werden, um den Barwert zu $t = 0$ zu erhalten, $\frac{\frac{C}{k^{real}}}{(1+k^{real})^2}$. Der gesamte Barwert der realen Cash Flows vor Zinsen und Steuern ergibt sich somit aus

$$\frac{23.047,62}{1,1143} + \frac{33.904,76}{1,1143^2} + \frac{\frac{44.761,90}{0,1143}}{1,1143^2} = 363.435,21$$

Barwert der realen Anschaffungsauszahlungen vor Steuern:

$$-100.000 \cdot \frac{1,1143^4}{1,1143^4 - 1} = -284.620,50$$

Kettenkapitalwert:

$$KK_0 = -284.620,50 + 363.435,21$$
$$= 78.814,82$$

Da der Kapitalwert positiv ist, sollte das Investitionsprojekt durchgeführt werden.

(b2) Unendliche Reinvestition, explizite Steuerberücksichtigung

Der Kettenkapitalwert besteht aus dem Barwert der realen Anschaffungsauszahlungen, der realen Operating Cash Flows und der realen Restwerte nach Steuern

$$KK_0 = -\sum_{j=0}^{\infty} \frac{A_{j \cdot T}^{real}}{\left(1 + k_G^{real,nachSt}\right)^{j \cdot T}} + \sum_{t=1}^{\infty} \frac{OCF_t^{real}}{\left(1 + k_G^{real,nachSt}\right)^t} + \sum_{j=1}^{\infty} \frac{R_{j \cdot T}^{real} - s \cdot \left(R_{j \cdot T}^{real} - \frac{BW_{j \cdot T}}{(1+\pi)^{j \cdot T}}\right)}{\left(1 + k_G^{real,nachSt}\right)^{j \cdot T}}.$$

Barwert der realen Cash Flows nach Steuern:

$$(1 - 0,4) \cdot \left[\frac{23.047,62}{1,0495} + \frac{33.904,76}{1,0495^2} + \frac{\frac{44.761,90}{0,0495}}{1,0495^2}\right] = 523.979,83$$

Barwert der realen Steuerersparnis durch AfA:
Erste Durchführung:

$$s \cdot \sum_{t=1}^{T} \frac{\frac{AfA_t}{(1+\pi)^t}}{\left(1 + k_G^{real,nachSt}\right)^t} = s \cdot \sum_{t=1}^{T} \frac{AfA_t}{\underbrace{\left((1+\pi) \cdot (1 + k_G^{real,nachSt})\right)^t}_{=(1+k_G^{nom,nachSt})}}$$

$$= s \cdot \frac{A_0}{T} \cdot RBF_{T,k_G^{nom,nachSt}}$$

$$= 0,4 \cdot 25.000 \cdot \frac{1,102^4 - 1}{1,102^4 \cdot 0,102}$$

$$= 0,4 \cdot 78.904,76$$

$$= 31.561,90$$

Sämtliche Durchführungen:

$$s \cdot \frac{A_0}{T} \cdot RBF_{T,k_G^{\text{nom,nachSt}}} \cdot \sum_{j=0}^{\infty} \left[\left(1 + k_G^{\text{real,nachSt}} \right)^{-T} \right]^j = 31.561,90 \cdot \frac{\left(1 + k_G^{\text{real,nachSt}} \right)^T}{\left(1 + k_G^{\text{real,nachSt}} \right)^T - 1}$$

$$= 31.561,90 \cdot \frac{1,0495^4}{1,0495^4 - 1}$$

$$= 179.529,74$$

Barwert der realen Operating Cash Flows:

$$523.979,83 + 179.529,74 = 703.509,37$$

Barwert der realen Anschaffungsauszahlungen nach Steuern:

$$-100.000 \cdot \frac{1,0495^4}{1,0495^4 - 1} = -568.817,21$$

Kettenkapitalwert:

$$KK_0 = -568.817,21 + 703.509,37$$

$$= 134.692,17$$

Da der Kapitalwert positiv ist, sollte das Investitionsprojekt durchgeführt werden.

Anmerkung für mathematisch Interessierte

In Aufgabe 3.16 wurde der Barwert (bezogen auf den Zeitpunkt $t = 0$) der fixen Auszahlungen ab der dritten Periode durch $\frac{C_3^{\text{nom}}}{(1+k^{\text{nom}})^2}$, hier hingegen durch $\frac{C_3^{\text{real}}}{(1+k^{\text{real}})^2}$ ermittelt. Daß beide Varianten zum gleichen Ergebnis führen, kann man leicht sehen, wenn man die Zusammenhänge zwischen realen und nominellen Werten und Kalkulationszinsfüßen berücksichtigt:

$$k^{\text{real}} = \frac{1 + k^{\text{nom}}}{1 + \pi} - 1$$

$$= \frac{1 + k^{\text{nom}}}{1 + \pi} - \frac{1 + \pi}{1 + \pi}$$

$$= \frac{k^{\text{nom}} - \pi}{1 + \pi}$$

$$\Rightarrow \frac{C_3^{\text{real}}}{(1 + k^{\text{real}})^2} = \frac{\frac{C_3^{\text{real}}}{\frac{k^{\text{nom}} - \pi}{1+\pi}}}{\left(\frac{1 + k^{\text{nom}}}{1 + \pi} \right)^2}$$

$$= \frac{\frac{C_3^{\text{real}} \cdot (1 + \pi)}{k^{\text{nom}} - \pi}}{\frac{(1 + k^{\text{nom}})^2}{(1 + \pi)^2}}$$

$$= \frac{\frac{C_3^{\text{real}} \cdot (1 + \pi) \cdot (1 + \pi)^2}{k^{\text{nom}} - \pi}}{(1 + k^{\text{nom}})^2}$$

$$= \frac{\frac{C_3^{\text{nom}}}{k^{\text{nom}} - \pi}}{(1 + k^{\text{nom}})^2}.$$

3.2   Nettomethode

Aufgabe 3.18

Beim Kleidungs- und Parfumhersteller Sally & Family überlegt man die Produktion einer Seife (Arbeitsname „Go and Wash"). Dazu müßte eine Anlage angeschafft werden, die 100.000,- kostet, drei Jahre genützt werden kann und dann einen Restwert von 0,- hat. Während der Nutzungsdauer würden jedes Jahr zusätzliche Cash Flows vor Zinsen und Steuern in Höhe von 50.000,- anfallen. Die Anlage könnte teilweise über einen Kredit finanziert werden, der eine Nominalverzinsung von 10 % und weder Auszahlungsdisagio noch Rückzahlungsagio aufweist und der eine Laufzeit von drei Jahren hat. Als Tilgungsform wird Ratentilgung mit Zahlungen jeweils am Jahresende vereinbart. Der Steuersatz beträgt 34 %, die Alternativrendite nach Steuern 15 % p.a. Die Anlage kann steuerlich linear über drei Jahre abgeschrieben werden.

(a) *Wie groß muß das Nominale des Kredites sein, wenn man nur 40.000,- an Eigenmitteln einbringen möchte? Erstellen Sie den entsprechenden Zins- und Tilgungsplan.*

(b) *Ermitteln Sie den Kapitalwert nach der Nettomethode mit expliziter Berücksichtigung der Steuern unter Verwendung der Ergebnisse aus (a) und geben Sie eine Investitions-empfehlung ab.*

(a) Zins- und Tilgungsplan

Da 40.000,- an Eigenmitteln aufgebracht werden und kein Auszahlungsdisagio anfällt, muß ein Kredit mit einem Nominale von 60.000,- aufgenommen werden. Beim Kredit selbst wird Ratentilgung ohne Freijahre vereinbart, es ist daher jedes Jahr ein Betrag von $Y_t = \frac{\text{Nominale}}{\text{Laufzeit}} = \frac{60.000}{3} = 20.000,-$ zu tilgen. Die Zinsen ergeben sich jeweils auf Basis des ausstehenden Nominales zu Periodenbeginn. Somit ergibt sich folgender Zins- und Tilgungsplan:

	1	2	3
ausstehendes Nominale zu Periodenbeginn	60.000	40.000	20.000
Zinsen Z_t	6.000	4.000	2.000
Tilgung Y_t	20.000	20.000	20.000

(b) Nettomethode mit expliziter Berücksichtigung der Steuern

Bei der Ermittlung der Steuerzahlungen ist zu berücksichtigen, daß laut Einkommensteuergesetz Kosten für das Fremdkapital geltend gemacht werden können. Konkret sind dabei (1) die Zinsen in der jeweiligen Periode und, falls vorhanden, (2) die Gebühren (Agio, Disagio) gleichverteilt über die Laufzeit des Kredites abzusetzen. Da beim vorliegenden Kredit weder ein Auszahlungsagio noch ein Rückzahlungsdisagio anfällt, sind die steuerlich relevanten Fremdkapitalkosten Z_t' genau gleich den Zinszahlungen Z_t.[2]

---

[2] Achtung: Die Tilgungszahlungen dürfen keinesfalls geltend gemacht werden, da es sich dabei nicht um einen Aufwand handelt, sondern nur um die Rückgabe von geborgtem Kapital!

	1	2	3
+ C_t	50.000,–	50.000,–	50.000,–
+ R_T			0,–
– AfA_t	–33.333,33	–33.333,33	–33.333,33
– Z'_t	–6.000,–	–4.000,–	–2.000,–
= Steuerbasis	10.666,67	12.666,67	14.666,67
Steuer	3.626,67	4.306,67	4.986,67

Die Eigenkapitalgeber erhalten vorerst die gesamten Cash Flows sowie den Restwert, müssen aber die Steuern bezahlen und die Fremdkapitalgeber bedienen, indem sie Zinsen zahlen und das Nominale tilgen. Letztlich fallen den Eigenkapitalgebern somit folgende Zahlungen zu:

	1	2	3
+ C_t	50.000,–	50.000,–	50.000,–
+ R_T			0,–
– Steuer	–3.626,67	–4.306,67	–4.986,67
– Z_t	–6.000,–	–4.000,–	–2.000,–
– Y_t	–20.000,–	–20.000,–	–20.000,–
	20.373,33	21.693,33	23.013,33

Da jetzt die reinen Zahlungen an die Eigenkapitalgeber nach Steuern (genau: Net Cash Flows inkl. Restwert nach Tilgung) bewertet werden können, ist auch der Kalkulationszinsfuß für Eigenkapitalgeber nach Steuern heranzuziehen, also $k_E^{nachSt} = 15$ % p.a.

Bei der Ermittlung des Kapitalwerts schließlich ist zu berücksichtigen, daß die Eigenkapitalgeber bei Projektbeginn lediglich den Differenzbetrag zwischen Anschaffungsauszahlungen und Kreditauszahlungsbetrag aufbringen müssen. Der Kapitalwert des Projekts aus Sicht der Eigenkapitalgeber beträgt somit

$$K_0 = -100.000 + 60.000 + \frac{20.373,33}{1,15} + \frac{21.693,33}{1,15^2} + \frac{23.013,33}{1,15^3}$$
$$= 9.250,86.$$

Da der Kapitalwert positiv ist, sollte das Investitionsprojekt durchgeführt werden.

Aufgabe 3.19

Von einem Investitionsprojekt ist bekannt, daß es Anschaffungsauszahlungen in Höhe von 120.000,– erfordert, vier Jahre genutzt und dann zu einem nominellen Restwert von 20.000,– verkauft werden kann. Steuerlich kann das Aggregat über drei Jahre linear abgeschrieben werden. Während dieser Nutzungsdauer könnten folgende zusätzliche nominelle Cash Flows vor Zinsen und Steuern erwirtschaftet werden:

Jahr der Nutzung	1	2	3	4
Cash Flow	50.000,–	50.000,–	50.000,–	30.000,–

Bei Realisation des Projekts könnte ein Kredit zu folgenden Konditionen aufgenommen werden:

Nominale:	*48.000,–*
Laufzeit:	*4 Jahre*
Effektivverzinsung vor Steuern:	*6 % p.a.*
Auszahlungsdisagio:	*keines*
Rückzahlungsagio:	*keines*
Tilgung:	*Ratentilgung (ohne Freijahre)*

Das Projekt und seine identischen Nachfolger sollen insgesamt 12 Jahre lang genutzt werden. Auch der Kredit wird identisch erneuert. Die Alternativrendite des Eigenkapitals beträgt 12 % p.a. nach Steuern, der Gewinnsteuersatz liegt während der gesamten Nutzungsdauer bei 40 %. Berechnen Sie den Kapitalwert nach der Nettomethode bei

(a) impliziter

(b) expliziter

Berücksichtigung der Steuern.

(a) Implizite Berücksichtigung der Steuern

Zins- und Tilgungsplan des Ratenkredites:

	1	2	3	4
ausstehendes Nominale zu Periodenbeginn	48.000	36.000	24.000	12.000
Tilgung Y_t	12.000	12.000	12.000	12.000
Zinsen Z_t	2.880	2.160	1.440	720

Zahlungen an die Eigenkapitalgeber vor Steuern:

	1	2	3	4
C_t	50.000	50.000	50.000	30.000
+ R_T				20.000
– Tilgung Y_t	–12.000	–12.000	–12.000	–12.000
– $Z_t'(=Z_t)$	–2.880	–2.160	–1.440	–720
	35.120	35.840	36.560	37.280

Da die Steuerzahlungen noch nicht explizit berücksichtigt worden sind, ist auch als Kalkulationszinsfuß jene Rendite heranzuziehen, die man bei gleichem Risiko vor Steuern erzielen könnte, also k_E^{vorSt}. Die Steuerzahlungen werden somit indirekt über den Kalkulationszinsfuß berücksichtigt:

$$k_E^{\text{vorSt}} = \frac{0,12}{1-0,4}$$

$$= 20 \text{ \% p.a.}$$

Der Kapitalwert einer einmaligen Durchführung liegt somit bei

$$K_0 = -120.000 + 48.000 + \frac{35.120}{1,2^1} + \frac{35.840}{1,2^2} + \frac{36.560}{1,2^3} + \frac{37.280}{1,2^4}$$

$$= 21.291,36.$$

Für eine 12–jährige Produktionszeit sind $m = 2$ Reinvestitionen notwendig. Da auch der Kredit identisch erneuert wird, errechnet sich der Kettenkapitalwert aus

$$KK_0 = 21.291,36 \cdot \frac{1,2^{3\cdot4} - 1}{1,2^{2\cdot4} \cdot (1,2^4 - 1)}$$

$$= 36.510,87.$$

Da der Kettenkapitalwert positiv ist, sollte das Investitionsprojekt realisiert werden.

(b) Explizite Berücksichtigung der Steuern

Steuern:

	1	2	3	4
C_t	50.000	50.000	50.000	30.000
+ R_T				20.000
− AfA_t	−40.000	−40.000	−40.000	0
− Zinsen Z_t	−2.880	−2.160	−1.440	−720
= Steuerbasis	7.120	7.840	8.560	49.280
Steuern	2.848	3.136	3.424	19.712

Zahlungen an die Eigenkapitalgeber nach Steuern:

	1	2	3	4
C_t	50.000	50.000	50.000	30.000
+ R_T				20.000
− Steuern	−2.848	−3.136	−3.424	−19.712
− Tilgung Y_t	−12.000	−12.000	−12.000	−12.000
− Zinsen Z_t	−2.880	−2.160	−1.440	−720
	32.272	32.704	33.136	17.568

Da hier die Zahlungen an die Eigenkapitalgeber *nach* Steuern ermittelt worden sind, muß zur Bewertung des Projektes betrachtet werden, welche Rendite die Eigenkapitalgeber alternativ nach Steuern erzielen könnten. Gemäß der Angabe ist dies $k_E^{nachSt} = 12$ % p.a. Der Kapitalwert bei einmaliger Durchführung beträgt daher

$$K_0 = -120.000 + 48.000 + \frac{32.272}{1,12^1} + \frac{32.704}{1,12^2} + \frac{33.136}{1,12^3} + \frac{17.568}{1,12^4}$$

$$= 17.636,05,$$

und dieser liefert die Basis für den Kettenkapitalwert bei zweimaliger Reinvestition:

$$KK_0 = 17.636,05 \cdot \frac{1,12^{3\cdot4} - 1}{1,12^{2\cdot4} \cdot (1,12^4 - 1)}$$

$$= 35.966,98.$$

Da auch nach dieser genaueren Methode der Kettenkapitalwert positiv ist, sollte das Projekt realisiert werden.

Aufgabe 3.20

Die Unternehmung Flop Shop erwägt die Erweiterung ihrer Produktionskapazität durch den Ankauf einer neuen Maschine, für die folgende Daten ermittelt worden sind:

Anschaffungsauszahlungen:	*13.000,–*
geplante Nutzungdauer:	*4 Jahre*
nomineller Restwert am Ende der Nutzung:	*0,–*

Periode	1	2	3	4
zusätzlicher nomineller Cash Flow vor Zinsen und Steuern	*6.000,–*	*2.500,–*	*5.000,–*	*4.000,–*

Da der Unternehmung keine Eigenmittel zur Finanzierung des Projekts zu Verfügung stehen, würde die Unternehmung „IP–AG", die diese Maschine anbietet, im Falle des Kaufs einen Lieferkredit in Höhe von 13.000,– einräumen. Die Kreditkonditionen sehen wie folgt aus:

Nominale:	*13.000,–*
Laufzeit:	*4 Jahre*
nomineller Zinssatz:	*10 % p.a.*
Zinszahlungen:	*jährlich im nachhinein*
Tilgung:	*Ratentilgung mit 2 Freijahren*
Rückzahlung:	*pari (d.h. ohne Rückzahlungsagio)*

Unterstellen Sie einen Gewinnsteuersatz von 40 % und eine lineare Abschreibung über 5 Jahre als steuerlich zulässig. Die Alternativrendite der Anteilseigner von Flop Shop beträgt vor Steuern 25 % p.a.

(a) *Berechnen Sie den Kapitalwert des Investitionsprojektes nach der Nettomethode mit*

    (a1) *impliziter*

    (a2) *expliziter*

    Berücksichtigung der Steuern.

(b) *Bestimmen Sie die approximative Effektivverzinsung des Kredits vor Steuern.*

Zins– und Tilgungsplan

Aufgrund der Tilgungsfreijahre wird das Nominale ausschließlich in den Periodne 3 und 4 getilgt; Zinsen sind aber in allen Jahren zu bezahlen. Es ergeben sich daher folgende Beträge:

	1	2	3	4
ausstehendes Nominale zu Periodenbeginn	13.000	13.000	13.000	6.500
Tilgung Y_t	0	0	6.500	6.500
Zinsen Z_t	1.300	1.300	1.300	650

(a1) Nettomethode mit impliziter Berücksichtigung der Steuern

Zahlungen an die Eigenkapitalgeber vor Steuern:

	1	2	3	4
+ C_t	6.000	2.500	5.000	4.000
+ R_T				0
− Z_t	−1.300	−1.300	−1.300	−650
− Y_t	0	0	−6.500	−6.500
	4.700	1.200	−2.800	−3.150

$$k_E^{\text{vorSt}} = 25 \ \% \ \text{p.a.}$$

$$K_0 = -13.000 + 13.000 + \frac{4.700}{1,25^1} + \frac{1.200}{1,25^2} - \frac{2.800}{1,25^3} - \frac{3.150}{1,25^4}$$

$$= 1.804,16$$

Da der Kapitalwert positiv ist, sollte das Investitionsprojekt durchgeführt werden.

(a2) Nettomethode mit expliziter Berücksichtigung der Steuern

Steuern:

	1	2	3	4
C_t	6.000	2.500	5.000	4.000
− AfA_t	−2.600	−2.600	−2.600	−2.600
− BW_T				−2.600
− $Z_t' = Z_t$	−1.300	−1.300	−1.300	−650
= Steuerbasis	2.100	−1.400	1.100	−1.850
Steuern	840	−560	440	−740

Die negative Steuerbasis in den Jahren 2 und 4 hätte gemäß unserer Tabelle negative Steuerzahlungen zur Folge — die es in der Praxis aber nur selten gibt. Unterstellt man aber (wie in allen Aufgaben in diesem Kapitel), daß die betrachtete Unternehmung über genügend Gewinne in anderen Geschäftsbereichen verfügt, dann reduziert die negative Steuerbasis dieses Projektes die Steuerbasis der Gesamtunternehmung (die gemäß Annahme positiv bleibt). Die Folge ist eine *Steuerersparnis* aufgrund des Verlustes im neuen Projekt in genau der berechneten Höhe und somit höhere Cash Flows an die (Eigen–) Kapitalgeber, die ursächlich dem neuen Projekt zuzuschreiben sind. Gemäß dem Prinzip der relevanten Zahlungen muß daher die Steuerersparnis (in Form von negativen Steuerzahlungen) in die Bewertung aufgenommen werden. Die Zahlungen an die Eigenkapitalgeber nach Steuern haben daher folgende Höhe:

	1	2	3	4
+ C_t	6.000	2.500	5.000	4.000
+ R_T				0
− Steuern	−840	+560	−440	+740
− Z_t	−1.300	−1.300	−1.300	−650
− Y_t	0	0	−6.500	−6.500
	3.860	1.760	−3.240	−2.410

$$k_E^{nachSt} = 0,25 \cdot (1 - 0,4)$$
$$= 15 \ \% \ \text{p.a.}$$

$$K_0 = -13.000 + 13.000 + \frac{3.860}{1,15^1} + \frac{1.760}{1,15^2} - \frac{3.240}{1,15^3} - \frac{2.410}{1,15^4}$$
$$= 1.179,06$$

Da der Kapitalwert positiv ist, sollte die Investition durchgeführt werden.

(b) Approximative Effektivverzinsung

Da für den Kredit weder ein Auszahlungsdisagio noch ein Rückzahlungsagio anfällt, ist die approximative Effektivverzinsung gleich der nominellen Verzinsung, also 10 %.

Aufgabe 3.21

Eine Unternehmung überlegt die Anschaffung einer neuen Fertigungsanlage um 500.000,– Schilling. Nach der geplanten Nutzungsdauer von vier Jahren beträgt der Restwert 44.000,–. Die Maschine kann über fünf Jahre linear abgeschrieben werden, der Kalkulationszinssatz der Eigenkapitalgeber nach Steuern beträgt 10 %. Die Unternehmensleitung erwartet jährliche Einzahlungsüberschüsse vor Zinsen und Steuern von 150.000,–. Der Gewinnsteuersatz beträgt 40 %.

Zur teilweisen Finanzierung des Projektes wird ein Kredit zu folgenden Konditionen aufgenommen:

> *Nominale:*   *300.000,–*
> *nomineller Zinssatz:*   *6 % p.a.*
> *Auszahlungsdisagio:*   *2 %*
> *Rückzahlungsagio:*   *1 %*
> *Ratentilgung mit einem Freijahr*

Berechnen Sie den Kapitalwert mit

(a) expliziter

(b) impliziter

Berücksichtigung der Steuern, falls das Agio und das Disagio gleichverteilt über die Nutzungsdauer des Projekts steuerlich abgesetzt werden können. Wie werden Sie sich endgültig entscheiden?

Zins- und Tilgungsplan

Das Rückzahlungsagio wird auf jene Perioden aufgeteilt, in denen auch das Nominale getilgt wird; in tilgungsfreien Jahren fällt es somit nicht an.

	1	2	3	4
ausstehendes Nominale zu Periodenbeginn	300.000	300.000	200.000	100.000
Nominalentilgung	0	100.000	100.000	100.000
Rückzahlungsagio	0	1.000	1.000	1.000
Zinsen	18.000	18.000	12.000	6.000

(a) Explizite Berücksichtigung der Steuern

Bei der Ermittlung der Steuerzahlungen können die Zinszahlungen des aktuellen Jahres sowie die anteiligen Fremdkapitalbeschaffungskosten geltend gemacht. Letztere erhält man, indem das (gesamte) Auszahlungsdisagio (6.000,-) sowie das (gesamte) Rückzahlungsagio (3.000,-) auf die Laufzeit des Kredites linear aufgeteilt werden: $\frac{6.000}{4} = 1.500,-$ bzw. $\frac{3.000}{4} = 750,-$. Somit ergeben sich folgende Steuerzahlungen:

	1	2	3	4
C_t	150.000	150.000	150.000	150.000
R_T				44.000
$-\;AfA_t$	−100.000	−100.000	−100.000	−100.000
$-\;BW_T$				−100.000
$-$ Zinsen	−18.000	−18.000	−12.000	−6.000
$-$ anteiliges Disagio	−1.500	−1.500	−1.500	−1.500
$-$ anteiliges Agio	−750	−750	−750	−750
$=$ Steuerbasis	29.750	29.750	35.750	−14.250
Steuer	11.900	11.900	14.300	−5.700

Bei der Ermittlung der Zahlungen an die Eigenkapitalgeber sind alle Zahlungen mit den genauen Zeitpunkten, zu denen sie anfallen, zu berücksichtigen. Dies gilt insbesondere für die Zahlungen an die Fremdkapitalgeber: Das Auszahlungsdisagio fällt zum Zeitpunkt $t = 0$ an und reduziert den Kreditauszahlungsbetrag und darf daher *nicht* auf die laufenden Zahlungen aufgeteilt werden. Das Rückzahlungsagio fällt während der Tilgungsjahre an; in genau diesen Jahren reduziert es auch die Zahlungen an die Eigenkapitalgeber.

	1	2	3	4
C_t	150.000	150.000	150.000	150.000
R_T				44.000
$-$ Steuer	−11.900	−11.900	−14.300	5.700
$-$ Zinsen	−18.000	−18.000	−12.000	−6.000
$-$ Rückzahlungsagio	0	−1.000	−1.000	−1.000
$-$ Nominalentilgung	0	−100.000	−100.000	−100.000
$=$ Zahlungen an die Eigenkapitalgeber	120.100	19.100	22.700	92.700

Aufgrund des Auszahlungsdisagios erhalten die Eigenkapitalgeber vom Kreditgeber einen Auszahlungsbetrag in der Höhe von $Y_0 = 300.000 - 6.000 = 300.000 \cdot (1 - 0,02) = 294.000,-$. Der Kapitalwert bei expliziter Berücksichtigung der Steuer beträgt daher bei einem Kalkulationszinssatz von $k_E^{nachSt} = 10~\%$ p.a.

$$K_0 = -500.000 + 294.000 + \frac{120.100}{1,1} + \frac{19.100}{1,1^2} + \frac{22.700}{1,1^3} + \frac{92.700}{1,1^4}$$

$$= -662,86.$$

(b) Implizite Berücksichtigung der Steuern

Ermittlung der Cash Flows nach Zinsen und vor Steuern:

	1	2	3	4
C_t	150.000	150.000	150.000	150.000
R_T				44.000
− Zinsen	−18.000	− 18.000	−12.000	−6.000
− Nominalentilgung	0	−100.000	−100.000	−100.000
− Agio	0	−1.000	−1.000	−1.000
	132.000	31.000	37.000	37.000

$$k_E^{\text{vorSt}} = \frac{k_E^{\text{nachSt}}}{1-s} = \frac{0,10}{1-0,40}$$
$$= 16,\dot{6} \text{ \% p.a.}$$

$$K_0 = -500.000 + 294.000 + \frac{132.000}{1,1\dot{6}} + \frac{31.000}{1,1\dot{6}^2} + \frac{37.000}{1,1\dot{6}^3} + \frac{87.000}{1,1\dot{6}^4}$$
$$= 179,09$$

(c) Entscheidung

Das Projekt sollte nicht durchgeführt werden, da bei der genaueren Methode, nämlich bei jener mit expliziter Berücksichtigung der Steuern, der Kapitalwert negativ ist.

Aufgabe 3.22

Für ein Investitionsprojekt sind folgende Daten ermittelt worden:

Anschaffungsauszahlungen:	*200.000,–*
geplante Nutzungsdauer:	*3 Jahre*
erwarteter nomineller Restwert vor Steuern:	*40.000,–*
Gewinnsteuersatz:	*40 %*
steuerliche Abschreibung:	*linear über 4 Jahre*
Kapitalkostensatz für das Eigenkapital nach Steuern:	*15 % p.a.*

Erwartete zusätzliche nominelle Cash Flows vor Zinsen und Steuern:

Jahr der Nutzung	1	2	3
Cash Flow	90.000,–	70.000,–	60.000,–

Für das Projekt wird bei der Durchführung folgender Kredit aufgenommen:

Nominale:	*100.000,–*
Laufzeit:	*3 Jahre*
nomineller Zinssatz:	*8 % p.a.*
Zinszahlungen:	*einmal jährlich am Jahresende*
Kredittilgung:	*Ratentilgung über 3 Jahre*
Auszahlungsdisagio:	*2 %*
Rückzahlungsagio:	*1 %*

Es ist geplant, nach Beendigung des Investitionsprojekts keine Nachfolgeinvestitionen durchzuführen.

(a) *Bestimmen Sie die approximative Effektivverzinsung des Kredits vor Steuern und die Gleichung zur Ermittlung der exakten Effektivverzinsung vor Steuern.*

(b) *Zeigen Sie, daß die exakte Effektivverzinsung des Kredits 9,6483 % p.a. vor Steuern beträgt.*

(c) *Berechnen Sie die Kapitalwerte für das Investitionsprojekt nach der Nettomethode mit expliziter und mit impliziter Berücksichtigung der Steuern.*

Hinweis: Steuerlich seien neben den Zinszahlungen auch das Auszahlungsdisagio und das Rückzahlungsagio (jeweils gleichverteilt über die Laufzeit) abzusetzen.

(a) Effektivverzinsung

Zins– und Tilgungsplan:

	1	2	3
ausstehendes Nominale zu Periodenbeginn	100.000,–	66.666,67	33.333,33
Tilgung Y_t	33.333,–	33.333,33	33.333,33
Zinsen Z_t	8.000,–	5.333,33	2.666,67
Rückzahlungsagio	333,33	333,33	333,33

Bei Ratenkrediten kann die *approximative Effektivverzinsung* ermittelt werden, indem die Mittlere Laufzeit, MLZ, des Kredits berechnet und die Prozentsätze für Disagio und Agio einbezogen werden:

$$MLZ = \frac{1 + \text{Tilgungsjahre}}{2} + \text{Tilgungsfreijahre}$$
$$= \frac{1+3}{2} + 0$$
$$= 2$$
$$i_{\text{proxy}} = \frac{i_{\text{nom}} + \frac{d+a}{MLZ}}{1-d}$$
$$= \frac{0,08 + \frac{0,02+0,01}{2}}{1-0,02}$$
$$= 9,69388 \ \% \ \text{p.a.}$$

Die *exakte Effektivverzinsung* erhält man allgemein als jenen Zinssatz, bei dem der Barwert der zukünftigen gesamten Zahlungen an die Fremdkapitalgeber gleich dem Kreditauszahlungsbetrag ist (vgl. auch Aufgabe 1.21):

$$Y_0 = \sum_{t=1}^{LZ} \frac{Y_t + Z_t + RA_t}{(1 + i_{\text{eff}})^t},$$

wobei RA_t den in Periode t zu bezahlenden Anteil am Rückzahlungsagio darstellt und LZ die Laufzeit des Kredites ist.

(b) Exakte Effektivverzinsung

Durch Einsetzen in die eben aufgestellte Gleichung für die exakte Effektivverzinsung erhält
man

$$Y_0 = 100.000 \cdot (1 - 0,02) = 98.000$$

$$98.000 \stackrel{!}{=} \frac{41.666}{1,096483^1} + \frac{39.000}{1,096483^2} + \frac{36.333}{1,096483^3}.$$

Da diese Gleichung stimmt, ist die gegebene exakte Effektivverzinsung richtig.

(c1) Kapitalwert mit expliziter Steuerberücksichtigung

Steuern:

		1	2	3
	Cash Flow	90.000	70.000	60.000
+	Restwert			40.000
−	AfA_t	−50.000	−50.000	−50.000
−	BW_T			−50.000
−	$Z'_t = Z_t + \frac{2.000+1.000}{3}$	−9.000	−6.333	−3.667
=	Steuerbasis	31.000	13.667	−3.667
	Steuern	12.400	5.467	−1.467

Zahlungen an die Eigenkapitalgeber nach Steuern:

		1	2	3
	Cash Flow	90.000	70.000	60.000
+	Restwert			40.000
−	Steuern	−12.400	−5.467	+1.467
−	$(Z_t + Y_t + $ Agio$)$	−41.666	−39.000	−36.333
		35.933	25.533	65.133

$$K_0 = -200.000 + 98.000 + \frac{35.933}{1,15^1} + \frac{25.533}{1,15^2} + \frac{65.133}{1,15^3}$$

$$= -8.620,53$$

Aufgrund des negativen Kapitalwertes sollte von einer Investition abgesehen werden.

(c2) Kapitalwert mit impliziter Steuerberücksichtigung

Zahlungen an die Eigenkapitalgeber vor Steuern:

		1	2	3
	Cash Flow	90.000	70.000	60.000
+	Restwert			40.000
−	$(Z_t + Y_t + $ Agio$)$	−41.666	−39.000	−36.333
		48.333	31.000	63.667

$$k_E^{\text{vorSt}} = \frac{0,15}{1 - 0,4}$$

$$= 25 \% \text{ p.a.}$$

$$K_0 = -200.000 + 98.000 + \frac{48.333}{1,25^1} + \frac{31.000}{1,25^2} + \frac{63.667}{1,25^3}$$

$$= -10.896,-$$

Da der Kapitalwert negativ ist, sollte das Investitionsprojekt nicht realisiert werden.

Aufgabe 3.23

Für ein Investitionsprojekt sind folgende Daten ermittelt worden:

Anschaffungsauszahlungen:	220.000,-
geplante Nutzungsdauer:	3 Jahre
erwarteter nomineller Restwert vor Steuern:	40.000,-
Gewinnsteuersatz:	40 %
steuerliche Abschreibung:	linear über 4 Jahre
Kapitalkostensatz für das Eigenkapital nach Steuern:	15 % p.a.

Erwartete zusätzliche nominelle Cash Flows vor Zinsen und Steuern:

Jahr der Nutzung	1	2	3
Cash Flow	90.000,-	70.000,-	60.000,-

Für das Projekt wird bei der Durchführung folgender Kredit aufgenommen:

Nominale:	100.000,-
Laufzeit:	3 Jahre
nomineller Zinssatz:	8 % p.a.
Zinszahlungen:	einmal jährlich am Jahresende
Kredittilgung:	Ratentilgung über 3 Jahre
Auszahlungsdisagio:	2 %
Rückzahlungsagio:	1 %

Es ist geplant, nach Beendigung des Investitionsprojekts keine Nachfolgeinvestitionen durchzuführen.

(a) *Bestimmen Sie die approximative Effektivverzinsung des Kredits vor Steuern und die Gleichung zur Ermittlung der exakten Effektivverzinsung vor Steuern.*

(b) *Zeigen Sie, daß die exakte Effektivverzinsung des Kredits 9,6483 % p.a. vor Steuern beträgt.*

(c) *Berechnen Sie die Kapitalwerte für das Investitionsprojekt nach der Nettomethode mit expliziter und mit impliziter Berücksichtigung der Steuern.*

Hinweis: Steuerlich seien neben den Zinszahlungen auch das Auszahlungsdisagio und das Rückzahlungsagio (jeweils gleichverteilt über die Laufzeit) abzusetzen.

(a) Approximative und exakte Effektivverzinsung des Ratenkredits

Die mittlere Laufzeit und die approximative Effektivverzinsung vor Steuern des Kredits betragen:

$$MLZ = \frac{1 + \text{Tilgungsjahre}}{2} + \text{Freijahre}$$
$$= \frac{1+3}{2} + 0$$
$$= 2$$
$$i_{\text{proxy}} = \frac{i_{\text{nom}} + \frac{d+a}{MLZ}}{1 - d}$$
$$= \frac{0,08 + \frac{0,03}{2}}{0,98}$$
$$= 9,6939 \text{ \% p.a.}$$

Um die Gleichung zur Ermittlung der exakten Effektivverzinsung vor Steuern zu bestimmen, müssen zuerst die Zahlungen aus dem Kredit ermittelt werden:

	1	2	3
ausstehendes Nominale zu Periodenbeginn	100.000,–	66.666,67	33.333,33
Nominalentilgung	33.333,33	33.333,33	33.333,33
Rückzahlungsagio	333,33	333,33	333,33
Zinsen	8.000,–	5.333,33	2.666,67
gesamte Zahlungen	41.666,67	39.000	36.333,33

Die Gleichung zur Ermittlung der exakten Effektivverzinsung vor Steuern lautet somit:

$$980.000 \overset{!}{=} \frac{41.666,67}{(1 + i_{\text{eff}})} + \frac{39.000}{(1 + i_{\text{eff}})^2} + \frac{36.333,33}{(1 + i_{\text{eff}})^3}$$

(b) Exakte Effektivverzinsung

Setzt man den gegebenen Effektivzinssatz in obige Gleichung ein, erhält man

$$980.000 = \frac{41.666,67}{1,096483} + \frac{39.000}{1,096483^2} + \frac{36.333,33}{1,096483^3}.$$

Sieht man von Rundungsungenauigkeiten ab, stimmt diese Gleichung für die gegebenen Zahlen.

(c1) Nettomethode mit expliziter Berücksichtigung der Steuern

Ermittlung der Steuerzahlungen:

	1	2	3
C_t	90.000,–	70.000,–	60.000,–
R_T			40.000,–
– AfA$_t$	–55.000,–	–55.000,–	–55.000,–
– BW_T			–55.000,–
– Zinsen	–8.000,–	–5.333,33	–2.666,67
– Agio	–333,33	–333,33	–333,33
– Disagio	–666,67	–666,67	–666,67
= Steuerbasis	26.000,–	8.666,67	-13.666,67
Steuer	10.400,–	3.466,67	–5.466,67

Ermittlung der Net Cash Flows und der Zahlungen an die Eigenkapitalgeber:

	1	2	3
C_t	90.000,–	70.000,–	60.000,–
R_T			40.000,–
– Steuer	–10.400,–	–3.466,67	5.466,67
– Agio	–333,33	–333,33	–333,33
– Zinsen	–8.000,–	–5.333,33	–2.666,67
= Net Cash Flow	71.266,67	60.866,67	102.466,67
– Nominalentilgung	–33.333,33	–33.333,33	–33.333,33
= Zahlungen an die EK–Geber	37.933,33	27.533,33	69.133,33

$$K_0 = -220.000 + 98.000 + \frac{37.933,33}{1,15} + \frac{27.533,33}{1,15^2} + \frac{69.133,33}{1,15^3}$$
$$= -22.739,05$$

(c2) Nettomethode mit impliziter Berücksichtigung der Steuern

	1	2	3
C_t	90.000,–	70.000,–	60.000,–
R_T			40.000,–
– Zinsen	–8.000,–	–5.333,33	–2.666,67
– Agio	–333,33	–333,33	–333,33
– Nominalentilgung	–33.333,33	–33.333,33	–33.333,33
	48.333,33	31.000,–	63.666,67

$$k_E^{vorSt} = \frac{k_E^{nachSt}}{(1-s)} = \frac{0,15}{(1-0,40)}$$
$$= 0,25$$

$$K_0 = -220.000 + 98.000 + \frac{48.333,33}{1,25} + \frac{31.000,00}{1,25^2} + \frac{63.666,67}{1,25^3}$$
$$= -30.896,00$$

Sowohl bei der impliziten als auch bei der expliziten Berücksichtigung der Steuer ist der Kapitalwert negativ. Der Investor sollte daher sein Kapital besser alternativ zum Kalkulationszinssatz veranlagen.

Aufgabe 3.24

Die ABC AG plant zur Erweiterung ihrer Produktionskapazität die Anschaffung einer neuen Maschine mit folgenden Daten:

$$\begin{aligned}
&\text{Anschaffungsauszahlungen:} &&800.000,- \\
&\text{Nutzungsdauer:} &&4\ \text{Jahre} \\
&\text{Restwert:} &&150.000,-
\end{aligned}$$

Die Wartungskosten und die aus dem Projekt erwarteten sonstigen Einzahlungsüberschüsse vor Zinsen und Steuern ergeben sich wie folgt:

Jahr	1	2	3	4
Auszahlungen für Wartung	0,-	0,-	5.000,-	8.000,-
variable Cash Flows	150.000,-	250.000,-	300.000,-	300.000,-

Die steuerlich zulässige Abschreibungsdauer beträgt 5 Jahre. Der Kalkulationszinssatz der Anteilseigner beträgt 12 % p.a. nach Steuern, der Gewinnsteuersatz liegt bei 40 %.

Die Maschine wird teilweise über einen Kredit mit folgenden Konditionen finanziert:

$$\begin{aligned}
&\text{Nominale:} &&300.000,- \\
&\text{nomineller Zinssatz:} &&8\ \%\ \text{p.a.} \\
&\text{Laufzeit:} &&4\ \text{Jahre} \\
&\text{Rückzahlungsagio:} &&1\ \% \\
&\text{Auszahlungsdisagio:} &&2\ \%
\end{aligned}$$

Ratentilgung mit einem Freijahr, Rückzahlungsagio und Auszahlungsdisagio sind über die Kreditlaufzeit gleichverteilt steuerlich absetzbar.

(a) Berechnen Sie den Kapitalwert nach der Nettomethode mit expliziter Berücksichtigung der Steuern.

(b) Angenommen, die Bank bietet Ihnen im ersten Jahr einen ermäßigten Zinssatz von nur 4 % an. Wie verändert sich Ihr Kapitalwert?

Zins– und Tilgungsplan (Ratentilgung mit einem Freijahr)

$$Y_0 = Nom \cdot (1 - d) = 300.000 \cdot (1 - 0,02)$$
$$= 294.000,-$$

	1	2	3	4
ausstehendes Nominale zu Periodenbeginn	300.000	300.000	200.000	100.000
Zinsen Z_t	24.000	24.000	16.000	8.000
Tilgung Y_t		100.000	100.000	100.000
Rückzahlungsagio		1.000	1.000	1.000

(a) Nettomethode mit expliziter Berücksichtigung der Steuern

Cash Flows vor Zinsen und Steuern inklusive Restwert:

	1	2	3	4
+ Einzahlungen	150.000	250.000	300.000	300.000
+ R_T				150.000
− Wartungskosten			−50.000	−8.000
	150.000	250.000	295.000	442.000

Steuern:

	1	2	3	4
+ C_t	150.000	250.000	295.000	292.000
+ R_T				150.000
− AfA_t	−160.000	−160.000	−160.000	−160.000
− BW_T				−160.000
− Z_t'	−26.250	−26.250	−18.250	−10.250
= Steuerbasis	−36.250	63.750	116.750	111.750
Steuern	−14.500	25.500	46.700	44.700

Zahlungen an die Eigenkapitalgeber:

	1	2	3	4
+ C_t	150.000	250.000	295.000	292.000
+ R_T				150.000
− Steuern	14.500	−25.500	−46.700	−44.700
− Zinsen Z_t	−24.000	−24.000	−16.000	−8.000
− Tilgung Y_t		−100.000	−100.000	−100.000
− Rückzahlungsagio		−1.000	−1.000	−1.000
	140.500	99.500	131.300	288.300

$$k_E^{\text{nachSt}} = 12 \% \text{ p.a.}$$

$$K_0 = -800.000 + 294.000 + \frac{140.500}{1,12} + \frac{99.500}{1,12^2} + \frac{131.300}{1,12^3} + \frac{288.300}{1,12^4}$$

$$= -24.556,17$$

Da der Kapitalwert negativ ist, sollte das Investitionsprojekt nicht durchgeführt werden.

(b) Entscheidung bei niedrigeren Fremdkapitalkosten

Durch den ermäßigten Zinssatz im ersten Jahr von 4 % p.a. ergeben sich auf den Kapitalwert zwei Effekte. Erstens werden durch die steuerliche Absetzbarkeit der Zinszahlungen die Steuerbasis und somit auch die Steuerzahlungen erhöht. Dieser Effekt verringert den Kapitalwert. Der zweite Effekt ist durch die Erhöhung der Zahlungen an die Eigenkapitalgeber gegeben. Dieser Effekt erhöht den Kapitalwert. Da der Effekt auf die Zahlungen an die Eigenkapitalgeber den steuerlichen Effekt überwiegt, wird der Kapitalwert insgesamt steigen.

Die Eigenkapitalgeber müssen im ersten Jahr bei einem ermäßigten Zinssatz von 4 % p.a. um 12.000 weniger an Zinszahlungen leisten. Um genau diesen Betrag kann aber auch im ersten Jahr weniger steuerlich geltend gemacht werden; die Steuerzahlungen werden daher um $12.000 \cdot 0,4 = 4.800,-$ höher sein. Der Barwert der Zinsersparnis nach Steuern beträgt somit

$$K_0^{\text{Zinsersparnis nach Steuer}} = \frac{(1-s) \cdot (\text{Ersparnis an Zinszahlungen})}{1 + k_E^{\text{nachSt}}}$$

$$= \frac{(1-0,4) \cdot 12.000}{1,12}$$

$$= 6.428,57.$$

Da sich durch den reduzierten Zinssatz sonst nichts ändert, kann der neue Kapitalwert errechnet werden, indem vom Ergebnis aus (a) der Barwert der Zinsersparnis nach Steuern addiert wird:

$$K_0 = K_0^{(a)} + K_0^{\text{Zinsersparnis nach Steuer}}$$

$$= -24.556,17 + 6.428,57$$

$$= -18.127,60$$

Da der Kapitalwert nach wie vor negativ ist, sollte das Investitionsprojekt auch dann nicht durchgeführt werden, wenn die Bank einen ermäßigten Zinssatz von 4 % p.a. anbietet.

Aufgabe 3.25

Eine Unternehmung überlegt die Anschaffung einer neuen Druckmaschine um 300.000,-. Nach der geplanten Nutzungsdauer von 4 Jahren beträgt der Restwert 50.000,-. Die Maschine kann steuerlich über 6 Jahre linear abgeschrieben werden, der Kalkulationszinssatz der Eigenkapitalgeber nach Steuern beträgt 13 %. Die Unternehmensleitung erwartet jährliche Einzahlungsüberschüsse vor Zinsen und Steuern von 88.800,-. Der Gewinnsteuersatz beträgt 40 %. Zur teilweisen Fremdfinanzierung des Projektes wird ein Kredit zu folgenden Konditionen aufgenommen:

> *Nominale:*   *180.000,-*
> *nomineller Zinssatz:*   *5 % p.a.*
> *Auszahlungsdisagio:*   *2 %*
> *Rückzahlungsagio:*   *1 %*
> *Ratentilgung mit einem Freijahr*

Berechnen Sie den Kapitalwert mit

(a) expliziter

(b) impliziter Berücksichtigung der Steuern.

(c) Wie werden Sie sich endgültig entscheiden?

Zins- und Tilgungsplan

	1	2	3	4
ausstehendes Nominale zu Periodenbeginn	180.000	180.000	120.000	60.000
Tilgung	0	60.000	60.000	60.000
Zinsen	9.000	9.000	6.000	3.000
Rückzahlungsagio	0	600	600	600
gesamte Zahlungen	9.000	69.600	66.600	63.600

$$Y_0 = 180.000 \cdot (1 - 0,02)$$
$$= 176.400, -$$

(a) Explizite Berücksichtigung der Steuern

Ermittlung der Steuerzahlungen:

		1	2	3	4
	Cash Flow	88.800	88.800	88.800	88.800
+	Restwert				50.000
−	Z'	−10.350	−10.350	−7.350	−4.350
−	AfA_t	−50.000	−50.000	−50.000	−50.000
−	BW_T				−100.000
=	Steuerbasis	28.450	28.450	31.450	−15.550
	Steuern	11.380	11.380	12.580	−6.220

Zahlungen an die Eigenkapitalgeber nach Steuer:

		1	2	3	4
	Cash Flow	88.800	88.800	88.800	88.800
+	Restwert				50.000
−	Steuern	−11.380	−11.380	−12.580	+6.220
−	Kreditzahlungen	−9.000	−69.600	−66.600	−63.600
		68.420	7.820	9.620	81.420

$$k_E^{nachSt} = 13 \text{ \% p.a.}$$

$$K_0 = -300.000 + 176.400 + \frac{68.420}{1,13^1} + \frac{7.820}{1,13^2} + \frac{9.620}{1,13^3} + \frac{81.420}{1,13^4}$$
$$= -323,57$$

Aufgrund des negativen Kapitalwertes sollte das Projekt nicht realisiert werden.

(b) Implizite Berücksichtigung der Steuer

Zahlungen an die Eigenkapitalgeber vor Steuer:

	1	2	3	4
Cash Flow	88.800	88.800	88.800	88.800
+ Restwert				50.000
− Kreditzahlungen	−9.000	−69.600	−66.600	−63.600
	79.800	19.200	22.200	75.200

Daraus ergibt sich folgender Kapitalwert:

$$k_E^{vorSt} = \frac{0,13}{1 - 0,4}$$
$$= 21,67 \ \% \ \text{p.a.}$$

$$K_0 = -300.000 + 176.400 + \frac{79.800}{1,2167^1} + \frac{19.200}{1,2167^2} + \frac{22.200}{1,2167^3} + \frac{75.200}{1,2167^4}$$
$$= 1.604,78.$$

Aufgrund des positiven Kapitalwertes sollte das Projekt realisiert werden.

(c) Vergleich der Ergebnisse

Bei der impliziten Berücksichtigung der Steuer wird unterstellt, daß die Steuerzahlungen jede Periode den gleichen Anteil an den Cash Flows haben. Im konkreten Beispiel ist dies nicht der Fall, da vor allem aufgrund des relativ hohen Buchwertes am Ende der Nutzungsdauer die Steuerersparnis durch die Abschreibung am Ende überdurchschnittlich hoch ist, während sie in den übrigen Perioden vergleichsweise niedrig ist. Die explizite Berücksichtigung der Steuer liefert daher das genauere Ergebnis.
Das Projekt sollte daher nicht realisiert werden.

Aufgabe 3.26

Die ABC AG plant zur Erweiterung ihrer Produktionskapazität die Anschaffung einer neuen Maschine mit folgenden Daten:

Anschaffungsauszahlungen:	*300.000,–*
Nutzungsdauer:	*5 Jahre*
Restwert:	*80.000,–*

Die fixen Wartungskosten ergeben sich wie folgt:

Jahr der Nutzung	1	2	3	4	5
Wartungskosten	2.000,–	5.000,–	6.000,–	8.000,–	10.000,–

Aus dem Investitionsprojekt werden jährlich variable Einzahlungsüberschüsse von 80.000,– erwartet, die steuerlich zulässige Abschreibungsdauer beträgt sechs Jahre. Die Maschine wird über einen Kredit mit folgenden Konditionen teilweise fremdfinanziert:

Nominale:	100.000,-
Zinssatz:	8 % p.a., jährlich im nachhinein
Laufzeit:	5 Jahre
Rückzahlungsagio:	2 %
Auszahlungsagio:	3 %

Die Rückzahlung erfolgt durch Ratentilgung mit einem Freijahr, Rückzahlungs- und Auszahlungsdisagio sind steuerlich über die Kreditlaufzeit gleichverteilt absetzbar. Der Kalkulationszinssatz der Anteilseigner beträgt 10 % p.a. nach Steuern, der Gewinnsteuersatz beträgt 40 %.

(a) Berechnen Sie den Kapitalwert nach der Nettomethode mit expliziter Berücksichtigung der Steuern.

(b) Angenommen die Finanzbehörde stellt Ihnen frei, die Maschine auf fünf oder auf sechs Jahre abzuschreiben, welche Möglichkeit wählen Sie? Berechnen Sie den Barwert der Steuerersparnis bei der für Sie günstigeren Abschreibungsdauer gegenüber der für Sie ungünstigeren Abschreibungsdauer.

(a) Kapitalwert, Nettomethode, explizite Steuerberücksichtigung

Zins- und Tilgungsplan:

$$Y_0 = 100.000 \cdot (1 - 0,03)$$
$$= 97.000$$

	1	2	3	4	5
ausstehendes Nominale zu Periodenbeginn	100.000	100.000	75.000	50.000	25.000
Tilgung Y_t	0	25.000	25.000	25.000	25.000
Zinsen Z_t	8.000	8.000	6.000	4.000	2.000
Rückzahlungsagio	0	500	500	500	500

Cash Flows vor Zinsen und Steuern:

	1	2	3	4	5
Einzahlungsüberschüsse	80.000	80.000	80.000	80.000	80.000
− Wartung	-2.000	-5.000	-6.000	-8.000	-10.000
= C_t	78.000	75.000	74.000	72.000	70.000

Steuern:

	1	2	3	4	5
C_t	78.000	75.000	74.000	72.000	70.000
+ R_T					80.000
− AfA_t	-50.000	-50.000	-50.000	-50.000	-50.000
− BW_T					-50.000
− Z'_t	-9.000	-9.000	-7.000	-5.000	-3.000
= Steuerbasis	19.000	16.000	17.000	17.000	47.000
Steuern	7.600	6.400	6.800	6.800	18.800

Zahlungen an die Eigenkapitalgeber:

	1	2	3	4	5
C_t	78.000	75.000	74.000	72.000	70.000
$+\ R_T$					80.000
$-\ (Z_t + Y_t + \text{Agio})$	−8.000	−33.500	−31.500	−29.500	−27.500
$-\ $ Steuern	−7.600	−6.400	−6.800	−6.800	−18.800
	62.400	35.100	35.700	35.700	103.700

$$k_E^{\text{nachSt}} = 10\ \%\ \text{p.a.}$$

$$K_0 = -300.000 + 97.000 + \frac{62.400}{1,1^1} + \frac{35.100}{1,1^2} + \frac{35.700}{1,1^3} + \frac{35.700}{1,1^4} + \frac{103.700}{1,1^5}$$

$$= -1.669,40$$

Da der Kapitalwert negativ ist, sollte das Projekt nicht realisiert werden.

(b) Entscheidung über die Abschreibungsdauer

Differenz in der Steuerbasis und den Steuerzahlungen:

	1	2	3	4	5
$+\quad AfA_t$ (5 Jahre)	60.000	60.000	60.000	60.000	60.000
$+\quad BW_T$ (5 Jahre)					0
$-\quad AfA_t$ (6 Jahre)	−50.000	−50.000	−50.000	−50.000	−50.000
$-\quad BW_T$ (6 Jahre)					−50.000
$=\ $ Differenz der Steuerbasis	10.000	10.000	10.000	10.000	−40.000
Differenz der Steuern	4.000	4.000	4.000	4.000	−16.000

Barwert der Steuerersparnis:

$$\sum_{t=1}^{4} \frac{4.000}{1,1^t} - \frac{16.000}{1,1^5} = 2.744,72$$

Der Barwert der Steuerersparnis sagt aus, um welchen Betrag sich die Kapitalwerte bei unterschiedlicher Abschreibungsdauer unterscheiden. Da dieser Barwert hier positiv ist, würde der Investor eine fünfjährige Abschreibung der sechsjährigen vorziehen. (Anmerkung: Der Kapitalwert des Investitionsprojekt würde bei fünfjähriger Abschreibung $-1.669,40 + 2.744,72 = 1.075,32$ betragen, der Investor sollte in diesem Fall investieren.)

Aufgabe 3.27

Die Großbäckerei Segel AG überlegt zur Erweiterung ihrer Produktionspalette die Erzeugung von Cremetorten. Dazu ist die Anschaffung einer kombinierten Teigmisch– und Backmaschine notwendig, für die folgende Daten bekannt sind:

> *Anschaffungsauszahlungen:*   *1.000.000,–*
> *Nutzungsdauer:*   *4 Jahre*
> *Restwert:*   *200.000,–*

In der Marketing–Abteilung wird erwartet, daß manche Kunden von Creme–Rouladen auf Torten umsteigen werden; es ist daher mit Umsatzeinbußen zu rechnen. Weiters empfiehlt sie, erst ab dem zweiten Jahr den vollen Preis zu verlangen. Zusätzlich sind die Kosten für die Wartung der Maschine sowie die Mengen und Preise für die Zutaten und Herstellung der Torte bekannt. All diese Daten finden sich in der folgenden Tabelle zusammengefaßt:

Jahr der Nutzung	1	2	3	4
erwartete Absatzmengen	10.000	12.000	15.000	15.000
Verkaufspreis	50,–	70,–	70,–	70,–
Preis für Material und Personal je Torte	20,–	20,–	20,–	20,–
entgehender Cash Flow vor Zinsen und Steuern aufgrund von Umsatzeinbußen	40.000,–	60.000,–	70.000,–	70.000,–
Wartungskosten	0,–	10.000,–	10.000,–	25.000,–

Nach Rücksprache mit der Hausbank könnte die Segel AG zur teilweisen Fremdfinanzierung des Projektes einen Kredit mit folgenden Konditionen erhalten:

Nominale:	800.000,–
Laufzeit:	4 Jahre
Nomineller Zinssatz:	10 % p.a.
Auszahlungsdisagio:	2 %
Rückzahlungsagio:	0 %
Ratentilgung ohne Freijahre mit jährlichen Zahlungen zu Jahresende	

Das Projekt ist steuerlich über 4 Jahre linear abschreibbar. Der Gewinnsteuersatz der Segel AG beträgt 40 %, wobei das Auszahlungsdisagio gleichverteilt über die Laufzeit des Kredits sowie die Zinsen steuerlich absetzbar sind. Als Kalkulationszinssatz für das Eigenkapital wird 18 % p.a. nach Steuern angenommen. Bewerten Sie das Investitionsprojekt nach dem Kapitalwertkriterium

(a) mit impliziter Berücksichtigung der Steuern,

(b) mit expliziter Berücksichtigung der Steuern.

Zusätzliche Cash Flows vor Zinsen und Steuern

$$Y_0 = 800.000 \cdot (1 - 0,02)$$
$$= 784.000, -$$

		1	2	3	4
+	Verkaufserlöse	500.000	840.000	1.050.000	1.050.000
–	entgehende CF	–40.000	–60.000	–70.000	–70.000
–	Wartungskosten	0	–10.000	–10.000	–25.000
–	Material, Personal	–200.000	–240.000	–300.000	–300.000
=	C_t	260.000	530.000	670.000	655.000

Zins– und Tilgungsplan

	1	2	3	4
ausstehendes Nominale zu Periodenbeginn	800.000	600.000	400.000	200.000
Tilgung Y_t	200.000	200.000	200.000	200.000
Zinsen Z_t	80.000	60.000	40.000	20.000

(a) Implizite Berücksichtigung der Steuern

Zahlungen an die Eigenkapitalgeber vor Steuern:

	1	2	3	4
C_t	260.000	530.000	670.000	655.000
$+\ R_T$				200.000
$-\ (Y_t + Z_t)$	−280.000	−260.000	−240.000	−220.000
	−20.000	270.000	430.000	635.000

$$k_E^{vorSt} = \frac{0,18}{1-0,4}$$
$$= 30\ \%\ \text{p.a.}$$

$$K_0 = -1.000.000 + 784.000 + \frac{-20.000}{1,3^1} + \frac{270.000}{1,3^2} + \frac{430.000}{1,3^3} + \frac{635.000}{1,3^4}$$

$$= 346.431,29$$

Da der Kapitalwert positiv ist, sollte das Investitionsprojekt durchgeführt werden.

(b) Explizite Berücksichtigung der Steuern

Steuern:

	1	2	3	4
C_t	260.000	530.000	670.000	655.000
$+\ R_T$				200.000
$-\ Z_t'$	−84.000	−64.000	−44.000	−24.000
$-\ AfA_t$	−250.000	−250.000	−250.000	−250.000
$=$ Steuerbasis	−74.000	216.000	376.000	581.000
Steuern	−29.600	86.400	150.400	232.400

Zahlungen an die Eigenkapitalgeber nach Steuern:

	1	2	3	4
C_t	260.000	530.000	670.000	655.000
$+\ R_T$				200.000
$-\ (Y_t + Z_t)$	−280.000	−260.000	−240.000	−220.000
$-$ Steuern	+29.600	−86.400	−150.400	−232.400
	9.600	183.600	279.600	402.600

$$k_E^{\text{nachSt}} = 18\ \%\ \text{p.a.}$$

$$K_0 = -1.000.000 + 784.000 + \frac{9.600}{1,18^1} + \frac{183.600}{1,18^2} + \frac{279.600}{1,18^3} + \frac{402.600}{1,18^4}$$

$$= 301.824,05$$

Da der Kapitalwert positiv ist, sollte die Bäckerei ab sofort auch Torten erzeugen.

Aufgabe 3.28

Eine Unternehmung erwägt die Erweiterung ihrer Produktionskapazität durch den Ankauf einer neuen Maschine. Die folgenden Daten wurden ermittelt:

Anschaffungsauszahlung (nominell):	100.000,–
Nutzungsdauer:	5 Jahre
nomineller Restwert am Ende der Nutzungsdauer:	0,–
Gewinnsteuersatz:	30 %
steuerliche Abschreibung:	linear über 4 Jahre

Erwartete zusätzliche nominelle Cash Flows vor Zinsen und Steuern:

Jahr der Nutzung	1	2	3	4	5
Cash Flow	-10.000,–	35.000,–	35.000,–	35.000,–	35.000,–

Bei Realisation des Projekts könnten 60 % der Anschaffungsauszahlungen aus Eigenmitteln bestritten werden, für die restlichen 40.000,– müßte ein Kredit zu folgenden Konditionen aufgenommen werden:

Laufzeit:	5 Jahre
Nomineller Zinssatz vor Steuern:	9 % p.a.
Auszahlungsdisagio:	3 %
Rückzahlungsagio:	keines
Annuitätentilgung (ohne Freijahre) mit jährlichen Zahlungen am Ende jeden Jahres	

Die Alternativrendite der Anteilseigner beträgt 8 % p.a. nach Steuern.

(a) *Berechnen Sie den Kapitalwert nach der Nettomethode bei impliziter Berücksichtigung der Steuern.*

(b) *Ermitteln Sie die Gleichung zur Bestimmung der exakten Effektivverzinsung des Kredits vor Steuern.*

(c) *Berechnen Sie die approximative Effektivverzinsung des Kredits vor Steuern.*

(a) Kapitalwert, Nettomethode, implizite Steuerberücksichtigung

Im Gegensatz zur Raten– sollen bei der *Annuitätentilgung* die gesamten Zahlungen an die Kreditgeber konstant bleiben. Die Zins-und Tilgungszahlungen an die Fremdkapitalgeber können somit in Summe als nachschüssige konstante Rente betrachtet werden, deren Barwert gleich dem Nominale sein soll. Zusätzlich ist noch ein allfälliges Rückzahlungsagio zu berücksichtigen. Daraus ergibt sich

$$Ann = \text{Nominale} \cdot \underbrace{\left(\frac{(1+i)^{LZ} \cdot i}{(1+i)^{LZ} - 1} \right)}_{=\text{Annuitätenfaktor}} + \underbrace{\frac{\text{Nominale} \cdot a}{LZ}}_{=\text{Agio in } t}.$$

Den Auszahlungsbetrag Y_0 erhält man wiederum, indem man vom Nominale das Auszahlungsdisagio abzieht.

Zins– und Tilgungsplan:

$$Ann = 40.000 \cdot \frac{1,09^5 \cdot 0,09}{1,09^5 - 1}$$

$$= 10.283,70$$

$$Y_0 = 40.000 \cdot (1 - 0,03)$$

$$= 38.800,-$$

	1	2	3	4	5
ausstehendes Nominale zu Periodenbeginn	40.000,–	33.316,30	26.031,07	18.090,17	9.434,59
Ann	10.283,70	10.283,70	10.283,70	10.283,70	10.283,70
davon Z_t	3.600,-	2.998,47	2.342,80	1.628,12	849,11
davon Y_t	6.683,70	7.285,23	7.940,90	8.655,58	9.434,59

Zahlungen an die Eigenkapitalgeber vor Steuern:

	1	2	3	4	5
C_t	–10.000,–	35.000,–	35.000,–	35.000,–	35.000,–
+ R_T					0,–
– *Ann*	–10.283,70	–10.283,70	–10.283,70	–10.283,70	–10.283,70
	–20.283,70	24.716,30	24.716,30	24.716,30	24.716,30

$$k_E^{\text{vorSt}} = \frac{0,08}{1 - 0,30}$$

$$= 11,43 \ \% \ \text{p.a.}$$

$$K_0 = -100.000 + 38.800 - \frac{20.283,70}{1,1143^1} + \sum_{t=2}^{5} \frac{24.716,30}{1,1143^t}$$

$$= -11.212,05$$

Da der Kapitalwert negativ ist, sollte die Investition nicht durchgeführt und das Kapital alternativ veranlagt werden.

(b) Exakte Effektivverzinsung

Die exakte Effektivverzinsung stellt allgemein jenen Zinssatz dar, bei der der Barwert der zukünftigen Zahlungen an die Fremdkapitalgeber (hier: Annuität) gleich dem heutigen Auszahlungsbetrag (Y_0) ist.

$$Y_0 \stackrel{!}{=} Ann \cdot \frac{(1 + i_{\text{eff}})^5 - 1}{(1 + i_{\text{eff}})^5 \cdot i_{\text{eff}}}$$

$$\Rightarrow 38.800 = 10.283,70 \cdot \frac{(1 + i_{\text{eff}})^5 - 1}{(1 + i_{\text{eff}})^5 \cdot i_{\text{eff}}}$$

Durch iterative Lösung dieser Gleichung ergibt sich $i_{\text{eff}} = 10{,}1848\ \%$ p.a.

(c) Approximative Effektivverzinsung

$$MLZ = \frac{1 + TJ}{2} + FJ$$

$$= \frac{1 + 5}{2} + 0$$

$$= 3$$

$$i_{\text{proxy}} = \frac{i_{\text{nom}} + \frac{d+a}{MLZ}}{1 - d}$$

$$= \frac{0,09 + \frac{0,03+0}{3}}{1 - 0,03}$$

$$= 10{,}3092\ \%\ \text{p.a.}$$

Obschon die verwendete Formel eigentlich für Ratenkredite gilt, liefert sie doch auch für Annuitätenkredite im vorliegenden Beispiel ein vergleichsweise gutes Ergebnis, sodaß zumindest eine erste grobe Bewertung des Kredites möglich wird.

Aufgabe 3.29

Eine Unternehmung erwägt die Erweiterung ihrer Produktionskapazität durch den Ankauf einer neuen Maschine, für die folgende Daten ermittelt worden sind:

Anschaffungsauszahlungen:	*150.000,–*
geplante Nutzungsdauer:	*4 Jahre*
nomineller Restwert am Ende der Nutzung:	*20.000,–*
Zusätzlicher erwarteter nomineller Cash Flow	
vor Zinsen und Steuern pro Jahr:	*50.000,–*
Gewinnsteuersatz:	*40 %*
steuerlich zulässige Abschreibung:	*linear über 3 Jahre*

Bei Realisation des Projekts könnte ein Kredit zu folgenden Konditionen aufgenommen werden:

> *Nominale:*   *100.000,–*
> *Laufzeit:*   *4 Jahre*
> *nomineller Zinssatz:*   *6 % p.a.*
> *Auszahlungsdisagio:*   *2 %*
> *kein Rückzahlungsagio:*
> *Annuitätentilgung (ohne Freijahre) mit*
> *jährlichen Zahlungen am Ende jeden Jahres*

Die Alternativrendite der Anteilseigner beträgt 7 % p.a. nach Steuern.

(a) *Erstellen Sie den Zins– und Tilgungsplan für den Kredit.*

(b) *Berechnen Sie die Effektivverzinsung des Fremdkapitals vor Steuern auf vier Nachkommastellen genau. Wählen Sie dazu ein Ihnen bekanntes Verfahren aus.*

(c) *Bestimmen Sie den Kapitalwert nach der Nettomethode mit expliziter Berücksichtigung der Steuern für den Fall, daß steuerlich neben den nominellen Kreditzinszahlungen auch das gleichmäßig über die Kreditlaufzeit verteilte Auszahlungsdisagio absetzbar ist.*

(a) Zins– und Tilgungsplan

$$Ann = 100.000 \cdot \frac{1,06^4 \cdot 0,06}{1,06^4 - 1}$$
$$= 28.859,15$$
$$Y_0 = 100.000 \cdot (1 - 0,02)$$
$$= 98.000,-$$

	1	2	3	4
ausstehendes Nominale zu Periodenbeginn	100.000	77.140,85	52.910,15	27.225,61
Ann	28.859,15	28.859,15	28.859,15	28.859,15
davon Z_t	6.000,–	4.628,45	3.174,61	1.633,54
davon Y_t	22.859,15	24.230,70	25.684,54	27.225,61

(b) Effektivverzinsung

$$f(i) = 98.000 - 28.859,15 \cdot \frac{(1+i)^4 - 1}{(1+i)^4 \cdot i} \overset{!}{=} 0$$

Durch lineare Interpolation mit $i_3 = i_1 - (i_2 - i_1) \cdot \frac{f(i_1)}{f(i_2)-f(i_1)}$ und den Startwerten $i_1 = 6 \%$ und $i_2 = 8 \%$ erhält man folgendes Ergebnis:

j	i_j	$f(i_j)$
1	6,000 000 %	−2.000,00
2	8,000 000 %	+2.414,84
3	6,906 036 %	+40,25
4	6,887 493 %	−0,83
5	6,887 866 %	0,00

$$\Rightarrow\ i_{\text{eff}} = 6,887866\ \%\ \text{p.a.}$$

(c) Kapitalwert, Nettomethode, explizite Steuerberücksichtigung

Steuern:

	1	2	3	4
C_t	50.000,−	50.000,−	50.000,−	50.000,−
+ R_T				20.000,−
− AfA_t	−50.000,−	−50.000,−	−50.000,−	0,−
− Z_t	−6.000,−	−4.628,45	−3.174,61	−1.633,54
− anteiliges Disagio	−500,−	−500,−	−500,−	−500,−
= Steuerbasis	−6.500,−	−5.128,45	−3.674,61	67.866,46
Steuern	−2.600,−	−2.051,38	−1.469,84	27.146,59

Zahlungen an die Eigenkapitalgeber nach Steuern:

	1	2	3	4
+ C_t	50.000,−	50.000,−	50.000,−	50.000,−
+ R_T				20.000,−
− Steuern	+2.600,−	+2.051,38	+1.469,84	−27.146,59
− Z_t	−6.000,−	−4.628,45	−3.174,61	−1.633,54
− Y_t	22.859,15	24.230,70	25.684,54	27.225,61
	23.740,85	23.192,23	22.610,69	13.994,27

$$k_E^{\text{nachSt}} = 7\ \%$$

$$K_0 = -150.000 + 98.000 + \frac{23.740,85}{1,07^1} + \frac{23.192,23}{1,07^2} + \frac{22.610,69}{1,07^3} + \frac{13.994,27}{1,07^4}$$

$$= 19.577,92$$

Da der Kapitalwert positiv ist, sollte die neue Maschine angekauft werden.

Aufgabe 3.30

Der Bastler D. Ampfhammer überlegt, ob er zur Produktion seines von ihm erfundenen Untertag–Diagonalbohrers eine eigene Unternehmung gründen oder aber das Patent auf diesen Bohrer verkaufen soll. Zur Produktion müßte eine Anlage zum Preis von 1.000.000,− angeschafft werden, die 4 Jahre genutzt und dann zum nominellen Restwert von 200.000,– verkauft werden könnte. Für Sicherheitsüberprüfungen und Instandhaltung ist mit jährlichen nominellen Auszahlungen von 100.000,– zu rechnen.

Herr Ampfhammer rechnet, daß jährlich 800 Bohrer produziert und verkauft werden könnten. Als Verkaufspreis für das erste Jahr wählt er 1.500,–, in den folgenden Jahren soll dieser aber jährlich um jeweils 5 % steigen. Die variablen Auszahlungen im ersten Jahr betragen 700,– je Bohrer und werden in den folgenden Jahren mit jeweils 3 % im Jahr steigen.

Zur teilweisen Fremdfinanzierung könnte ein Kredit mit folgenden Konditionen aufgenommen werden:

Nominale:	*500.000,–*
Nominalzinssatz:	*10 % p.a.*
Auszahlungsdisagio:	*keines*
Rückzahlungsagio:	*keines*
Tilgungsform:	*Annuitätentilgung ohne Freijahre*
Laufzeit:	*3 Jahre*

Herrn Ampfhammers Kalkulationszinssatz für Eigenkapital nach Steuern beträgt 13 % p.a., sein Gewinnsteuersatz ist 34 %.

Wenn Herr Ampfhammer das Patent verkauft, würde er vom Bestbieter Deck und Blacker sofort eine einmalige Zahlung in Höhe von 500.000,– erhalten.

Entscheiden Sie mit Hilfe des Kapitalwertes für nominelle Werte nach der Nettomethode mit expliziter Berücksichtigung der Steuern, ob Herr Ampfhammer das Patent verkaufen oder aber selbst Bohrer produzieren soll.

Lösung

Zins– und Tilgungsplan:

$$Ann = 500.000 \cdot \frac{1,10^3 \cdot 0,10}{1,10^3 - 1}$$

$$= 201.057,40$$

	1	2	3
ausstehendes Nominale zu Periodenbeginn	500.000,–	348.942,60	182.779,46
Annuität	201.057,40	201.057,40	201.057,40
davon Zinsen	50.000,–	34.894,26	18.277,95
davon Tilgung	151.057,40	166.163,14	182.779,46

Ermittlung der (nominellen) Cash Flows vor Zinsen und Steuern:

	1	2	3	4
Preis je Stück	1.500,–	1.575,–	1.653,75	1.736,44
var. AZ je Stück	700,–	721,–	742,63	764,91
Einzahlungen	1.200.000,–	1.260.000,–	1.323.000,–	1.389.150,–
– fixe Auszahlungen	–100.000,–	–100.000,–	–100.000,–	–100.000,–
– variable Auszahlungen	–560.000,–	–576.800,–	–594.104,–	–611.927,12
= Cash Flow	540.000,–	583.200,–	628.896,–	677.222,88

Ermittlung der Steuerzahlungen:

	1	2	3	4
Cash Flows	540.000,–	583.200,–	628.896,–	677.222,88
+ Restwert				200.000,–
– Z_t	–50.000,–	–34.894,26	–18.277,95	0,–
– AfA	–250.000,–	–250.000,–	–250.000,–	–250.000,–
= Steuerbasis	240.000,–	298.305,74	360.618,05	627.222,88
Steuerzahlungen	81.600,–	101.423,95	122.610,14	213.255,78

Zahlungen an die Eigenkapitalgeber:

	1	2	3	4
Cash Flows	540.000,–	583.200,–	628.896,–	677.222,88
+ Restwert				200.000,–
– Steuerzahlungen	–81.600,–	–101.423,95	–122.610,14	–213.255,78
– Annuität	–201.057,40	–201.057,40	–201.057,40	0,–
	257.342,60	280.718,65	305.228,46	663.967,10

$$k_E^{nachSt} = 13 \%$$

$$K_0 = -1.000.000 + 500.000 + \frac{257.342,60}{1,13^1} + \frac{280.718,65}{1,13^2} + \frac{305.228,46}{1,13^3} + \frac{663.967,10}{1,13^4}$$
$$= 566.342,78$$

Da der Kapitalwert der Produktion größer ist als der Betrag, den Herr Ampfhammer geboten bekommt, sollte er seine Diagonalbohrer selbst herstellen.

Aufgabe 3.31

Da in Ihrem Unternehmen eine Kapazitätserweiterung stattfinden muß, soll eine neue Maschine angeschafft werden. Folgende Daten sind bekannt:

Anschaffungsauszahlung:	*1.000.000,–*
Nutzungsdauer:	*3 Jahre*
Restwert:	*250.000,–*

Jedes Jahr fallen fixe Auszahlungen in der Höhe von 25.500,– an. Die erwarteten variablen Einzahlungsüberschüsse betragen 450.000,– pro Jahr. Die steuerlich zulässige Abschreibung erfolgt linear über 5 Jahre. Das Projekt wird über einen Kredit mit folgenden Konditionen teilweise fremdfinanziert:

Nominale:	*800.000,–*
Zinssatz:	*7 % p.a., jährlich im nachhinein*
Laufzeit:	*3 Jahre*
Rückzahlungsagio:	*2 %*
Auszahlungsdisagio:	*3 %*
Annuitätentilgung ohne Freijahre	

Rückzahlungsagio und Auszahlungsdisagio sind steuerlich über die Kreditlaufzeit gleichverteilt absetzbar. Der Kalkulationszinssatz der Anteilseigner beträgt 11 % p.a. nach Steuern. Der Gewinnsteuersatz ist 40 %.

(a) Berechnen Sie den Kapitalwert nach der Nettomethode mit expliziter Berücksichtigung der Steuern.

(b) Während Sie Ihre Berechnungen durchführen, erfahren Sie, daß unter Umständen eine neue gesetzliche Regelung in Kraft tritt, die es Ihnen erlaubt, die steuerlich zulässige Abschreibungsdauer auf drei Jahre zu verkürzen und sowohl das gesamte Rückzahlungsagio als auch das gesamte Auszahlungsdisagio in der ersten Periode steuerlich abzusetzen. Was wäre der Barwert der Steuerersparnis gegenüber der alten Regelung, wenn das neue Gesetz in Kraft tritt?

Zins– und Tilgungsplan

$$Ann = 800.000 \cdot \frac{1,07^3 \cdot 0,07}{1,07^3 - 1} + \frac{800.000 \cdot 0,02}{3}$$

$$= 310.174,67$$

$$Y_0 = 800.000 \cdot (1 - 0,03)$$

$$= 776.000,-$$

	1	2	3
ausstehendes Nominale zu Periodenbeginn	800.000,–	551.158,67	284.898,44
Ann	310.174,67	310.174,67	310.174,67
davon Z_t	56.000,–	38.581,11	19.942,89
davon Rückzahlungsagio	5.333,33	5.333,33	5.333,33
davon Y_t	248.841,33	266.260,23	284.898,44

(a) Kapitalwert, Nettomethode, explizite Steuerberücksichtigung

Steuern:

	1	2	3
C_t	424.500,–	424.500,–	424.500,–
+ R_T			250.000,–
– AfA_t	–200.000,–	–200.000,–	–200.000,–
– BW_T			–400.000,–
– Z'_t	69.333,33	51.914,44	23.276,22
= Steuerbasis	155.166,67	172.585,56	41.223,78
Steuern	62.066,67	69034,22	16.489,51

Zahlungen an die Eigenkapitalgeber:

	1	2	3
C_t	424.500,–	424.500,–	424.500,–
+ R_T			250.000,–
– Steuern	–62.066,67	–69.034,22	–16.489,51
– Ann	–310.174,67	–310.174,67	–310.174,67
	52.258,67	45.291,11	347.835,82

$$k_E^{nachSt} = 11\ \%$$

$$K_0 = -1.000.000 + 776.000 + \frac{52.258,67}{1,11^1} + \frac{45.291,11}{1,11^2} + \frac{347.835,82}{1,11^3}$$

$$= 114.173,72$$

Da der Kapitalwert positiv ist, sollte das Investitionsprojekt realisiert werden.

(b) Änderung der Steuern

Alte Regelung:

	1	2	3
AfA	200.000,–	200.000,–	200.000,–
+ BW			400.000,–
+ Z'	69.333,33	51.514,44	33.276,22
= Steuerbasis alt	269.333,33	251.914,44	633.276,22
Steuerersparnis alt	107.733,33	100.765,78	253.310,49

Neue Regelung:

	1	2	3
AfA	333.333,33	333.333,33	333.333,33
+ BW			0,–
+ Z'	96.000,–	38.581,11	19.942,89
= Steuerbasis neu	429.333,33	371.914,44	353.276,22
Steuerersparnis neu	171.733,33	148.765,78	141.310,49

Differenz:

	1	2	3
Steuerersparnis neu	171.733,33	148.765,78	141.310,49
− Steuerersparnis alt	107.733,33	100.765,78	253.310,49
= Differenz Steuerersparnis	64.000,-	48.000,-	−112.000,-

$$K_0^{\text{Diff}} = \frac{64.000}{1,11^1} + \frac{48.000}{1,11^2} - \frac{112.000}{1,11^3}$$
$$= 14.722,10$$

Da durch die neuen gesetzlichen Regelungen der Barwert der Steuerersparnis (und somit auch der Kapitalwert des Projekts) um 14.722,10 erhöht werden könnte, sind diese Regelungen von Vorteil für den Investor.

Aufgabe 3.32

Ein Industriebetrieb plant die Anschaffung einer Maschine, für die die folgenden Daten ermittelt worden sind:

Anschaffungsauszahlungen:	*200.000,-*
geplante Nutzungsdauer:	*4 Jahre*
erwarteter nomineller Restwert am Ende der Nutzung:	*50.000,-*
erwarteter zusätzlicher nomineller Cash Flow vor	
Zinsen und Steuern pro Jahr:	*70.000,-*
steuerlich zulässige Abschreibung:	*linear über 4 Jahre*

Zur Finanzierung könnte ein Kredit mit einem Nominale von 80.000,- zu folgenden Konditionen aufgenommen werden:

Laufzeit:	*4 Jahre*
nomineller Zinssatz:	*11 % p.a.*
Auszahlungsdisagio:	*1 %*
Rückzahlungsagio:	*2 %*
Annuitätentilgung (ohne Freijahre) mit	
jährlichen Zahlungen am Ende jeden Jahres	

Die Alternativrendite für das Eigenkapital nach Steuern beträgt 12 % p.a., der Gewinnsteuersatz ist 30 %.

(a) *Erstellen Sie einen Zins- und Tilgungsplan.*

(b) *Berechnen Sie die approximative Effektivverzinsung des Kredits vor Steuern.*

(c) *Ermitteln Sie den Kapitalwert nach der Nettomethode bei expliziter Berücksichtigung der Steuern. Dabei ist zu berücksichtigen, daß das Auszahlungsdisagio und das Rückzahlungsagio steuerlich (gleichmäßig über die Laufzeit des Kredits verteilt) abgesetzt werden dürfen.*

(a) Zins- und Tilgungsplan

$$Ann = 80.000 \cdot \frac{1,11^4 \cdot 0,11}{1,11^4 - 1} + \frac{80.000 \cdot 0,02}{4}$$
$$= 26.186,11$$
$$Y_0 = 80.000 \cdot (1 - 0,01)$$
$$= 79.200, -$$

	1	2	3	4
ausstehendes Nominale zu Periodenbeginn	80.000,-	63.013,89	44.159,31	23.230,73
Ann	26.186,11	26.186,11	26.186,11	26.186,11
davon Z_t	8.800,-	6.931,53	4.857,52	2.555,38
davon Rückzahlungsagio	400,-	400,-	400,-	400,-
davon Y_t	16.986,11	18.854,58	20.928,58	23.230,73

(b) Approximative Effektivverzinsung

$$MLZ = \frac{1 + TJ}{2} + FJ$$
$$= \frac{1 + 4}{2} + 0$$
$$= 2,5$$
$$i_{proxy} = \frac{i_{nom} + \frac{d+a}{MLZ}}{1 - d}$$
$$= \frac{0,11 + \frac{0,01+0,02}{2,5}}{1 - 0,01}$$
$$= 12,32 \% \text{ p.a.}$$

Anmerkung: Die exakte Effektivverzinsung dieses Kredites beträgt 12,2015 %; die, eigentlich für Ratenkredite entwickelte, Formel für die approximative Effektivverzinsung kommt an diesen Wert vergleichsweise gut heran.

(c) Kapitalwert, Nettomethode, explizite Berücksichtigung der Steuern

Steuern:

	1	2	3	4
C_t	70.000,-	70.000,-	70.000,-	70.000,-
+ R_T				50.000,-
- AfA_t	-50.000,-	-50.000,-	-50.000,-	-50.000,-
- Z_t	-8.800,-	-6.931,53	-4.857,52	-2.555,38
- Rückzahlungsagio	-400,-	-400,-	-400,-	-400,-
- Auszahlungsdisagio	-200,-	-200,-	-200,-	-200,-
= Steuerbasis	10.600,-	12.468,47	14.542,48	66.844,62
Steuern	3.180,-	3.740,54	4.362,74	20.053,39

Zahlungen an die Eigenkapitalgeber nach Steuern:

	1	2	3	4
C_t	70.000,–	70.000,–	70.000,–	70.000,–
$+\ R_T$				50.000,–
$-\ Ann$	–26.186,11	–26.186,11	–26.186,11	–26.186,11
$-$ Steuern	–3.180,–	–3.740,54	–4.362,74	–20.053,39
	40.633,89	40.073,35	39.451,15	73.760,51

$$k_E^{\text{nachSt}} = 12\ \%$$

$$K_0 = -200.000 + 79.200 + \frac{40.633,89}{1,12^1} + \frac{40.073,35}{1,12^2} + \frac{39.451,15}{1,12^3} + \frac{73.760,51}{1,12^4}$$

$$= 22.383,17$$

Da der Kapitalwert positiv ist, sollte die Investition durchgeführt werden.

Aufgabe 3.33

Auf der permanenten Suche nach extravaganten Sportartikeln für Computerfreaks überlegt die Firma Rehbock die Produktion einer Kleinserie von Online–Skates. Dazu müßte eine neue Maschine angeschafft werden, die Anschaffungsauszahlungen in der Höhe von 100.000,– erfordert und zwei Jahre genutzt werden soll. Derzeit kostet eine gebrauchte, zwei Jahre alte Maschine 10.000,–; dieser Betrag wird als realer Restwert am Ende der Nutzung auf heutiger Preisbasis unterstellt.

Im ersten Jahr der Nutzung sollen 500 Paar, im zweiten Jahr 900 Paar Skates erzeugt werden. Auf heutiger Preisbasis wird mit einem realen Preis von 250,– und realen variablen Auszahlungen von 100,– je Paar gerechnet. Als reale fixe Auszahlungen (ebenfalls heutige Preisbasis) werden 40.000,– geplant. Es wird weiters damit gerechnet, daß Verkaufspreise, laufende Auszahlungen und die Restwerte bei gebrauchten Aggregaten genau mit der Inflationsrate von 5 % p.a. steigen werden.

Der Gewinnsteuersatz der Unternehmung liegt bei 40 %, allfällige Verluste können über hinreichend hohe Gewinne in den übrigen Geschäftsbereichen abgedeckt werden. Die bilanzielle Abschreibung des Aggregats erfolgt linear über die geplante Nutzungsdauer.

Die nominelle Alternativrendite für Eigenkapital beträgt 6,6 % p.a. nach Steuern. Zur teilweisen Fremdfinanzierung soll aber ein Annuitätenkredit mit zweijähriger Laufzeit und einem nominellen Zinssatz von 6 % p.a. aufgenommen werden, bei dem weder ein Agio noch ein Disagio anfällt.

Soll die Produktion aufgenommen werden, falls die Bewertung mittels Nettomethode mit
(a) impliziter bzw.
(b) expliziter
Berücksichtigung der Steuern erfolgt?

Zins– und Tilgungsplan

$$Ann = 60.000 \cdot \frac{1,06^2 \cdot 0,06}{1,06^2 - 1}$$
$$= 32.726,21$$

	1	2
ausstehendes Nominale zu Periodenbeginn	60.000,–	30.873,79
Ann	32.726,21	32.726,21
davon Z_t	3.600,–	1.852,43
davon Y_t	29.126,21	30.873,79

Nominelle Cash Flows

	1	2
+ reale Einzahlungen	125.000,–	225.000,–
– reale var. Auszahlungen	–50.000,–	–90.000,–
– reale fixe Auszahlungen	–40.000,–	–40.000,–
= reale Cash Flows	35.000,–	95.000,–
nominelle Cash Flows	36.750,–	104.737,50

(a) Nettomethode mit impliziter Berücksichtigung der Steuern

Nominelle Zahlungen an die Eigenkapitalgeber vor Steuern:

	1	2
nominelle Cash Flows	36.750,–	104.737,50
+ nomineller Restwert		11.025,–
– Annuität	–32.726,21	–32.726,21
	4.023,79	83.036,29

$$k_E^{vorSt} = \frac{0,066}{1 - 0,4}$$
$$= 11\ \%$$

$$K_0 = -100.000 + 60.000 + \frac{4.023,79}{1,11} + \frac{83.036,29}{1,11^2}$$
$$= 31.019,15$$

(b) Nettomethode mit expliziter Berücksichtigung der Steuern

Steuern:

		1	2
	nominelle Cash Flows	36.750,–	104.737,50
+	nomineller Restwert		11.025,–
–	Zinsen	–3.600,–	–1.852,43
–	AfA_t	–50.000,–	–50.000,–
=	Steuerbasis	–16.850,–	63.910,07
	Steuer	–6.740,–	25.564,03

Zahlungen an die Eigenkapitalgeber nach Steuern:

		1	2
	Zahlungen an die EK–Geber vor Steuern	4.023,79	83.036,29
–	Steuerzahlungen	+6.740,–	–25.564,03
		10.763,79	57.472,26

$$k_E^{nachSt} = 6,6\ \%$$

$$K_0 = -100.000 + 60.000 + \frac{10.736,79}{1,066} + \frac{57.472,26}{1,066^2}$$

$$= 20.673,29$$

(c) Investitionsentscheidung

Da bei impliziter, vor allem aber auch bei expliziter Berücksichtigung der Steuern ein positiver Kapitalwert ermittelt worden ist, sollten die Online–Skates erzeugt werden.

Aufgabe 3.34

Eine Unternehmung erwägt die Erweiterung ihrer Produktionskapazität durch den Ankauf einer neuen Maschine, für die folgende Daten ermittelt worden sind:

Anschaffungsauszahlungen:	*150.000,–*
geplante Nutzungsdauer:	*4 Jahre*
nomineller Restwert am Ende der Nutzung:	*20.000,–*
Gewinnsteuersatz:	*40 %*
steuerlich zulässige Abschreibung:	*linear über 6 Jahre*

Die zusätzlich erwarteten realen Cash Flows (auf der Preisbasis zu t = 0) vor Zinsen und Steuern betragen:

Periode	1	2	3	4
Cash Flow	47.619,05	45.351,47	43.191,88	41.135,12

Bei den zusätzlich erwarteten Cash Flows wird mit einer jährlichen Inflationsrate von 5 % gerechnet. Bei Realisation des Projekts könnte ein Kredit zu folgenden Konditionen aufgenommen werden:

Nominale:	100.000,–
Laufzeit:	4 Jahre
nomineller Zinssatz:	6 % p.a.
Auszahlungsdisagio:	2 %
Rückzahlungsagio:	4 %
Ratentilgung mit einem Freijahr (mit jährlichen Zahlungen am Ende jeden Jahres)	

Die Alternativrendite der Anteilseigner beträgt 7 % p.a. nach Steuern.

(a) Erstellen Sie den Zins– und Tilgungsplan für den Kredit.

(b) Berechnen Sie die approximative Effektivverzinsung des Fremdkapitals vor Steuern.

(c) Bestimmen Sie den Kapitalwert nach der Nettomethode mit expliziter Berücksichtigung der Steuern für den Fall, daß steuerlich neben den nominellen Kreditzinszahlungen auch das anteilige Auszahlungsdisagio und das anteilige Rückzahlungsagio (gleichmäßig über die Kreditlaufzeit verteilt) absetzbar sind.

(a) Zins– und Tilgungsplan

$$Y_0 = Nom \cdot (1 - d) = 100.000 \cdot (1 - 0,02)$$
$$= 98.000, -$$

	1	2	3	4
ausstehendes Nominale zu Periodenbeginn	100.000,–	100.000,–	66.666,67	33.333,33
Tilgung Y_t	0,–	33.333,33	33.333,33	33.333,33
Zinsen Z_t	6.000,–	6.000,–	4.000,–	2.000,–
Rückzahlungsagio	0,–	1.333,33	1.333,33	1.333,33

(b) Approximative Effektivverzinsung

$$MLZ = \frac{1 + TJ}{2} + FJ$$
$$= \frac{1 + 3}{2} + 1$$
$$= 3$$
$$i_{proxy} = \frac{i_{nom} + \frac{d+a}{MLZ}}{1 - d}$$
$$= \frac{0,06 + \frac{0,02+0,04}{3}}{1 - 0,02}$$
$$= 8,163265 \% \text{ p.a.}$$

(c) Kapitalwert, Nettomethode, explizite Berücksichtigung der Steuer

Steuern (nominell):

	1	2	3	4
C_t	50.000,–	50.000,–	50.000,–	50.000,–
$+$ R_T				20.000,–
$-$ AfA_t	-25.000,–	-25.000,–	-25.000,–	-25.000,–
$-$ BW_T				-50.000,–
$-$ Zinsen Z_t	-6.000,–	-6.000,–	-4.000,–	-2.000,–
$-$ Rückzahlungsagio	-1.000,–	-1.000,–	-1.000,–	-1.000,–
$-$ Auszahlungsdisagio	-500,–	-500,–	-500,–	-500,–
$=$ Steuerbasis	17.500,–	17.500,–	19.500,–	-8.500,–
Steuern	7.000,–	7.000,–	7.800,–	-3.400,–

Zahlungen an die Eigenkapitalgeber nach Steuern (nominell):

	1	2	3	4
C_t	50.000,–	50.000,–	50.000,–	50.000,–
$+$ R_T				20.000,–
$-$ Zinsen Z_t	-6.000,–	-6.000,–	-4.000,–	-2.000,–
$-$ Tilgung Y_t		-33.333,33	-33.333,33	-33.333,33
$-$ Rückzahlungsagio		-1.333,33	-1.333,33	-1.333,33
$-$ Steuern	-7.000,–	-7.000,–	-7.800,–	+3.400,–
	37.000,–	2.333,33	3.533,33	36.733,33

$$K_0 = -150.000 + 98.000 + \frac{37.000}{1,07^1} + \frac{2.333,33}{1,07^2} + \frac{3.533,33}{1,07^3} + \frac{36.733,33}{1,07^4}$$
$$= 15.525,40$$

Da der Kapitalwert positiv ist, sollte die Investition durchgeführt werden.

Aufgabe 3.35

In Kürze müssen Sie sich entscheiden, in welcher Form Sie in Zukunft wohnen wollen. Nachdem Sie mit Ihren Freunden und Bekannten über Wochen die Vor- und Nachteile von Eigentum versus Miete unter allen möglichen Aspekten diskutiert haben, wird es Zeit, sich einmal mit den harten Fakten auseinanderzusetzen. Derzeit wohnen Sie in einer Garçonniere, die 5.000,– Schilling Miete pro Monat kostet. (Sie müssen pünktlich am Monatsersten zahlen). Eine Eigentumswohnung, die Ihren Vorstellungen entspricht, kostet nach groben Schätzungen etwa 4 Mio. Schilling. Ihr derzeitiges Vermögen beträgt gerade 100.000,– Schilling und liegt auf einem Sparbuch, das mit 7 % p.a. fest verzinst wird.

(a) *Sie wollen in 10 Jahren die notwendigen Eigenmittel von 40 % des Kaufpreises von 4 Mio. Schilling angespart haben. Sie sind in der Lage, ab sofort jeden Monatsersten einen fixen Schillingbetrag auf das Sparbuch zu legen. Die 100.000,– Schilling lassen Sie auf dem Sparbuch liegen, um Ihr Ziel möglichst früh zu erreichen. Wie viel müssen Sie in diesem Fall jeden Monat sparen?*

(b) *Nach den zehn Jahren können Sie die restlichen 60 % des Kaufpreises günstig fremdfinanzieren. Die Laufzeit Ihres Kredits beträgt 20 Jahre und die feste Verzinsung ist 6 % p.a. Wie hoch sind Ihre monatlichen Zahlungen bei Annuitätentilgung ohne Freijahre?*

(c) *Angenommen, die Eigentumswohnung steigt bis zu dem Zeitpunkt, an dem Sie den Kredit aus (b) abgezahlt haben, insgesamt um 20 % im Wert und Sie verkaufen die Eigentumswohnung, sobald Sie den Kredit abbezahlt haben. Ihre Alternative zur Eigentumswohnung ist, eine gleichwertige Wohnung zu mieten. Sie können heute einziehen und zahlen jeden Monatsersten für die Zeit, die Sie zum Ansparen der Eigenmittel und zur Rückzahlung Ihres Kredits brauchen würden, eine Miete von 8.000,– Schilling pro Monat. Welche Alternative ist dann günstiger für Sie, wenn der Zinssatz von 7 % p.a. unverändert bleibt?*

(a) **Bestimmung der Rentenhöhe**

Bei einem Monatszinssatz von $i = \sqrt[12]{1,07} - 1 = 0,5654$ % p.m. ergibt das aktuelle Vermögen von 100.000,– auf dem Sparbuch nach 120 Monaten ein Endvermögen von 196.715,14; auf den Anteil vom Kaufpreis fehlen somit noch $(4.000.000 \cdot 0,4) - 196.715,14 = 1.403.284,86$. Um auf dieses Endvermögen mittels einer vorschüssigen konstanten Rente mit einer Laufzeit von 120 Monaten zu kommen, müssen monatlich

$$C = 1.403.284,86 \cdot \frac{i}{(1+i) \cdot ((1+i)^{120} - 1)}$$

$$= 8.157,74$$

einbezahlt werden.

(b) **Höhe der Annuitätenzahlungen**

Das Kreditnominale von $4.000.000 \cdot 0,60 = 2.400.000$ stellt den Barwert einer nachschüssigen konstanten Rente dar, deren Zahlungen genau der Annuität entsprechen. Bei einem Monatszinssatz von $i = \sqrt[12]{1,06} - 1 = 0,4868\ \%$ p.m. müssen daher jeweils am Monatsende

$$C = 2.400.000 \cdot \frac{(1+i)^{240} \cdot i}{(1+i)^{240} - 1}$$

$$= 16.975,01$$

zurückbezahlt werden.

(c) Alternativenvergleich

Wird die Wohnung gemietet, dann sind während der nächsten 360 Monate jeweils 8.000,- zu Monatsbeginn zu bezahlen; diese Auszahlungen haben einen heutigen Wert von

$$K_0^{\text{Miete}} = -8.000 \cdot (1+i) \cdot \frac{(1+i)^{360} - 1}{(1+i)^{360} \cdot i}$$

$$= -1.235.970, -.$$

wobei der Zinssatz wiederum $i = \sqrt[12]{1,07} - 1 = 0,5654\ \%$ p.m. beträgt.

Falls die Wohnung hingegen gekauft wird, dann fallen folgende Zahlungen an:

t	Zahlungen	Barwert
$1, \dots, 119$	$5.000 + 8.157,74 = 13.157,74$	$-1.150.587,48$
$121, \dots, 360$	$16.975,01$	$-1.131.784,87$
360	$4.000.000 \cdot 1,20 = 4.800.000, -$	$+630.562,16$
Summe		$-1.651.810,19$

Zu $t = 120$ sind keine zusätzlichen Zahlungen zu leisten, da durch die Auflösung des Sparbuches und den Kreditauszahlungsbetrag genau der Kauf der Wohnung finanziert werden kann. Berücksichtigt man zusätzlich das heutige Vermögen von 100.000,-, dann ergibt sich ein gesamter Kapitalwert von

$$K_0^{\text{Kauf}} = -1.751.810, 19.$$

Da der Kapitalwert bei der Miete weniger stark negativ ist (Mußinvestition), ist diese Variante vorzuziehen.

4 Vergleich dynamischer und statischer Methoden

Aufgabe 4.1

Um eine neu entwickelte Küchenuhr unter den Wiederverkäufern bekannt zu machen und um Absatzchancen zu erkunden, plant das Uhrenwerk Switch die Erzeugung von Prototypen, die bei in- und ausländischen Fachmessen an interessierte Fachhändler verschenkt werden sollen. Man entschließt sich zur kurzfristigen Anschaffung einer neuen Produktionsanlage, wobei folgende zwei Modelle zur Auswahl stehen:

	Modell Tick	Modell Tack
Anschaffungspreis	200.000,-	70.000,-
Restwert	150.000,-	40.000,-
Material-, Personal- und variable		
Gemeinkosten je produziertem Stück	115,-	130,-
Wartungskosten je Monat	3.000,-	6.000,-
Ausschuß:		
1. Monat	0 Stück	10 Stück
2. Monat	10 Stück	30 Stück
3. Monat	20 Stück	50 Stück

Insgesamt sollen drei Monate lang jeweils 500 funktionstüchtige Prototypen erzeugt werden; im Anschluß daran soll die Maschine wieder verkauft werden. Nachfolgeinvestitionen sind nicht geplant. Der gewichtete durchschnittliche Kalkulationszinssatz von Switch beträgt 1 % p.m. vor Steuern. Der Ausschuß ist wertlos und kann gratis entsorgt werden.

(a) Für welches Modell soll sich Switch entscheiden, falls eines der Modelle angeschafft werden muß und nach dem Kriterium

    (a1) der approximativen Kostenannuität

    (a2) der exakten Annuität

    pro Monat (jeweils für die Bruttomethode mit impliziter Berücksichtigung der Steuern) beurteilt wird?

(b) Vergleichen Sie die Vor- und Nachteile der beiden Bewertungsmethoden aus Punkt (a).

Bestimmung des Differenzprojekts

		Tick	Tack	Differenz
A_0		200.000	70.000	130.000
R_T		150.000	40.000	110.000
Kosten zu $t =$	1	$500 \cdot 115 + 3.000 = 60.500$	$510 \cdot 130 + 6.000 = 72.300$	11.800
	2	$510 \cdot 115 + 3.000 = 61.650$	$530 \cdot 130 + 6.000 = 74.900$	13.250
	3	$520 \cdot 115 + 3.000 = 62.800$	$560 \cdot 130 + 6.000 = 77.500$	14.700

(a1) Approximative Annuität

	Tick	Tack	Differenz
− Ø Kosten	−61.650	−74.900	+13.250
− Ø kalk. Abschreibung	−16.667	−10.000	−6.667
− Ø kalk. Zinsen	−1.833	−600	−1.233
$= Ann_{proxy}$	−80.150	−85.500	+5.350

Die approximative Annuität ist positiv, d.h. der durchschnittliche monatliche Verlust ist bei Modell Tick um 5.350,– niedriger als bei Modell Tack. Daher sollte die Entscheidung auf Tick fallen (Mußinvestition).

(a2) Exakte Annuität

$$K_0^{\text{Diff}} = -130.000 + \sum_{t=1}^{3} \frac{C_t^{\text{Diff}}}{1,01^t} + \frac{110.000}{1,01^3}$$

$$= +15.704,69$$

$$\Rightarrow Ann^{\text{Diff}} = 15.704,68 \cdot \frac{1,01^3 \cdot 0,01}{1,01^3 - 1}$$

$$= +5.339,94$$

Wie bei der approximativen sollte auch nach der exakten Annuität Modell Tick gewählt werden.

(b) Vergleich der Methoden

Die exakte Annuität bietet den Vorteil, daß die Zeitpunkte, zu denen die Zahlungen anfallen, genau berücksichtigt werden (dynamisches Verfahren) und man nicht mit Durchschnittswerten rechnet. Als Nachteil ist die aufwendigere Berechnung zu nennen.
Die approximative Annuität liefert v.a. dann akzeptable Ergebnisse, wenn die Zahlungen im Zeitablauf nicht zu stark schwanken, da ja nur Mittelwerte verwendet werden (statisches Verfahren). Da dies im Beispiel der Fall ist, unterscheidet sich die Lösung nur unwesentlich von jener der exakten Annuität. Allgemein ist aber den dynamischen Verfahren der Vorzug zu geben.

Aufgabe 4.2

Die Fastfood–Kette HamWürger plant die Anschaffung einer zusätzlichen Fleischlaibchen–Formmaschine. Für diese Maschine sind folgende Daten bekannt:

Anschaffungsauszahlungen:	*70.000,–*
Restwert nach 5 Jahren Nutzungsdauer:	*8.000,–*
jährliche Wartungs– und Reinigungszahlungen:	*2.000,–*
jährliche Produktions– und Absatzmenge:	*20.000 Laibchen*
variabler Einzahlungsüberschuß je Laibchen:	*1,30*

HamWürger ist zu 70 % eigenfinanziert (Alternativrendite für das Eigenkapital: 15 % p.a. nach Steuern), der restliche Kapitalbedarf wird mit Fremdkapital bei einem Kapitalkostensatz von 10 % p.a. vor Steuern gedeckt. Der Gewinnsteuersatz beträgt 40 % p.a., es ist keine Reinvestition geplant.

Bewerten Sie das Investitionsprojekt

(a) mit Hilfe der approximativen Rendite

(b) mit Hilfe des Kapitalwerts nach der Bruttomethode

mit impliziter Berücksichtigung der Steuern und geben Sie jeweils eine Empfehlung ab, ob die Maschine angeschafft werden soll oder nicht.

(a) Approximative Rendite

Ø zusätzliche Erlöse	$20.000 \cdot 1,30$	=	26.000,–
Ø zusätzliche sonstige Kosten			2.000,–
Ø kalk. Abschreibung	$\frac{70.000-8.000}{5}$	=	12.400,–
Ø Kapitaleinsatz	$\frac{70.000+8.000+12.400}{2}$	=	45.200,–

$$p_{\text{proxy},G}^{\text{vorSt}} = \frac{26.000 - 2.000 - 12.400}{45.200}$$

$$= 25,66 \text{ \% p.a.}$$

$$k_G^{\text{vorSt}} = 0,7 \cdot \frac{0,15}{1-0,4} + 0,3 \cdot 0,1$$

$$= 20,5 \text{ \% p.a.}$$

Wegen $p_{\text{proxy},G}^{\text{vorSt}} > k_G^{\text{vorSt}}$ sollte das Projekt realisiert werden: Eine im Projekt gebundene Geldeinheit wächst stärker als eine alternativ veranlagte.

(b) Kapitalwert

Sowohl die Ein- als auch die Auszahlungen bleiben während der gesamten Nutzungsdauer konstant. Die Cash Flows vor Zinsen und Steuern betragen daher in jedem Jahr

$$C_t = 26.000 - 2.000$$
$$= 24.000, -.$$

Der Kapitalwert beträgt folglich

$$K_0 = -70.000 + \sum_{t=1}^{5} \frac{24.000}{1,205^t} + \frac{8.000}{1,205^5}$$
$$= 4.141,01,$$

und da er positiv ist, sollte das Investitionsprojekt realisiert werden.

Aufgabe 4.3

Die Einführung eines neuen Produkts erfordert die Anschaffung einer Maschine. Nach sorgfältiger Prüfung verschiedener Möglichkeiten stehen schließlich noch zwei Modelle zur Auswahl.

Maschine I erfordert eine Anschaffungsauszahlung von 80.000,-. Die erwarteten variablen Einzahlungsüberschüsse aus der Produktion pro Quartal sind für Maschine I wie folgt gegeben:

Quartal	1	2	3	4	5	6	7	8
var. Einzahlungs-überschuß	14.000	13.000	15.000	10.000	22.000	26.000	18.000	22.000

Es wird erwartet, daß für Maschine I fixe Wartungskosten von 1.250,- pro Quartal entstehen. Weiters fallen fixe Versicherungskosten in der Höhe von 240,- pro Quartal an. Am Ende der Nutzung kann Maschine I zu einem Restwert von 19.000,- verkauft werden.

Die entsprechenden Daten für Maschine II sind wie folgt gegeben: Die Anschaffungsauszahlungen und der Restwert sind gleich wie bei Maschine I. Die variablen Einzahlungsüberschüsse pro Quartal belaufen sich auf:

Quartal	1	2	3	4	5	6	7	8
var. Einzahlungs-überschuß	30.000	25.000	20.000	15.000	17.000	13.000	10.000	10.000

Die Wartung von Maschine II kostet 1.000,- pro Quartal, die Versicherungskosten betragen 190,- pro Quartal. Maschine II enthält einen besonders empfindlichen Teil, der im vierten Quartal ausgewechselt werden muß, um eine gleichbleibende Qualität des Produkts zu gewährleisten. Dadurch entstehen am Ende des vierten Quartals zusätzliche Auszahlungen von 2.400,-.

Wenn das neue Produkt eingeführt ist, muß mit entgehenden Einzahlungsüberschüssen aufgrund von Umsatzeinbußen in der Höhe von 1.500,- pro Quartal gerechnet werden. Der Kalkulationszinssatz vor Steuern sei 6 % p.a.

(a) *Berechnen Sie für beide Maschinen den durchschnittlichen Gewinn pro Quartal und den Kapitalwert.*

(b) *Gegeben Ihre Berechnungen, für welche Alternative würden Sie sich entscheiden? Wie erklären Sie sich die etwaigen Unterschiede zwischen den Ergebnissen der Berechnung von (a)?*

(a) Ermittlung des durchschnittlichen Gewinnes und des Kapitalwertes

$$k = \sqrt[4]{1,06} - 1$$
$$= 1,47 \text{ \% pro Quartal}$$

Cash Flows von Maschine I:

	1	2	3	4	5	6	7	8
Einzahlungsüberschüsse	14.000	13.000	15.000	10.000	22.000	26.000	18.000	22.000
− Umsatzeinbußen	-1.500	-1.500	-1.500	-1.500	-1.500	-1.500	-1.500	-1.500
− Wartung	-1.250	-1.250	-1.250	-1.250	-1.250	-1.250	-1.250	-1.250
− Versicherung	-240	-240	-240	-240	-240	-240	-240	-240
= Cash Flow	11.010	10.010	12.010	7.010	19.010	23.010	15.010	19.010

$$Ann_{\text{proxy}} = \underbrace{14.510}_{=\overline{C}} - \underbrace{\frac{80.000 - 19.000}{8}}_{\text{kalk. Abschreibung}} - 0,0147 \cdot \underbrace{\frac{80' + 19' + \frac{80'-19'}{8}}{2}}_{\text{kalk. Zinsen}}$$

$$= 6.102,7$$

$$K_0 = -80.000 + \sum_{t=1}^{8} \frac{C_t}{1,0147^t} + \frac{19.000}{1,0147^8}$$

$$= 44.825,48$$

$$(Ann = 44.825,48 \cdot \frac{(1+k)^8 \cdot k}{(1+k)^8 - 1} = 5.979,46)$$

Cash Flows von Maschine II:

	1	2	3	4	5	6	7	8
Einzahlungsüberschüsse	30.000	25.000	20.000	15.000	17.000	13.000	10.000	10.000
− Umsatzeinbußen	-1.500	-1.500	-1.500	-1.500	-1.500	-1.500	-1.500	-1.500
− Wartung	-1.000	-1.000	-1.000	-1.000	-1.000	-1.000	-1.000	-1.000
− Spezialteil				-2.400				
− Versicherung	-190	-190	-190	-190	-190	-190	-190	-190
= Cash Flow	27.310	22.310	17.310	9.910	14.310	10.310	7.310	7.310

$$Ann_{\text{proxy}} = \underbrace{14.510}_{=\overline{C}} - \underbrace{\frac{80.000 - 19.000}{8}}_{\text{kalk. Abschreibung}} - 0,0147 \cdot \underbrace{\frac{80' + 19' + \frac{80'-19'}{8}}{2}}_{\text{kalk. Zinsen}}$$

$$= 6.102,70$$

$$K_0 = -80.000 + \sum_{t=1}^{8} \frac{C_t}{1,0147^t} + \frac{19.000}{1,0147^8}$$

$$= 47.272,36$$

$$(Ann_{\text{exakt}} = 47.272,36 \cdot \frac{(1+k)^8 \cdot k}{(1+k)^8 - 1} = 6.305,86)$$

(b) Vergleich der Ergebnisse

Beide Maschinen weisen die gleichen durchschnittlichen Erlöse und Kosten auf, in der Folge ergibt sich für beide der gleiche durchschnittliche Gewinn (statisches Verfahren) — der Investor wäre somit indifferent, welche Alternative er wählen soll.
Da aber bei Maschine II während der ersten Quartale deutlich höhere Cash Flows anfallen als in den letzten, ist auch der Kapitalwert von Maschine II höher (dynamisches Verfahren) — der Investor sollte sich daher eindeutig für Maschine II entscheiden.

Da die dynamischen Verfahren exakter sind in dem Sinne, daß die zeitliche Struktur der Cash Flows berücksichtigt wird, sollten diese Verfahren auch bevorzugt werden. Die Entscheidung sollte daher zugunsten Maschine II fallen.

Aufgabe 4.4

Für eine Erweiterungsinvestition stehen zwei alternative Aggregate zur Auswahl:

	Aggregat I	Aggregat II
Anschaffungsauszahlungen	1.500.000,-	1.800.000,-
geplante Nutzungsdauer	2 Jahre	3 Jahre
nomineller Restwert am Ende der Nutzung	250.000,-	300.000,-
jährlicher zusätzlicher nomineller Cash Flow vor Zinsen und Steuern	900.000,-	750.000,-

Der gewichtete durchschnittliche Kapitalkostensatz vor Steuern beträgt 8 % p.a.

(a) *Welche Investitionsentscheidung ist nach der Kapitalwertmethode bzw. nach der exakten Annunitätenmethode zu treffen, falls*

   (a1) *das gewählte Investitionsprojekt nur einmal durchgeführt wird,*

   (a2) *das gewählte Investitionsprojekt und seine identischen Nachfolger dem Unternehmen für insgesamt 6 Jahre zur Verfügung stehen sollen,*

   (a3) *das gewählte Investitionsprojekt unendlich oft identisch reinvestiert wird?*

(b) *Ermitteln Sie für das Aggregat I*

   (b1) *die approximative Gewinnannuität,*

   (b2) *die approximative Rendite.*

(c) *Ermitteln Sie für das Aggregat I die Gleichung zur Bestimmung des Internen Zinsfußes.*

(d) *Stellen Sie allgemein die Kapitalwertmethode und die Methode des Internen Zinsfußes kritisch gegenüber.*

(a) Dynamische Bewertungsmethoden

Der Kapitalwert von Aggregat I beträgt bei einmaliger Durchführung

$$K_0^I = -1.500.000 + \frac{900.000}{1,08^1} + \frac{900.000 + 250.000}{1,08^2}$$

$$= 319.272,98.$$

Daraus ergeben sich die Kettenkapitalwerte

$$KK_0^{I,6 \text{ Jahre}} = 319.272,98 \cdot \frac{1,08^{3\cdot2} - 1}{1,08^{2\cdot2} \cdot (1,08^2 - 1)}$$

$$= 827.673,26$$

$$KK_0^{I,\infty} = 319.272,98 \cdot \frac{1,08^2}{1,08^2 - 1}$$

$$= 2.237.980,77$$

Der Kapitalwert von Aggregat II beträgt bei einmaliger Durchführung

$$K_0^{II} = -1.800.000 + \frac{750.000}{1,08^1} + \frac{750.000}{1,08^2} + \frac{750.000 + 300.000}{1,08^3}$$

$$= 370.972,41.$$

Daraus ergeben sich die Kettenkapitalwerte

$$KK_0^{II,6 \text{ Jahre}} = 370.972,41 \cdot \frac{1,08^{2\cdot3} - 1}{1,08^{1\cdot3} \cdot (1,08^3 - 1)}$$

$$= 665.462,27$$

$$KK_0^{II,\infty} = 370.972,41 \cdot \frac{1,08^3}{1,08^3 - 1}$$

$$= 1.799.371,61$$

Damit die Annuitäten der beiden Aggregate verglichen werden können, ist bei einmaliger Durchführung für Aggregat I die modifizierte Annuität zu ermitteln:

$$Ann^{I,\text{mod}} = 319.272,98 \cdot \frac{1,08^3 \cdot 0,08}{1,08^3 - 1}$$

$$= 123.888,62.$$

Für die Annuitäten mit einer Gesamtproduktionsdauer von 6 Jahren gilt $Ann = KK_0 \cdot \frac{1,08^{(m+1)\cdot T} \cdot 0,08}{1,08^{(m+1)\cdot T} - 1}$ (Aggregat I: $m = 2$, $T = 2$; Aggregat II: $m = 1$, $T = 3$). Für die Annuitäten mit unendlicher Laufzeit gilt $Ann = KK_0^\infty \cdot 0,08$. Zusammengefaßt erhält man daher folgende Ergebnisse:

		Aggregat I	Aggregat II	Entscheidung
einmalig	K_0	319.272,98	370.972,41	Aggr. II
	Ann, Ann^{mod}	123.888,62	143.949,73	Aggr. II
6 Jahre	KK_0	827.673,26	665.462,27	Aggr. I
	Ann	179.038,46	143.949,73	Aggr. I
unendlich	KK_0^∞	2.237.980,77	1.799.371,61	Aggr. I
	Ann	179.038,46	143.949,73	Aggr. I

(b) Statische Bewertungsmethoden

Anmerkung: Da Aggregat I hier nicht mit Aggregat II verglichen werden soll, braucht keine Modifikation vorgenommen werden und ist als Laufzeit die tatsächliche Nutzungsdauer von zwei Jahren zu verwenden.

(b1) Durchschnittlicher Gewinn:

+ Ø zusätzliche Cash Flows		900.000,-
− Ø kalk. Abschreibung	$\frac{1.500.000-250.000}{2}$	= 625.000,-
− Ø kalk. Zinsen	$0,08 \cdot \frac{1.500'+250'+625'}{2}$	= 95.000,-
= Ann_{proxy}		180.000,-

(b2) Durchschnittliche Verzinsung:

$$p_{proxy} = \frac{900.000 - 625.000}{1.187.500}$$
$$= 23,1578 \text{ \% p.a.}$$

Alternative Berechnungsmethode mit Hilfe des durchschnittlichen Gewinnes:

$$p_{proxy} = 0,08 + \frac{180.000}{1.187.500}$$
$$= 23,1578 \text{ \% p.a.}$$

(c) Interner Zinsfuß

$$0 = -1.500.000 + \frac{900.000}{(1+p)^1} + \frac{900.000 + 250.000}{(1+p)^2}$$
$$0 = -1.500.000 \cdot (1+p)^2 + 900.000 \cdot (1+p) + 1.150.000$$
$$0 = 30 \cdot p^2 + 42 \cdot p - 11$$
$$\Rightarrow p = \frac{-42 \pm \sqrt{42^2 + 4 \cdot 30 \cdot 11}}{2 \cdot 30}$$
$$= \frac{-42 \pm \sqrt{3.084}}{60} = \begin{cases} 0,225563 \\ -1,625563 \end{cases}$$

Der Interne Zinsfuß beträgt somit 22,5563 % p.a.; die zweite Lösung kann als sinnlos verworfen werden.

(d) Kritische Betrachtung dynamischer Verfahren

Bei der Kapitalwertmethode wird unterstellt, daß sämtliche Zahlungen zum Kalkulationszinssatz k angelegt werden können. Da nun der Barwert der zukünftigen Zahlungen besagt, welchen Betrag man heute zu diesem Zinssatz k anlegen müßte, um die gleichen Zahlungsströme (= Cash Flows und Restwert) simulieren zu können, drückt der Nettobarwert (=Kapitalwert) aus, um wie viel mehr ($K_0 > 0$) oder weniger ($K_0 < 0$) die zukünftigen Zahlungen dem Investor wert sind als die tatsächlich notwendigen Anschaffungsauszahlungen.

Bei der Methode des Internen Zinsfußes hingegen wird jener Kalkulationszinssatz gesucht, zu dem man die Anschaffungsauszahlungen anlegen müßte, um zu den gleichen Zahlungsströmen wie jene des Projektes zu kommen.

Die Methode des Internen Zinsfußes weist allerdings vor allem vier schwerwiegende Nachteile auf: Zum einen wird implizit unterstellt, daß sämtliche während der Laufzeit anfallenden Zahlungen zu diesem Internen Zinsfuß p angelegt werden können („Wiederveranlagungsprämisse"). Dies ist in der Praxis meist nicht möglich. Die Gleichung für den Internen Zinsfuß hat oftmals mehrere Lösungen, von denen mehr als eine ein sinnvolles Ergebnis darstellen kann. Weiters kann nicht gesagt werden, ob es sich um einen Soll- oder einen Habenzinssatz handelt, falls die einzelnen Cash Flows unterschiedliche Vorzeichen haben. Und schließlich wird beim Vergleich von Alternativen nicht hinreichend berücksichtigt, daß die Projekte unterschiedlich hohe Anschaffungsauszahlungen erfordern und der Differenzbetrag (ebenso wie die Cash Flows) nur zur Alternativrendite angelegt werden können.

Die Kapitalwertmethode ist daher prinzipiell der Methode des Internen Zinsfußes vorzuziehen.

Aufgabe 4.5

Am 1. Jänner 1996 steht die Fun–AG vor der Entscheidung, Frisbees in ihr Produktionsprogramm aufzunehmen. Um die Absatzchancen für dieses neue Produkt zu ermitteln, hat die Fun–AG bereits im Vorjahr eine Marktuntersuchung um 100.000,– in Auftrag gegeben. Die Bezahlung dieser Studie erfolgte am 1. Oktober 1995. Als Ergebnis dieser Studie kann mit einem jährlichen Absatz von 10.000 Frisbees zu je 100,– gerechnet werden.

Zur Herstellung von Frisbees benötigt die Unternehmung ein neues Spezialaggregat (Gummipreßmaschine). Am 1. Jänner 1996 liegen der Unternehmung die Anbote von zwei Maschinenfabriken vor

	Maschine A	*Maschine B*
Anschaffungsauszahlungen	*500.000,–*	*600.000,–*
geplante Nutzungsdauer	*3 Jahre*	*4 Jahre*
Restwert	*50.000,–*	*12.000,–*
variable Auszahlungen je Stück	*50,–*	*45,–*
fixe Auszahlungen pro Jahr	*120.000,–*	*200.000,–*

Dabei ist zu beachten, daß Maschine A sofort und Maschine B erst in einem Jahr geliefert und in Betrieb genommen werden kann. Es ist geplant, bei Beendigung der Nutzung der Gummipreßmaschine keine Nachfolgeaggregate anzuschaffen. Um auf unerwartet hohe Nachfragemengen nach Frisbees sofort durch Produktionserhöhungen reagieren zu können, plant die Unternehmung bei Durchführung des gewählten Projekts einen Sicherheitsbestand vom Rohstoff Gummi im Wert von 30.000,– anzulegen. Nach Beendigung der Nutzung des gewählten Aggregats kann dieser Sicherheitsbestand zum Einstandspreis veräußert werden. Dem gewählten Projekt kann ein Kredit nicht zugerechnet werden. Die Unternehmung ist bestrebt, den jetzigen Verschuldungsgrad der Unternehmung in der Höhe von 70 % auch in Zukunft beizubehalten. Die Effektivverzinsung des Fremdkapitals ist 7 % p.a. vor Steuern und der Kapitalkostensatz für das Eigenkapital beträgt 14 % p.a. nach Steuern. Der Gewinnsteuersatz ist 40 %. Verwenden Sie bei der Bearbeitung der folgenden Aufgabestellungen die Bruttomethode mit impliziter Berücksichtigung der Steuern.

(a) *Ermitteln Sie die relevanten Cash Flows vor Zinsen und Steuern für die Beurteilung der Investitionsprojekte.*

(b) *Ermitteln Sie anhand des durchschnittlichen Gewinns die Break even–Menge für Maschine B.*

(c) *Ermitteln Sie die exakte Annuität für Maschine B und teilen Sie diese in die drei Bestandteile*

- *durchschnittliche laufende Cash Flows,*
- *jährliche kalkulatorische Abschreibungen und*
- *jährliche kalkulatorische Zinsen*

auf.

(d) *Treffen Sie eine Investitionsentscheidung zwischen den beiden alternativen Maschinen nach der Annuitätenmethode.*

(a) Relevante Zahlungen

Maschine A:

	0	1	2	3
A_0 / R_T	−500.000			50.000
Sicherheitsbestand	−30.000			30.000
Einzahlungen		1.000.000	1.000.000	1.000.000
fixe Auszahlungen		−120.000	−120.000	−120.000
var. Auszahlungen		−500.000	−500.000	−500.000
C_t		380.000	380.000	380.000
A_0, SB, R_T	−530.000			80.000

Maschine B:

	0	1	2	3	4	5
A_0 / R_T	−600.000					12.000
Sicherheitsbestand	−30.000					30.000
Einzahlungen			1.000.000	1.000.000	1.000.000	1.000.000
fixe Auszahlungen			−200.000	−200.000	−200.000	−200.000
var. Auszahlungen			−450.000	−450.000	−450.000	−450.000
C_t			350.000	350.000	350.000	350.000
A_0, SB, R_T	−630.000					42.000

$$k_G^{vorSt} = (1 - 0,7) \cdot \frac{0,14}{1 - 0,4} + 0,7 \cdot 0,07$$
$$= 11,99\,\%$$

(b) Break even–Menge für Maschine B

$$x_{BE} = \frac{\overline{C}_f + \text{kalk. Abschreibung} + \text{kalk. Zinsen}}{\overline{p} - \overline{c}_v}$$
$$= \frac{200.000 + \frac{630.000 - 42.000}{4} + 0,119 \cdot \frac{630.000 + 42.000 + \frac{630.000 - 42.000}{4}}{2}}{100 - 45}$$
$$= \frac{200.000 + 147.000 + 48.731}{55} = 7.195,10$$

(c) Aufspaltung der Annuität von Maschine B

Behandelt man den Sicherheitsbestand SB analog zu den Anschaffungsauszahlungen bzw. zum Restwert, dann gilt

$$K_0 = \left(-A_0 - SB + \frac{R_T + SB}{(1 + k_G^{\text{vorSt}})^T}\right) + \left(\sum_{t=1}^{T} \frac{C_t}{(1 + k_G^{\text{vorSt}})^T}\right)$$

$$\Rightarrow Ann = \underbrace{\left(-A_0 - SB + \frac{R_T + SB}{(1 + k_G^{\text{vorSt}})^T}\right) \cdot AF_{k_G^{\text{vorSt}},T}}_{=\text{durchschnittlicher Kapitaldienst}} + \underbrace{\left(\sum_{t=1}^{T} \frac{C_t}{(1 + k_G^{\text{vorSt}})^T}\right) \cdot AF_{k_G^{\text{vorSt}},T}}_{=\overline{C}}$$

$$= \left(-603.212,70 \cdot \frac{1,119^4 \cdot 0,119}{1,119^4 - 1}\right) + \left(1.065.315,11 \cdot \frac{1,119^4 \cdot 0,119}{1,119^4 - 1}\right)$$

$$= -198.180,28 + 350.000$$

$$= 151.820,72$$

	1	2	3	4
kalkulatorischer Wert der Anlage zu Periodenbeginn	630.000	506.790	368.917	214.638
gesamte Annuität	151.820	151.820	151.820	151.820
davon CF	350.000	350.000	350.000	350.000
davon kalk. Zinsen	−74.970	−60.308	−43.901	−25.542
davon kalk. Abschreibung	−123.210	−137.872	−154.279	−172.638

Am Ende der letzten Periode beträgt der Wert der Anlage genau $214.638 - 172.638 = 42.000,-$, was genau dem Restwert plus den Wert des Sicherheitsbestands entspricht.

(d) Investitionsentscheidung

Berücksichtigt man die unterschiedlichen Beginnzeitpunkte und die unterschiedlich langen Laufzeiten, dann ergibt sich für Maschine A die modifizierte Annuität aus

$$Ann_A^{\text{mod}} = \left(-530.000 + \frac{380.000}{1,119^1} + \frac{380.000}{1,119^2} + \frac{460.000}{1,119^3}\right) \cdot \frac{1,119^5 \cdot 0,119}{1,119^5 - 1}$$

$$= 441.361,77 \cdot \frac{1,119^5 \cdot 0,119}{1,119^5 - 1}$$

$$= 122.134,88$$

und für Maschine B aus

$$Ann_B^{\text{mod}} = \frac{462.102,41}{1,119} \cdot \frac{1,119^5 \cdot 0,119}{1,119^5 - 1}$$

$$= 114.275,50.$$

Aufgrund der größeren positiven Annuität sollte Maschine A gewählt werden.

Aufgabe 4.6

Zur Erweiterung Ihrer Produktpalette plant die FUN–GmbH die Herstellung von Frisbees, von denen ein jährlicher Absatz von 1.000 Stück erwartet werden kann. Zur Fertigung des neuen Produkts stehen zwei alternative Plastikpreßmaschinen zur Auswahl:

	Maschine A	Maschine B
Anschaffungspreis	130.000,–	165.000,–
geplante Nutzungsdauer	3 Jahre	4 Jahre
realer Restwert am Ende der Nutzung	10.000,–	12.000,–

Es wird damit gerechnet, daß sowohl die Anschaffungspreise als auch die Restwerte beider Maschinen jährlich mit der Inflationsrate steigen werden. Der aktuelle Verkaufspreis beträgt 120,– je Stück und es ist geplant, den Verkaufspreis jährlich an die Inflationsrate anzupassen. Sowohl die variablen Auszahlungen je Stück als auch die fixen Auszahlungen je Periode werden bei beiden Maschinen in gleicher Höhe vermutet und man rechnet zu t = 0 mit variablen Auszahlungen je Stück in der Höhe von 50,– sowie mit fixen Auszahlungen in der Höhe von 10.000,–. Es wird erwartet, daß beide Auszahlungsarten jährlich mit der Inflationsrate steigen werden.

Die bilanzielle Abschreibung erfolgt linear über die geplante Nutzungsdauer und der Gewinnsteuersatz beträgt 40 %. Der geplante Verschuldungsgrad beträgt 60 %, und die nominellen Kapitalkostensätze sind für das Fremdkapital 10 % p.a. vor Steuern und für das Eigenkapital 20 % p.a. nach Steuern. Es wird mit einer jährlichen Inflationsrate in der Höhe von 3 % gerechnet.

(a) *Bestimmen Sie für die Maschine A die approximative (reale) Rendite.*

(b) *Bestimmen Sie für die Maschine A mit Hilfe der approximativen Annuität die Break even–Menge (Gewinnschwelle).*

(c) *Bestimmen Sie die optimale Investitionsentscheidung mit Hilfe*

  – *des Kapitalwerts*
  – *der exakten Annuität*

nach der Bruttomethode bei impliziter Berücksichtigung der Steuern, falls

(c1) *das gewählte Invesititionsprojekt nur einmal durchgeführt werden soll,*

(c2) *das gewählte Investitionsprojekt unendlich oft durchgeführt werden soll,*

(c3) *das gewählte Investitionsprojekt und seine Nachfolger insgesamt 12 Jahre zur Verfügung stehen sollen.*

(a) Approximative Rendite

Reale Zahlungen für Maschine A:

	1	2	3
C_t^{real}	60.000	60.000	60.000
R_T^{real}			10.000

$$p_{proxy}^{real} = \frac{60.000 - \frac{130.000 - 10.000}{3}}{\frac{1}{2} \cdot \left(130.000 + 10.000 + \frac{130.000 - 10.000}{3}\right)}$$

$$= 22,2 \% \text{ p.a.}$$

(b) Break even–Menge

$$k_G^{vorSt,nom} = 0,6 \cdot 0,1 + 0,4 \cdot \frac{0,2}{0,6}$$

$$= 19,3 \% \text{ p.a.}$$

$$k_G^{vorSt,real} = \frac{1,193}{1,03} - 1$$

$$= 15,8576 \% \text{ p.a.}$$

$$x_{BE} = \frac{\overline{C}_f + \frac{A_0 - R_T}{T} + k \cdot \frac{A_0 + R_T + \frac{A_0 - R_T}{T}}{2}}{\overline{p} - \overline{c}_v}$$

$$= \frac{10.000 + 40.000 + 0,158576 \cdot \frac{130.000 + 10.000 + 40.000}{2}}{70}$$

$$= 918,17$$

(c) Investitionsentscheidung

(c1) Einmalige Investition

$$K_0^A = -130.000 + \sum_{t=1}^{3} \frac{60.000}{1,158576^t} + \frac{10.000}{1,158576^3}$$

$$= 11.498,75$$

$$Ann^{mod,A} = 11.498,75 \cdot \frac{(1+k)^4 \cdot k}{(1+k)^4 - 1}$$

$$= 4.097,69$$

$$K_0^B = -165.000 + \sum_{t=1}^{4} \frac{60.000}{1,158576^t} + \frac{12.000}{1,158576^4}$$

$$= 10.029,34$$

$$Ann^B = 10.029,34 \cdot \frac{(1+k)^4 \cdot k}{(1+k)^4 - 1}$$

$$= 3.574,05$$

(c2) Unendliche Reinvestition

$$KK_0^{A,\infty} = 11.498,75 \cdot \frac{(1+k)^3}{(1+k)^3 - 1}$$

$$= 32.211,44$$

$$Ann^A = 32.211,44 \cdot k$$

$$= 5.107,96$$

$$KK_0^{B,\infty} = 10.029,34 \cdot \frac{(1+k)^4}{(1+k)^4 - 1}$$

$$= 22.538,41$$

$$Ann^B = 22.538,41 \cdot k$$

$$= 3.574,05$$

(c3) Produktion über 12 Jahre

$$KK_0^A = 11.498,75 \cdot \frac{(1+k)^{4\cdot3} - 1}{(1+k)^{3\cdot3} \cdot ((1+k)^3 - 1)}$$

$$= 26.704,44$$

$$Ann^A = 26.704,44 \cdot \frac{(1+k)^{12} \cdot k}{(1+k)^{12} - 1}$$

$$= 5.107,96$$

$$K_0^B = 10.029,34 \cdot \frac{(1+k)^{3\cdot4} - 1}{(1+k)^{2\cdot4} \cdot ((1+k)^4 - 1)}$$

$$= 18.685,14$$

$$Ann^B = 18.685,14 \cdot \frac{(1+k)^{12} \cdot k}{(1+k)^{12} - 1}$$

$$= 3.574,05$$

		Maschine A	Maschine B	Entscheidung
einmalig	K_0	11.498,75	10.029,34	Maschine A
	Ann	4.097,69	3.574,05	Maschine A
unendlich	KK_0^∞	32.211,44	22.538,41	Maschine A
	Ann	5.107,96	3.574,05	Maschine A
12 Jahre	KK_0	26.704,44	18.685,14	Maschine A
	Ann	5.107,96	3.574,05	Maschine A

Aufgabe 4.7

Eine Floridsdorfer IBW–Absolventin möchte nach dem ersten Jahr im Berufsleben ein Auto der Marke Dröhnoh Swingo erwerben. Über ein Inserat eines Autohändlers in der „Großen Zeitung" vom 5. Juni 1996 werden ihr neben dem Barkauf zwei weitere Finanzierungsvarianten, nämlich Leasing mit Anzahlung und Leasing ohne Anzahlung, angeboten. Konkret finden sich neben einem überwältigenden Photo des Fahrzeugs u.a. folgende Angaben:

Die Null–Finanzierung macht's möglich: Leasingpreis = Kaufpreis!

Leasing kostet mehr Geld? Nicht bei uns! Wenn Sie jetzt einen Swingo leasen, zahlen Sie gegenüber dem Kaufpreis genau null Schilling mehr! Ob Sie eine Anzahlung geben oder nicht, spielt dabei keine Rolle. So macht der Swingo die Welt erst richtig rund...

	Kaufpreis	Anzahlung	Monatsmiete	Restwert	Leasingpreis
Variante I	128.200,–	42.240,–	24 Mieten à 890,–	64.600,–	128.200,–
Variante II	128.200,–	0,–	24 Mieten à 2.650,–	64.600,–	128.200,–

Die Ersparnisse der Absolventin, die zu 5 % p.a. festverzinslich veranlagt sind, wären ausreichend, um das Auto bar zu kaufen. Jedoch überlegt die Absolventin, ob nicht etwa eines der beiden Leasingangebote vorteilhafter als der Barkauf wäre.

(a) Ermitteln Sie sowohl anhand der durchschnittlichen Verzinsungen als auch anhand der Kapitalwerte für folgende Fälle die jeweils optimale Finanzierungsvariante:

   (a1) Bei Barzahlung wird kein Rabatt gewährt.

   (a2) Bei Barzahlung wird ein Rabatt in der Höhe von 10 % des Kaufpreises gewährt.

(b) Wie viel Rabatt muß der Händler mindestens gewähren, damit sich die IBW–Absolventin für die Barzahlung entscheidet, falls sie ihre Entscheidung anhand des Kapitalwerts trifft und bei der Leasing–Alternative keine Anzahlung leisten würde?

Anmerkung: Nach Ende der Leasingdauer von 2 Jahren geht gegen Zahlung des Restwerts das Eigentum vom Leasinggeber an den Leasingnehmer über.

Lösung

Bei den folgenden Lösungen wird davon ausgegangen, daß der Wert des Wagens genau seinem Listenpreis von 128.200,– entspricht.

(a1) Optimale Finanzierungsvariante ohne Rabatt beim Barkauf

$$i = \sqrt[12]{1 + 0,05} - 1$$
$$= 0,004074 \text{ p.m.}$$

Die Kapitalwerte der einzelnen Finanzierungsvarianten ergeben sich als:

$$K_0^{\text{Barkauf}} = 128.200 - 128.200$$
$$= 0$$

$$K_0^{\text{Leasing I}} = 128.200 - 42.240 - 890 \cdot RBF_{i,24} - \frac{64.600}{(1+i)^{24}}$$
$$= 7.056,31$$

$$K_0^{\text{Leasing II}} = 128.200 - 2.650 \cdot RBF_{i,24} - \frac{64.600}{(1+i)^{24}}$$
$$= 9.133,54$$

Da bei der Leasingvariante ohne Anzahlung der Kapitalwert am größten ist, entschließt sich die Studentin für diese Variante.

Die approximativen Renditen der Finanzierungsvarianten ergeben sich als:

$$p_{proxy}^{Barkauf} = 0,00 \ \% \ p.m.$$

$$p_{proxy}^{Leasing \ I} = \frac{890 - \frac{(128.200 - 42.240) - 64.600}{24}}{0,50 \cdot \left((128.200 - 42.240) + 64.600 + \frac{(128.200 - 42.240) - 64.600}{24}\right)}$$

$$= 0,00 \ \% \ p.m.$$

$$p_{proxy}^{Leasing \ II} = \frac{2.650 - \frac{128.200 - 64.600}{24}}{0,50 \cdot \left(128.200 + 64.600 + \frac{128.200 - 64.600}{24}\right)}$$

$$= 0,00 \ \% \ p.m.$$

Anhand der approximativen Renditen kann in diesem Fall keine Investitionsentscheidung getroffen werden.

(a2) Optimale Finanzierungsvariante Rabatt beim Barkauf von 10 %

Wird beim Barkauf ein Rabatt von 10 % gewährt, ergibt sich der Kapitalwert für den Barkauf aus

$$K_0^{Barkauf} = -128.200 \cdot 0,90 + 128.200$$
$$= 12.280, -.$$

Da die Kapitalwerte der Leasingvarianten gleich bleiben und der Kapitalwert des Barkaufs größer als beide Kapitalwerte der Leasingvarianten ist, ist die optimale Finanzierungsvariante der Barkauf.

Da die approximativen Renditen aller Finanzierungsvarianten gleich bleiben, kann auch in diesem Fall keine Entscheidung mit Hilfe der durchschnittlichen Verzinsung getroffen werden.

(b) Kritische Rabatthöhe

Falls mit r der Rabatt bezeichnet wird, so muß

$$\underbrace{9.133,54}_{=K_0^{Leasing \ II}} < \underbrace{-128.200 \cdot (1 - r) + 128.200}_{=K_0^{Barkauf}}$$

$$\Longleftrightarrow r > 7,1244 \ \%$$

gelten, damit sich die Studentin für den Barkauf entscheidet.

5 Ausgewählte Spezialgebiete der Finanzwirtschaft

5.1 Entscheidungen bei Kapitalknappheit

Aufgabe 5.1

Einem Investor stehen vier Investitionsprojekte mit folgenden konstanten Anschaffungsauszahlungen, Kapitalwerten bei sofortiger Investition und Einzahlungsüberschüssen vor Zinsen und Tilgung im ersten, zweiten und dritten Jahr der Nutzung zur Auswahl:

Projekt	Anschaffungs- auszahlung	Kapitalwert bei sofortiger Investition	Einzahlungsüberschüsse vor Zinsen und Tilgung im		
			1. Jahr	*2. Jahr*	*3. Jahr*
1	*450*	*45*	*35*	*19*	*100*
2	*300*	*38*	*100*	*33*	*50*
3	*200*	*20*	*80*	*88*	*70*
4	*300*	*18*	*20*	*20*	*233*

Die Projekte können zu den Zeitpunkten t = 0, 1, 2 oder 3 realisiert werden. Insgesamt kann jedes Projekt nur höchstens einmal durchgeführt werden. Im Zeitpunkt t = 0 stehen dem Investor 1.000,– zur Verfügung. Zu den anderen Zeitpunkten verfügt der Investor über die restlichen finanziellen Mitteln aus dem vorangegangenen Zeitpunkt (zuzüglich 13 % Verzinsung) sowie über die Einzahlungsüberschüsse von den in der Vergangenheit bereits realisierten Projekten. Außerdem können in jeder Periode zusätzlich bis 200,– Geldeinheiten Kredit aufgenommen werden, die in der nächsten Periode mit 14 % Zinsen zurückzuzahlen sind. Der Kalkulationszinsfuß beträgt 13 % p.a., Steuern können außer Ansatz gelassen werden.

Lösung

Bevor das eigentliche lineare Programm aufgestellt werden soll, sollen die einzelnen Variablen definiert und alle Nebenbedingungen formuliert werden.

- Ob das Projekt j zum Zeitpunkt t realisiert wird oder nicht, soll mit Hilfe der Binärvariablen $x_{t,j}$ entschieden werden, wobei der Wert 1 für Realisation steht und 0 für Nicht-Realisation. Für die Entscheidungsvariablen gilt daher:

$$x_{t,j} \in \{0,1\} \quad \text{für } t = 0, \dots, 3 \text{ und } j = 1, \dots, 4$$

- Jedes Projekt kann höchstens einmal realisiert werden. Dies bedeutet, daß für jedes Projekt j maximal ein $x_{t,j}$ (für $t = 0,\ldots,3$) den Wert eins annehmen kann, die verbleibenden drei müssen jeweils den Wert null annehmen. Addiert man daher für jedes Projekt j die Entscheidungsvariablen für die verschiedenen Zeitpunkte auf, darf die Summe maximal eins sein, also $\sum_{t=0}^{3} x_{t,j} \leq 1$:

$$x_{0,1} + x_{1,1} + x_{2,1} + x_{3,1} \leq 1$$
$$x_{0,2} + x_{1,2} + x_{2,2} + x_{3,2} \leq 1$$
$$x_{0,3} + x_{1,3} + x_{2,3} + x_{3,3} \leq 1$$
$$x_{0,4} + x_{1,4} + x_{2,4} + x_{3,4} \leq 1$$

- Neben dem Eigenkapital können zu den einzelnen Realisationszeitpunkten auch Kredite in der Höhe von maximal 200,– Geldeinheiten aufgenommen werden. Bezeichnet man mit Y_t das Kreditnominale (das gleichzeitig der Kreditauszahlungszahlungsbetrag ist), dann muß somit gelten

$$Y_t \leq 200 \quad \text{für } t = 0,\ldots,3.$$

Weiters ist zu beachten, daß das Nominale nicht negativ sein darf, also

$$Y_t \geq 0 \quad \text{für } t = 0,\ldots,3$$

- Schließlich sind noch die Budgetrestriktionen zu beachten, wobei periodenweise vorgegangen werden kann.

  – Zum Zeitpunkt $t = 0$ dürfen die gesamten Ausgaben nicht höher sein als 1.000,– zuzüglich eines allfälligen Kredites. Bezeichnet man mit $A_{0,j}$ die Anschaffungsauszahlungen von Projekt j zum Realisationszeitpunkt, dann muß somit gelten

$$\sum_{j=1}^{4} A_{0,j} \cdot x_{0,j} \leq 1.000 + Y_0.$$

In der Folge bleibt dem Investor ein „Restbetrag" in der Höhe von

$$R_0 = 1.000 + Y_0 - \sum_{j=1}^{4} A_{0,j} \cdot x_{0,j}, \qquad R_0 \geq 0$$

übrig, den er zu 13 % p.a. anlegen kann.

  – Zum Zeitpunkt $t = 1$ stehen dem Investor zur Verfügung (1) der zu $t = 0$ nicht ausgegebene, aufgezinste Restbetrag $R_0 \cdot 1,13$; (2) die Cash Flows der bereits zu $t = 0$ realisierten Projekte $\sum_{j=1}^{4} C_{1,j} \cdot x_{0,j}$; und (3) bei Bedarf ein neuer Kredit in Höhe von Y_1. Verringert wird das Budget allerdings um die Tilgung und Zinsen des „alten" Kredits, sofern ein solcher existiert, also um $Y_0 \cdot 1,14$. Insgesamt gilt daher

$$\sum_{j=1}^{4} A_{0,j} \cdot x_{1,j} \leq R_0 \cdot 1,13 + \sum_{j=1}^{4} C_{1,j} \cdot x_{0,j} + Y_1 - Y_0 \cdot 1,14.$$

Dem Investor bleibt daher ein Restbetrag von

$$R_1 = R_0 \cdot 1,13 + \sum_{j=1}^{4} C_{1,j} \cdot x_{0,j} + Y_1 - Y_0 \cdot 1,14 - \sum_{j=1}^{4} A_{0,j} \cdot x_{1,j}.$$

- Für die Budgetrestriktion zu $t = 2$ ist analog vorzugehen: Zur Verfügung stehen die aufgezinsten verbleibenden liquiden Mittel vom Beginn der Vorperiode zuzüglich der aktuellen Cash Flows aller bereits realisierten Projekte und eines allfälligen „neuen" Kredites abzüglich der Zahlungen für einen etwaigen „alten" Kredit:

$$\sum_{j=1}^{4} A_{0,j} \cdot x_{2,j} \leq R_1 \cdot 1,13 + Y_2 - Y_1 \cdot 1,14 + \sum_{t=0}^{1} \sum_{j=1}^{4} C_{2-t,j} \cdot x_{t,j}$$

$$\Rightarrow R_2 = R_1 \cdot 1,13 + Y_2 - Y_1 \cdot 1,14 + \sum_{t=0}^{1} \sum_{j=1}^{4} C_{2-t,j} \cdot x_{t,j} - \sum_{j=1}^{4} A_{0,j} \cdot x_{2,j}$$

- Budgetrestriktion zu $t = 3$:

$$\sum_{j=1}^{4} A_{0,j} \cdot x_{3,j} \leq R_2 \cdot 1,13 + Y_3 - Y_2 \cdot 1,14 + \sum_{t=0}^{2} \sum_{j=1}^{4} C_{3-t,j} \cdot x_{t,j}$$

Mit diesen Definitionen und Nebenbedingungen ausgestattet, kann das eigentliche lineare Programm formuliert werden: Man erhält den Kapitalwert sämtlicher Realisierungen, indem man die Einzelkapitalwerte $K_{0,j}$ mit der jeweiligen Entscheidungsvariable multipliziert und diese dann aufsummiert. Dabei ist jedoch zu beachten, daß sich die $K_{0,j}$ auf den Realisationszeitpunkt beziehen und daher für spätere Realisationen diskontiert werden müssen. Weiters sind die Barwerte der Zahlungen von den bzw. (jeweils eine Periode später) an die Fremdkapitalgeber (also $\sum_{t=0}^{3} \frac{Y_t}{1,13^t}$ bzw. $\sum_{t=1}^{4} \frac{Y_{t-1} \cdot 1,14}{1,13^t}$) zu berücksichtigen. Der Gesamtkapitalwert ergibt sich somit aus

$$K_0 = \sum_{t=0}^{3} \sum_{j=1}^{4} x_{t,j} \cdot \frac{K_{0,j} + Y_t}{1,13^t} - \frac{Y_t \cdot 1,14}{1,13^{t+1}}$$

$$= \sum_{t=0}^{3} \left(\sum_{j=1}^{4} x_{t,j} \cdot K_{0,j} + Y_t \cdot \left(1 - \frac{1,14}{1,13} \right) \right) \cdot \frac{1}{1,13^t}.$$

Das kapitalwertmaximierende binäre lineare Programm lautet daher

$$\max K_0 = 45 \cdot x_{0,1} + 38 \cdot x_{0,2} + 20 \cdot x_{0,3} + 18 \cdot x_{0,4} + Y_0 \cdot \left(1 - \frac{1,14}{1,13} \right)$$

$$+ \left(45 \cdot x_{1,1} + 38 \cdot x_{1,2} + 20 \cdot x_{1,3} + 18 \cdot x_{1,4} + Y_1 \cdot \left(1 - \frac{1,14}{1,13} \right) \right) \cdot \frac{1}{1,13}$$

$$+ \left(45 \cdot x_{2,1} + 38 \cdot x_{2,2} + 20 \cdot x_{2,3} + 18 \cdot x_{2,4} + Y_2 \cdot \left(1 - \frac{1,14}{1,13} \right) \right) \cdot \frac{1}{1,13^2}$$

$$+ \left(45 \cdot x_{3,1} + 38 \cdot x_{3,2} + 20 \cdot x_{3,3} + 18 \cdot x_{3,4} + Y_3 \cdot \left(1 - \frac{1,14}{1,13} \right) \right) \cdot \frac{1}{1,13^3}.$$

Aufgabe 5.2

Einem Investor stehen vier Investitionsprojekte mit folgenden konstanten Anschaffungsauszahlungen, Kapitalwerten bei sofortiger Investition und Einzahlungsüberschüssen nach Steuern im 1. und 2. Jahr der Nutzung zur Auswahl:

Projekt	Anschaffungs- auszahlungen	Kapitalwert bei sofortiger Investition	Einzahlungsüberschüsse nach Steuern im	
			1. Jahr der Nutzung	2. Jahr der Nutzung
1	300	20	35	40
2	700	38	180	100
3	500	22	50	80
4	200	18	30	30

(a) Die Projekte können zu den Zeitpunkten $t = 0$, 1 oder 2 realisiert werden. Insgesamt kann jedes Projekt nur höchstens einmal durchgeführt werden.

Zum Zeitpunkt $t = 0$ stehen 1.000,– zur Verfügung. Zu den anderen Zeitpunkten verfügt der Investor über die restlichen finanziellen Mitteln aus dem vorangegangenen Zeitpunkt (inkl. 10 % p.a. Verzinsung) sowie über die Einzahlungsüberschüsse nach Steuern von den in der Vergangenheit bereits realisierten Projekten. Der Kalkulationszinsfuß beträgt 10 % p.a. nach Steuern.

Erstellen Sie ein kapitalwertmaximierendes binäres lineares Programm.

(b) Unterstellen Sie, daß jedes Projekt nur zum Zeitpunkt $t = 0$ realisiert werden kann und bestimmen Sie das Investitionsprogramm

  – nach der Methode von Lorie und Savage,

  – nach der Methode mit den Kapitalwertraten,

falls das verfügbare Budget 1.000,– beträgt.

(a) Binäres lineares Programm

Das binäre lineare Programm lautet:

$$\max K_0 = 20 \cdot x_{0,1} + 38 \cdot x_{0,2} + 22 \cdot x_{0,3} + 18 \cdot x_{0,4}$$
$$+ (20 \cdot x_{1,1} + 38 \cdot x_{1,2} + 22 \cdot x_{1,3} + 18 \cdot x_{1,4}) \cdot \frac{1}{1,13}$$
$$+ (20 \cdot x_{2,1} + 38 \cdot x_{2,2} + 22 \cdot x_{2,3} + 18 \cdot x_{2,4}) \cdot \frac{1}{1,13^2}$$

unter den Nebenbedingungen

• Nur höchstens einmalige Realisation:

$$x_{0,1} + x_{1,1} + x_{2,1} \leq 1$$
$$x_{0,2} + x_{1,2} + x_{2,2} \leq 1$$
$$x_{0,3} + x_{1,3} + x_{2,3} \leq 1$$
$$x_{0,4} + x_{1,4} + x_{2,4} \leq 1$$

• Budgetrestriktion zu $t = 0$:

$$\sum_{j=1}^{4} A_{0,j} \cdot x_{0,j} \leq 1.000$$

- Budgetrestriktion zu $t = 1$:

$$\sum_{j=1}^{4} A_{0,j} \cdot x_{1,j} \leq \left[1.000 - \sum_{j=1}^{4} A_{0,j} \cdot x_{0,j}\right] \cdot 1,10$$

$$+ \sum_{j=1}^{4} C_{1,j} \cdot x_{0,j}$$

- Budgetrestriktion zu $t = 2$:

$$\sum_{j=1}^{4} A_{0,j} \cdot x_{2,j} \leq \left\{\left[1.000 - \sum_{j=1}^{4} A_{0,j} \cdot x_{0,j}\right] \cdot 1,10 + \sum_{j=1}^{4} C_{1,j} \cdot x_{0,j} - \sum_{j=1}^{4} A_{0,j} \cdot x_{1,j}\right\} \cdot 1,10$$

$$+ \sum_{j=1}^{4} C_{2,j} \cdot x_{0,j} + \sum_{j=1}^{4} C_{1,j} \cdot x_{1,j}$$

- Binärvariablen:

$$x_{tj} \in \{0,1\}, \quad \text{für } t = 0,1,3 \text{ und } j = 1,\dots,4$$

(b1) Investitionsprogramm zu $t = 0$ nach Lorie und Savage

Die modifizierten Kapitalwerte des Invesitionsprojekts j bei Kapitalknappheit

$$K_{0,j}^{\text{mod}} = K_{0,j} - \lambda \cdot A_{0,j}$$

sind in der folgenden Tabelle für ansteigende Werte von λ dargestellt. Für jene Projekte, die in jeder Stufe realisiert werden, sind die modifizierten Kapitalwerte _kursiv und unterstrichen_ dargestellt.

λ	1	2	3	4	$\sum x_j \cdot A_{0,j}$
0 %	_20_	_38_	_22_	_18_	1.700
2 %	_14_	_24_	_12_	_14_	1.700
5%	_5_	_9_	-3	_8_	1.200
5,5 %	_3,5_	-0,5	-5,5	_7_	500

Daraus folgt, daß die Projekte 1 und 4 wegen $x_1 = x_4 = 1$ durchgeführt werden und die Projekte 2 und 3 wegen $x_2 = x_3 = 0$ nicht realisiert werden. Der Kapitalwert beträgt

$$K_0 = \sum_{j=1}^{4} K_{0,j} \cdot x_j = 38, -.$$

(b2) Investitionsprogramm zu $t = 0$ mit Hilfe der Kapitalwertraten

Für die Projekte kommt man durch

$$KWR_j = \frac{K_{0,j}}{A_{0,j}}$$

zu folgenden Ergebnissen:

j	1	2	3	4
KWR_j	0,0666	0,0543	0,0440	0,0900
Reihung	2	3	4	1

j	$\sum x_j \cdot A_{0,j}$
4	200
4, 1	500 < 1000
4, 1, 2	1.200 > 1000

Der Kapitalwert beträgt daher wegen $x_1 = x_4 = 1$ und $x_2 = x_3 = 0$ ebenfalls

$$K_0 = \sum_{j=1}^{4} K_{0,j} \cdot x_j = 38.$$

5.2   Sensitivitätsanalyse

Aufgabe 5.3

Zeigen Sie im Rahmen einer Sensitivitätsanalyse bezüglich des Restwertes R_T, daß für die Kapitalwertmethode nach der Nettomethode bei expliziter Berücksichtigung der Steuern der kritische Restwert bei einmaliger Durchführung eines Projekts mit jenem bei

(a) m-maliger identischer

(b) unendlicher identischer

Reinvestition übereinstimmen.

Lösung

Der Kettenkapitalwert bei identischer Reinvestition kann ermittelt werden, indem der Kapitalwert einer einmaligen Durchführung mit dem entsprechenden Kettenfaktor multipliziert wird. Dieser Kapitalwert einer Durchführung ergibt sich gemäß der Nettomethode mit expliziter Berücksichtigung der Steuern aus

$$K_0 = \underbrace{-A_0 + Y_0 + \sum_{t=1}^{T} \frac{NCF_t - Y_t}{(1 + k_E^{nachSt})^t}}_{\equiv K_0^{oR}} + \frac{R_T - s \cdot (R_T - BW_T)}{(1 + k_E^{nachSt})^T},$$

wobei K_0^{oR} den Kapitalwert ohne Berücksichtigung des Restwertes ausdrückt. Den kritischen Restwert bei einmaliger Durchführung des Projekts erhält man, indem obige Gleichung null gesetzt und nach R_T aufgelöst wird:

$$K_0 = K_0^{oR} + \frac{R_T - s \cdot (R_T - BW_T)}{(1 + k_E^{nachSt})^T} = 0$$

$$\Rightarrow R_T = \frac{(1 + k_E^{nachSt})^T \cdot (-K_0^{oR}) - s \cdot BW_T}{(1 - s)}$$

(a) m–malige identischen Reinvestition

Für die Berechnung des kritischen Restwertes bei einer m–maligen identischen Reinvestition ist vom Kettenkapitalwert

$$KK_0^m = \underbrace{\left(K_0^{oR} + \frac{R_T - s \cdot (R_T - BW_T)}{(1 + k_E^{\text{nachSt}})^T} \right)}_{=K_0} \cdot \underbrace{\frac{(1 + k_E^{\text{nachSt}})^{(m+1)\cdot T} - 1}{[(1 + k_E^{\text{nachSt}})^T - 1] \cdot (1 + k_E^{\text{nachSt}})^{m \cdot T}}}_{\text{Kettenfaktor}\neq 0} \cdot$$

auszugehen. Den kritischen Restwert erhält man, indem der Kettenkapitalwert KK_0^m null gesetzt und nach R_T aufgelöst wird. Da aber der Kettenfaktor für plausible Werte der darin vorkommenden Parameter ($m \geq 0$, $k_E^{\text{nachSt}} \geq 0$, $T > 0$) immer positiv ist, wird der Kettenkapitalwert nur dann gleich null, wenn der Kapitalwert der einmaligen Durchführung gleich null ist:

$$KK_0^m = 0 \iff K_0 = 0.$$

Das Problem des kritischen Restwertes bei m–maliger indentischer Reinvestition ist somit gleich jenem bei einmaliger Investition, und man erhält als Ergebnis wiederum

$$R_T = \frac{(1 + k_E^{\text{nachSt}})^T \cdot (-K_0^{oR}) - s \cdot BW_T}{(1 - s)}$$

Der kritische Restwert ist somit nicht abhängig von der Anzahl der Reinvestitionen.

(b) Unendliche identischen Reinvestition

Für die Berechnung des kritischen Restwertes bei unendlicher identischer Reinvestition ist vom Kettenkapitalwert

$$KK_0^\infty = K_0 \cdot \underbrace{\frac{1}{1 - \frac{1}{(1 + k_E^{\text{nachSt}})^T}}}_{\neq 0}$$

auszugehen. Auch der unendliche Kettenfaktor wird für plausible Werte von k_E^{nachSt} und T immer positiv sein, und daraus folgt wiederum, daß die Ermittlung des kritischen Restwerts bei Reinvestitionen (jetzt unendlich vielen Wiederholungen) gleich ist der Bestimmung des kritischen Restwerts bei einer einzigen Durchführung:

$$KK_0^\infty = 0 \iff K_0 = 0$$
$$R_T = \frac{(1 + k_E^{\text{nachSt}})^T \cdot (-K_0^{oR}) - s \cdot BW_T}{(1 - s)}$$

Aufgabe 5.4

Berechnen Sie im Rahmen einer Sensitivitätsanalyse für den Kapitalwert nach der Nettomethode bei impliziter Berücksichtigung der Steuern das kritische Kreditnominale, falls

- *die Cash Flows konstant sind,*
- *der Kredit über Annunitäten getilgt wird und*

- *weder ein Rückzahlungsagio noch ein Auszahlungsdisagio zu berücksichtigen ist.*

Lösung

Die Zahlungen an die Eigenkapitalgeber vor Steuern ergeben sich aus den Cash Flows abzüglich der Zahlungen an die Fremdkapitalgeber. Da nun einerseits gemäß Angabe die Cash Flows konstant sind ($C_t = C$), zum anderen bei Annuitätenkrediten ohne Tilgungsfreijahre die Zahlungen an die Fremdkapitalgeber immer gleich der Annuität sind ($Z_t + Y_t = Ann = Nom \cdot AF_{i;T}$), stellen die Zahlungen an die Eigenkapitalgeber vor Steuern eine konstante nachschüssige Rente dar. Berücksichtigt man nun weiters die Anschaffungsauszahlungen, den Auszahlungsbetrag des Kredites (in der Höhe des Nominales, da kein Disagio anfällt) und den Restwert, dann ergibt sich der Kapitalwert aus

$$K_0 = -A_0 + Nom + [C - Nom \cdot AF_{i,T}] \cdot \underbrace{\sum_{t=1}^{T} \frac{1}{(1 + k_E^{\text{vorSt}})^t}}_{= RBF_{k_E^{\text{vorSt}},T}} + \frac{R_T}{(1 + k_E^{\text{vorSt}})^T}$$

$$= -A_0 + C \cdot RBF_{k_E^{\text{vorSt}},T} + \frac{R_T}{(1 + k_E^{\text{vorSt}})^T} + Nom \cdot \underbrace{\left(1 - AF_{i,T} \cdot RBF_{k_E^{\text{vorSt}},T} \right)}_{(*)}$$

Das kritische Kreditnominale erhält man nun, indem der Kapitalwert null gesetzt und nach dem Nominale aufgelöst wird:

$$Nom = \frac{A_0 - C \cdot RBF_{k_E^{\text{vorSt}},T} - \frac{R_T}{(1 + k_E^{\text{vorSt}})^T}}{1 - AF_{i,T} \cdot RBF_{k_E^{\text{vorSt}},T}}$$

Anmerkung: Bei diesem Ergebnis ist zu berücksichtigen, daß es sich i.a. um eine Untergrenze handelt: Fremdkapital ist i.a. „billiger" als Eigenkapital, da es risikolos ist; Eigenkapitalgeber hingegen erwarten zusätzlich eine Risikoprämie, weshalb sie einen höhere Kalkulationszinsfuß unterstellen ($k_E > i$). Geht man nun weiters (wie hier) vereinfachend davon aus, daß k_E unabhängig von der Höhe des Kredites ist, hängt der Kapitalwert linear von der Höhe des Nominales ab. Da aber nun Klammerausdruck (*) positiv ist,

$$1 - \underbrace{AF_{i,T}}_{= \frac{1}{RBF_{i,T}}} \cdot RBF_{k_E^{\text{vorSt}},T} = 1 - \frac{RBF_{k_E^{\text{vorSt}},T}}{RBF_{i,T}}$$

$$k_E^{\text{vorSt}} > i \iff RBF_{k_E^{\text{vorSt}},T} < RBF_{i,T} \iff \frac{RBF_{k_E^{\text{vorSt}},T}}{RBF_{i,T}} < 1$$

$$\Rightarrow 1 - \frac{RBF_{k_E^{\text{vorSt}},T}}{RBF_{i,T}} > 0,$$

steigt der Kapitalwert um $\frac{\partial K_0}{\partial Nom} = 1 - \frac{RBF_{k_E^{\text{vorSt}},T}}{RBF_{i,T}}$, wenn das Nominale um eine Geldeinheit erhöht wird.

Veränderungen im Kreditnominale bewirken aber, daß sich das Risiko der verbleibenden Zahlungen an die Eigenkapitalgeber ebenfalls ändert — und daher der Kalkulationszinsfuß der Eigenkapitalgeber entsprechend anzupassen ist. Es sollte daher bei der Interpretation des obigen Ergebnisses stets bedacht werden, daß von der vereinfachende Annahme eines konstanten k_E ausgegangen worden ist.

Aufgabe 5.5

Berechnen Sie im Rahmen einer Sensitivitätsanalyse für den Kapitalwert nach der Nettome-
thode mit impliziter Berücksichtigung der Steuern das kritische Kreditnominale, falls

- *die Cash Flows konstant sind,*

- *ein gesamtfälliger Kredit zu i % p.a. aufgenommen wird,*

- *weder eine Rückzahlungsagio noch ein Auszahlungsagio zu berücksichtigen sind und*

- *der Restwert null beträgt.*

Lösung

Da beim endfälligen Kredit das gesamte Nominale zu Ende der Laufzeit zurückbezahlt wird, fallen in den laufende Perioden lediglich die Zinszahlungen in Höhe von $i \cdot Nom$ an. Berücksichtigt man nun, daß weder Auszahlungsdisagio noch Rückzahlungsagio bezahlt werden muß ($Y_0 = Y_T = Nom$) und daß die Cash Flows konstant sind ($C_t = C$), dann ergeben sich die (konstanten) Zahlungen an die Eigenkapitalgeber vor Steuern in den einzelnen Periode aus $C_t - i \cdot Nom$. Berücksichtigt man weiters die Zahlungen unmittelbar zu Beginn des Projektes (also $-A_0 + Nom$) und die Tilgung des Kredits zum Zeitpunkt T, dann erhält man den Kapitalwert aus

$$K_0 = -A_0 + Nom + (C - Nom \cdot i) \cdot \underbrace{\sum_{t=1}^{T} \frac{1}{(1 + k_E^{\text{vorSt}})^t}}_{=RBF_{k_E^{\text{vorSt}},T}} - \frac{Nom}{(1 + k_E^{\text{vorSt}})^T}$$

$$= -A_0 + C \cdot RBF_{k_E^{\text{vorSt}},T} + Nom \cdot \left(1 - i \cdot RBF_{k_E^{\text{vorSt}},T} - \frac{1}{(1 + k_E^{\text{vorSt}})^T}\right).$$

Das kritische Kreditnominale erhält man, indem der Kapitalwert null gesetzt und nach dem Nominale aufgelöst wird:

$$Nom = \frac{A_0 - C \cdot RBF_{k_E^{\text{vorSt}},T}}{1 - i \cdot RBF_{k_E^{\text{vorSt}},T} - \frac{1}{(1+k_E^{\text{vorSt}})^T}}$$

Aufgabe 5.6

Berechnen Sie im Rahmen einer Sensitivitätsanalyse für den Kapitalwert nach der Nettome-
thode bei expliziter Berücksichtigung der Steuern das kritische Kreditnominale, falls

- *die Cash Flows konstant sind,*

- *die steuerliche Abschreibung über die Nutzungsdauer des Investititonsprojekts erfolgt,*

- *der Kredit mit einer jährlichen Nominalverzinsung von i aufgenommen wird,*

- *die Laufzeit des Kredits der Laufzeit des Investitionsprojekts entspricht,*

- *es sich bei dem Kredit um einen gesamtfälligen Kredit handelt,*

- *sowohl ein Auszahlungsdisagio als auch ein Rückzahlungsagio zu berücksichtigen sind (sowohl das Auszahlungsdisagio als auch das Rückzahlungsagio sind steuerlich absetzbar).*

Lösung

Unter den getroffenen Annahmen sind der Kreditauszahlungsbetrag $Y_0 = Nom \cdot (1 - d)$, die Zinsen $Z_t = i \cdot Nom$, die steuerlich berücksichtigbaren Kreditkosten $Z_t' = Z_t + \frac{a+d}{T} \cdot Nom = \left(i + \frac{a+d}{T}\right) \cdot Nom$ und die Tilgungszahlung inklusive Rückzahlungsagio $(1 + a) \cdot Nom$. Die Abschreibung beträgt jede Periode $AfA_t = \frac{A_0}{T}$, der Buchwert ist am Ende der Nutzung gleich null. Setzt man dies in die Gleichung für den Kapitalwert nach der Nettomethode mit expliziter Berücksichtigung der Steuern ein und berücksichtigt man weiters, daß die Cash Flows konstant sind, dann erhält man

$$K_0 = -A_0 + Nom \cdot (1 - d) + \sum_{t=1}^{T} \frac{C - i \cdot Nom - s \cdot \left(C - \left(i + \frac{a+d}{T}\right) \cdot Nom - \frac{A_0}{T}\right)}{\left(1 + k_E^{nachSt}\right)^t}$$

$$+ \frac{R_T \cdot (1 - s) - (1 + a) \cdot Nom}{\left(1 + k_E^{nachSt}\right)^T}$$

$$= \underbrace{-A_0 + \left(C - s \cdot \left(C - \frac{A_0}{T}\right)\right) \cdot RBF_{k_E^{nachSt},T}}_{=K_0^{ohne\ Kredit}}$$

$$+ Nom \cdot \left((1 - d) - \frac{1 + a}{\left(1 + k_E^{nachSt}\right)^T}\right) - Nom \cdot \left(i \cdot (1 - s) + s \cdot \frac{a+d}{T}\right) \cdot RBF_{k_E^{nachSt},T}$$

Das kritische Kreditnominale erhält man wiederum durch Nullsetzen der Kapitalwertgleichung und Auflösen nach der kritischen Variable:

$$Nom = \frac{K_0^{ohne\ Kredit}}{(1 - d) - \frac{1+a}{\left(1+k_E^{nachSt}\right)^T} - \left(i \cdot (1 - s) + s \cdot \frac{a+d}{T}\right) \cdot RBF_{k_E^{nachSt},T}}$$

Aufgabe 5.7

Berechnen Sie im Rahmen einer Sensitivitätsanalyse für den Kapitalwert nach der Nettomethode mit expliziter Berücksichtigung der Steuern den Effektivzinssatz für das Fremdkapital vor Steuern, falls

- *die erwarteten Cash Flows vor Zinsen und Steuern konstant sind,*

- *der erwartete Restwert null beträgt,*

- *die steuerliche Abschreibung linear über die geplante Nutzungsdauer erfolgt und*

- *ein endfälliger Kredit ohne Rückzahlungsagio und ohne Auszahlungsdisagio aufgenommen wird.*

Lösung

Unter den getroffenen Annahmen ergibt sich der Kapitalwert nach der Nettomethode mit expliziter Berücksichtigung der Steuern aus

$$K_0 = -A_0 + Nom + \sum_{t=1}^{T} \frac{C - i \cdot Nom - s \cdot \left(C - i \cdot Nom - \frac{A_0}{T}\right)}{\left(1 + k_E^{nachSt}\right)^t} - \frac{Nom}{\left(1 + k_E^{nachSt}\right)^T}$$

$$= -A_0 + \sum_{t=1}^{T} \frac{C - s \cdot \left(C - \frac{A_0}{T}\right)}{\left(1 + k_E^{nachSt}\right)^t} + Nom \cdot \left(1 - \frac{1}{\left(1 + k_E^{nachSt}\right)^T}\right) - \sum_{t=1}^{T} \frac{i \cdot Nom \cdot (1 - s)}{\left(1 + k_E^{nachSt}\right)^t}$$

$$= \underbrace{-A_0 + \left(C - s \cdot \left(C - \frac{A_0}{T}\right)\right) \cdot RBF_{k_E^{nachSt},T}}_{=K_0^{ohne\ Kredit}}$$

$$- Nom \cdot \left(1 - \frac{1}{\left(1 + k_E^{nachSt}\right)^T}\right) + i \cdot Nom \cdot (1 - s) \cdot RBF_{k_E^{nachSt},T}.$$

Setzt man den Kapitalwert gleich null und löst man diese Gleichung nach i auf, dann ergibt sich

$$i = \frac{K_0^{ohne\ Kredit} + Nom \cdot \left(1 - \frac{1}{\left(1 + k_E^{nachSt}\right)^T}\right)}{Nom \cdot (1 - s) \cdot RBF_{k_E^{nachSt},T}}$$

Aufgabe 5.8

Berechnen Sie im Rahmen einer Sensitivitätsanalyse für den Kapitalwert nach der Nettomethode bei impliziter Berücksichtigung der Steuern die kritische Nutzungsdauer, falls

- *die Cash Flows konstant sind,*

- *das Projekt vollständig fremdfinanziert wird,*

- *ein gesamtfälliger Kredit zu i % p.a. aufgenommen wird und*

- *weder ein Rückzahlungsagio noch ein Auszahlungsdisagio zu berücksichtigen ist.*

Lösung

Die laufenden Zahlungen an die Eigenkapitalgeber vor Steuern setzen sich zusammen aus den (konstanten) Cash Flows (C) und den (ebenfalls konstanten) Zinszahlungen ($i \cdot Nom$). Berücksichtigt man zusätzlich die sonstigen Zahlungen zum Zeitpunkt 0 ($A_0 = Y_0 = Nom$) und jene zum Ende der Laufzeit $(R_T, Y_T = Nom)$, dann ergibt sich der Kapitalwert nach der Nettomethode mit impliziter Berücksichtigung der Steuern aus

$$K_0 = \underbrace{-A_0 + Y_0}_{=0} + (C - Nom \cdot i) \cdot \underbrace{\sum_{t=1}^{T} \frac{1}{(1 + k_E^{vorSt})^t}}_{= RBF_{k_E^{vorSt},T}} + \frac{R_T - Nom}{(1 + k_E^{vorSt})^T}$$

$$= (C - Nom \cdot i) \cdot \frac{(1 + k_E^{vorSt})^T - 1}{(1 + k_E^{vorSt})^T \cdot k_E^{vorSt}} + \frac{R_T - Nom}{(1 + k_E^{vorSt})^T}.$$

Setzt man die letzte Gleichung gleich null und löst sie nach T auf, erhält man die kritische Nutzungsdauer:

$$T = \frac{\ln\left(\frac{Nom - R_T}{C - Nom \cdot i} \cdot k_E^{vorSt} + 1\right)}{\ln\left(1 + k_E^{vorSt}\right)}.$$

Aufgabe 5.9

Für ein Investitionsprojekt, bei dem

- *die steuerliche Nutzungsdauer gleich der erwarteten Nutzungsdauer ist,*
- *der erwartete Restwert gleich null beträgt und*
- *jährlich konstante Cash Flows vor Steuern erwartet werden,*

sei der Kapitalwert (ohne Investitionsbegünstigungen) nach der Bruttomethode mit expliziter Berücksichtigung der Steuern negativ.

Berechnen Sie im Rahmen einer Sensitivitätsanalyse für den Kapitalwert die kritische Höhe eines einmaligen Invesitionszuschusses, der

- *in $t = 0$ bezahlt und*
- *steuerlich erfolgsneutral behandelt wird.*

Lösung

Die erfolgsneutrale Behandlung des Investitionszuschusses bewirkt, daß sich bei der Steuerermittlung lediglich die *AfA* ändert; bei einer Abschreibungsdauer gleich der Nutzungsdauer beträgt sie jetzt

$$AfA_t = \frac{A_0 - ZS_0}{T},$$

wobei ZS_0 die Zuschußzahlung zum Zeitpunkt $t = 0$ bezeichnet. Bei konstanten Cash Flows betragen die Steuern aus dem operativen Bereich somit jede Periode

$$s \cdot \left(C - \frac{A_0 - ZS_0}{T}\right).$$

Während der Nutzungsdauer wird vollständig abgeschrieben, daher ist der Buchwert bei Veräußerung des Aggregats gleich null. Da nun auch der Restwert gleich null ist, ergibt sich der Kapitalwert nach der Bruttomethode mit expliziter Berücksichtigung der Steuern bei Zahlung eines Investitionszuschusses aus

$$K_0 = -A_0 + ZS_0 + \left(C - s \cdot \left(C - \frac{A_0 - ZS_0}{T} \right) \right) \cdot \underbrace{\sum_{t=1}^{T} \frac{1}{(1 + k_G^{\text{nachSt}})^t}}_{=RBF_{k_G^{\text{nachSt}},T}}$$

$$= \underbrace{-A_0 + \left(C - s \cdot \left(C - \frac{A_0}{T} \right) \right) \cdot RBF_{k_G^{\text{nachSt}},T}}_{=K_0^{\text{ohne Zuschuß}}} + ZS_0 \cdot \left(1 - s \cdot \frac{1}{T} \cdot RBF_{k_G^{\text{nachSt}},T} \right).$$

Die kritische Höhe des Investitionszuschusses erhält man, wenn der Kapitalwert null wird; es ergibt sich daher nach einigen Umformungen

$$ZS_0 = \frac{-K_0^{\text{ohne Zuschuß}}}{1 - s \cdot \frac{1}{T} \cdot RBF_{k_G^{\text{nachSt}},T}} = A_0 - \frac{(1 - s) \cdot C}{AF_{k_G^{\text{nachSt}},T} - \frac{s}{T}},$$

wobei $AF_{k_G^{\text{nachSt}},T} = \frac{1}{RBF_{k_G^{\text{nachSt}},T}}$.

Aufgabe 5.10

Für ein Investitionsprojekt, bei dem

- *die steuerliche Nutzungsdauer gleich der erwarteten Nutzungsdauer ist,*

- *der erwartete Restwert gleich null beträgt,*

- *jährlich konstante Cash Flows vor Steuern erwartet werden und*

- *ein endfälliger Kredit (ohne Auszahlungsdisagio, ohne Rückzahlungsagio) in Anspruch genommen wurde*

sei der Kapitalwert (ohne Investitionsbegünstigungen) nach der Nettomethode mit expliziter Berücksichtigung der Steuern negativ.

Nehmen Sie an, daß während der Laufzeit des Projekts ein Zinszuschuß in Ansatz gebracht werden kann und berechnen Sie im Rahmen einer Sensitivitätsanalyse für den Kapitalwert die kritische Höhe des Zinszuschusses.

Lösung

Erhält das Unternehmen keinen Zinszuschuß, dann haben bei konstanten Cash Flows C, bei konstanten Zinszahlungen $i \cdot Nom$ die Steuern eine Höhe von konstant $s \cdot (C - i \cdot Nom - \frac{A_0}{T})$. In weiterer Folge können auch die Net Cash Flows als konstante nachschüssige Rente betrachtet

werden. Berücksichtigt man weiters die Anschaffungsauszahlungen und den Kreditauszahlungsbetrag (hier das volle Nominale) zu Beginn des Projektes und die Tilgungszahlung (ebenfalls
genau das Nominale) zu dessen Ende, dann ergibt sich ein Kapitalwert ohne Zinszuschuß, K_0^{oZ}
von

$$K_0^{oZ} = -A_0 + Nom - \frac{Nom}{\left(1 + k_E^{\text{nachSt}}\right)^T}$$
$$+ \left(C - i \cdot Nom - s \cdot \left(C - i \cdot Nom - \frac{A_0}{T}\right)\right) \cdot RBF_{k_E^{\text{nachSt}},T}.$$

Falls nun zeitgleich mit den Zinszahlungen ein Zuschuß von $p \cdot Nom$ an die Eigenkapitalgeber
bezahlt wird, dann ergibt der entsprechende Kapitalwert, K_0^{mZ}, aus

$$K_0^{mZ} = -A_0 + Nom - \frac{Nom}{\left(1 + k_E^{\text{nachSt}}\right)^T}$$
$$+ \left(C + p \cdot Nom - i \cdot Nom - s \cdot \left(C + p \cdot Nom - i \cdot Nom - \frac{A_0}{T}\right)\right) \cdot RBF_{k_E^{\text{nachSt}},T}$$
$$= K_0^{oZ} + p \cdot Nom \cdot (1 - s) \cdot RBF_{k_E^{\text{nachSt}},T}.$$

Damit sich eine Investition lohnt, muß der Barwert des Zinszuschusses zumindest den negativen
Kapitalwert ausgleichen. Es muß daher gelten

$$K_0^{mZ} = 0 = K_0^{oZ} + p \cdot Nom \cdot (1 - s) \cdot RBF_{k_E^{\text{nachSt}},T}$$
$$\Longleftrightarrow \quad -K_0^{oZ} = p \cdot Nom \cdot (1 - s) \cdot RBF_{k_E^{\text{nachSt}},T}$$
$$p \cdot Nom = \frac{-K_0^{oZ}}{(1 - s) \cdot RBF_{k_E^{\text{nachSt}},T}},$$

wobei gemäß Annahme K_0^{oZ} negativ und daher der Zähler des letzten Bruches positiv ist.

Aufgabe 5.11

Ein Investitionsprojekt, bei dem

- *die steuerliche Nutzungsdauer gleich der erwarteten Nutzungsdauer ist,*

- *der erwartete Restwert null beträgt,*

- *jährliche, mit einer annualisierten Wachstumsrate von π (Preisbasis $t = 0$) steigende Cash
  Flows vor Zinsen und Steuern erwartet werden und*

- *ein endfälliger Kredit (ohne Auszahlungsdisagio, ohne Rückzahlungsagio) in Anspruch
  genommen wird,*

sei der Kapitalwert nach der Nettomethode mit expliziter Berücksichtigung der Steuern negativ.

*Berechnen Sie im Rahmen einer Sensitivitätsanalyse für den Kapitalwert die kritische Höhe des
(real konstanten) Cash Flows vor Zinsen und Steuern.*

Lösung

Da sich die nominellen Cash Flows für die Periode t gemäß $C_t^{\text{nom}} = C^{\text{real}} \cdot (1 + \pi)^t$ ergeben, errechnet sich der Kapitalwert mit nominellen Werten aus

$$K_0 = -A_0 + Nom + \sum_{t=1}^{T} \frac{C_t^{\text{nom}} - i \cdot Nom - s \cdot \left(C_t^{\text{nom}} - i \cdot Nom - \frac{A_0}{T}\right)}{\left(1 + k_E^{\text{nom,nachSt}}\right)^t} - \frac{Nom}{\left(1 + k_E^{\text{nom,nachSt}}\right)^T}$$

$$= \underbrace{-A_0 + Nom \cdot \left(1 - \frac{1}{\left(1 + k_E^{\text{nom,nachSt}}\right)^T}\right) - \left((1 - s) \cdot i \cdot Nom - s \cdot \frac{A_0}{T}\right) \cdot RBF_{k_E^{\text{nom,nachSt}}}}_{= K_0^{\text{ohne Cash Flows}}}$$

$$\underbrace{+ \sum_{t=1}^{T} \frac{C_t^{\text{nom}} \cdot (1 - s)}{\left(1 + k_E^{\text{nom,nachSt}}\right)^t}}_{= K_0^{\text{Cash Flows}}}.$$

Da als Preisbasis der Beginnzeitpunkt des Projektes gewählt worden ist, gilt für den Barwert der Cash Flows

$$\sum_{t=1}^{T} \frac{C_t^{\text{nom}} \cdot (1 - s)}{\left(1 + k_E^{\text{nom,nachSt}}\right)^t} = \sum_{t=1}^{T} \frac{C^{\text{real}} \cdot (1 + \pi)^t \cdot (1 - s)}{\left(1 + k_E^{\text{nom,nachSt}}\right)^t}$$

$$= \sum_{t=1}^{T} \frac{C^{\text{real}} \cdot (1 - s)}{\frac{\left(1 + k_E^{\text{nom,nachSt}}\right)^t}{(1 + \pi)^t}}$$

$$= (1 - s) \cdot C^{\text{real}} \sum_{t=1}^{T} \frac{1}{\left(\frac{1 + k_E^{\text{nom,nachSt}}}{1 + \pi}\right)^t}$$

$$= (1 - s) \cdot C^{\text{real}} \sum_{t=1}^{T} \frac{1}{\left(1 + k_E^{\text{real,nachSt}}\right)^t}$$

$$\Rightarrow K_0^{\text{Cash Flows}} = (1 - s) \cdot C^{\text{real}} \cdot RBF_{k_E^{\text{real,nachSt}}, T}.$$

(Anmerkung: Die kritische Höhe hätte alternativ dadurch bestimmt werden können, indem man die nominellen Cash Flows als geometrisch wachsende Rente betrachtet, wobei der Wachstumsfaktor $1 + \pi$ beträgt. Wie man durch Einsetzen aber leicht erkennen kann, kommt man unter Verwendung des entsprechenden Rentenbarwertfaktors, in den als Parameter $k_E^{\text{nom,nachSt}}$, $g = 1 + \pi$ und T einzusetzen sind, zum genau gleichen Ergebnis.)

Der kritische Wert für die realen Cash Flows wird erreicht, wenn der Barwert der Cash Flows den (negativen) Barwert der übrigen Zahlungen, $K_0^{\text{ohne Cash Flows}}$, ausgleicht:

$$K_0^{\text{gesamt}} = K_0^{\text{ohne Cash Flows}} + K_0^{\text{Cash Flows}} = 0$$

$$C^{\text{real}} = \frac{K_0^{\text{ohne Cash Flows}}}{(1 - s) \cdot RBF_{k_E^{\text{real,nachSt}}, T}}.$$

Aufgabe 5.12

Wird für ein Investitionsprojekt der Kapitalwert unter Berücksichtigung eines (einmaligen) in
$t = 0$ anfallenden Investitionszuschusses berechnet, dann hängt die Höhe des Kapitalwerts von
der steuerlichen Behandlung des Investitionszuschusses ab.

A: Der Investitionszuschuß wird im Zeitpunkt der Zahlung ($t = 0$) erfolgswirksam behandelt.

B: Der Investitionszuschuß wird im Zeitpunkt ($t = 0$) der Zahlung erfolgsneutral behandelt.

(a) Leiten Sie für die Bruttomethode mit expliziter Berücksichtigung der Steuern den Barwert
jenes Betrages her, der aus der unterschiedlichen steuerlichen Behandlung des Investiti-
onszuschusses resultiert.

(b) Geben Sie an, ob der Kapitalwert im Fall A größer oder kleiner als im Fall B ist.

(a) Unterschiedliche steuerliche Behandlung des Zinszuschusses

Wird, wie in Fall A, der Investitionszuschuß in Höhe von ZS_0 zum Zeitpunkt $t = 0$ erfolgswirksam behandelt, dann erhält der Investor einen Betrag in Höhe von $(1 - s) \cdot ZS_0$. Um diesen
Betrag erhöht sich auch der ursprüngliche Kapitalwert K_0^{oZ}, und es gilt daher

$$K_0^A = K_0^{oZ} + (1 - s) \cdot ZS_0.$$

Bei erfolgsneutraler Behandlung hingegen kommt zum Zeitpunkt $t = 0$ der volle Betrag zur
Auszahlung, dafür ist aber die AfA in jeder Periode um $\frac{ZS_0}{T}$ niedriger als ohne Zuschuß, wodurch
höhere Steuerzahlungen anfallen. Der gesamte Kapitalwert bei erfolgsneutraler Behandlung des
Zinszuschusses im Fall B beträgt daher

$$K_0^B = K_0^{oZ} + ZS_0 - s \cdot \frac{ZS_0}{T} \cdot RBF_{k_G^{nachSt},T}.$$

Vergleicht man nun die beiden Fälle, dann zeigt sich, daß die erfolgsneutrale Behandlung für
den Investor eindeutig von Vorteil ist: Bezeichnet man mit $\Delta_K = K_0^B - K_0^A$ die Differenz
zwischen den beiden Kapitalwerten, dann ergibt sich

$$\Delta_K = \left(ZS_0 - s \cdot \frac{ZS_0}{T} \cdot RBF_{k_G^{nachSt},T} \right) - ((1 - s) \cdot ZS_0)$$

$$= ZS_0 \cdot \left(-s \cdot \frac{1}{T} \cdot RBF_{k_G^{nachSt},T} + s \right)$$

$$= s \cdot ZS_0 \cdot \left(1 - \frac{RBF_{k_G^{nachSt},T}}{T} \right).$$

(b) Vorteil bei erfolgswirksamer Behandlung

Wie man sich leicht überlegen kann, ist der Barwert einer zukünftigen Zahlungsstromes (bei nichtnegativem Kalkulationszinsfuß) immer kleiner als die Summe der (nichtdiskontierten) Zahlungen. Für positive Laufzeiten gilt daher

$$RBF_{k_G^{nachSt},T} < T \iff \frac{RBF_{k_G^{nachSt},T}}{T} < 1.$$

Daraus folgt aber nun, daß Δ_K positiv ist, daß also der Kapitalwert bei erfolgsneutraler Behandlung größer ist als bei erfolgswirksamer:

$$\Delta_K = ZS_0 \cdot s \cdot \underbrace{\left(1 - \underbrace{\frac{RBF_{k_G^{nachSt},T}}{T}}_{<1}\right)}_{>0} \Rightarrow \Delta_K > 0.$$

Aufgabe 5.13

Ein Investor könnte für ein Investitionsprojekt einen einmaligen in $t = 0$ realisierbaren Zuschuß in der Höhe von ZS^a in Anspruch nehmen (Fall A). Alternativ wird ihm ein Zuschuß angeboten, der in $t = 1, \ldots, T$ in konstanter Höhe ZS^b (Fall B) ausbezahlt wird.

Ermitteln Sie nach der Bruttomethode mit expliziter Berücksichtigung der Steuern und erfolgswirksamer Behandlung des Zuschusses jenen kritischen Wert für ZS^b, bei dem der Investor zwischen den beiden Alternativen indifferent ist.

Lösung

Der Kapitalwert nach der Bruttomethode mit expliziter Berücksichtigung der Steuern beträgt bei Berücksichtigung eines einmaligen in $t = 0$ anfallenden und steuerlich erfolgswirksam zu behandelnden Investitionszuschusses (Fall A):

$$K_0^A = K_0 + (1 - s) \cdot ZS^a$$

Wird der Investitionszuschuß in $t = 1, \ldots, T$ in konstanter Höhe ausbezahlt und zum Zeitpunkt der Zahlung steuerlich ebenfalls erfolgswirksam behandelt, so beträgt der Kapitalwert (Fall B):

$$K_0^B = K_0 + \sum_{t=1}^{T} \frac{(1 - s) \cdot ZS^b}{(1 + k_G^{nachSt})^t}$$

Den kritischen Wert für ZS^b, bei dem der Investor hinsichtlich der Förderungsmaßnahme A indifferent ist, erhält man, indem man die Kapitalwerte K_0^A und K_0^B gleichsetzt und diese Gleichung nach ZS^b auflöst:

$$K_0^A = K_0^B$$
$$K_0 + (1 - s) \cdot ZS^a = K_0 + \sum_{t=1}^{T} \frac{(1 - s) \cdot ZS^b}{(1 + k_G^{nachSt})^t}$$
$$(1 - s) \cdot ZS^a = (1 - s) \cdot ZS^b \cdot \underbrace{\sum_{t=1}^{T} \frac{1}{(1 + k_G^{nachSt})^t}}_{= RBF_{k_G^{nachSt},T}}$$
$$ZS^a = ZS^b \cdot RBF_{k_G^{nachSt},T}$$
$$ZS^b = ZS^a \cdot AF_{k_G^{nachSt},T}$$

Aufgabe 5.14

Ein Investor könnte für ein Investitionsprojekt einen einmaligen in $t = 1$ realisierbaren Zuschuß in der Höhe von ZS^a in Anspruch nehmen (Fall A). Alternativ wird ihm ein Zuschuß angeboten, der in $t = 1, \ldots, T$ in konstanter Höhe ZS^b (Fall B) ausbezahlt wird. Ermitteln Sie nach der Bruttomethode mit expliziter Berücksichtigung der Steuern und erfolgswirksamer Behandlung des Zuschusses jenen kritischen Wert für ZS^b, bei dem der Investor zwischen den beiden Alternativen indifferent ist.

Lösung

Der Kapitalwert nach der Bruttomethode mit expliziter Berücksichtigung der Steuern beträgt bei Berücksichtigung eines einmaligen in $t = 1$ anfallenden und steuerlich erfolgswirksam zu behandelnden Investitionszuschusses (Fall A):

$$K_0^A = K_0 + (1 - s) \cdot \frac{ZS^a}{(1 + k_G^{\text{nachSt}})}$$

Wird der Investitionszuschuß in $t = 1, \ldots, T$ in konstanter Höhe ausbezahlt und zum Zeitpunkt der Zahlung steuerlich ebenfalls erfolgswirksam behandelt, so beträgt der Kapitalwert (Fall B):

$$K_0^B = K_0 + \sum_{t=1}^{T} \frac{(1 - s) \cdot ZS^b}{(1 + k_G^{\text{nachSt}})^t}$$

Den kritischen ZS^b–Wert, bei dem der Investor hinsichtlich der Förderungsmaßnahme A indifferent ist, erhält man, indem man die Kapitalwerte K_0^A und K_0^B gleichsetzt und nach ZS^b auflöst:

$$K_0^A = K_0^B$$

$$K_0 + (1 - s) \cdot \frac{ZS^a}{(1 + k_G^{\text{nachSt}})} = K_0 + \sum_{t=1}^{T} \frac{(1 - s) \cdot ZS^b}{(1 + k_G^{\text{nachSt}})^t}$$

$$(1 - s) \cdot \frac{ZS^a}{(1 + k_G^{\text{nachSt}})} = (1 - s) \cdot ZS^b \cdot \underbrace{\sum_{t=1}^{T} \frac{1}{(1 + k_G^{\text{nachSt}})^t}}_{= RBF^{\text{nachschüssig}}(k_G^{\text{nachSt}}, T)}$$

$$ZS^a = ZS^b \cdot \underbrace{(1 + k_G^{\text{nachSt}}) \cdot RBF^{\text{nachschüssig}}(k_G^{\text{nachSt}}, T)}_{= RBF^{\text{vorschüssig}}(k_G^{\text{nachSt}}, T)}$$

$$ZS^b = ZS^a \cdot AF^{\text{vorschüssig}}(k_G^{\text{nachSt}}, T)$$

5.3 Verlustvorträge in der Investitionsbewertung

Aufgabe 5.15

Eine Unternehmung plant die Anschaffung eines Spezialaggregats, für das die folgenden Daten ermittelt worden sind:

Anschaffungsauszahlungen:	320.000,–
geplante Nutzungsdauer:	5 Jahre
erwarteter Restwert:	25.000,–
steuerliche Abschreibung:	linear über 3 Jahre
Gewinnsteuersatz:	40 %
Kapitalkostensatz für das Eigenkapital nach Steuern:	10 % p.a.

erwartete Cash Flows vor Zinsen und Steuern:

Jahr der Nutzung	1	2	3	4	5
C_t	100.000,–	–50.000,–	120.000,–	150.000,–	150.000,–

Für das Investitionsprojekt wird bei Durchführung der folgende Kredit aufgenommen:

Kreditnominale:	100.000,–
Laufzeit:	5 Jahre
Nomineller Zinssatz:	10 % p.a.
Annuitätentilgung	
weder Auszahlungsdisagio noch Rückzahlungsagio	

Ohne Durchführung des Investitionsprojekts zeigen die Jahresgewinn– und –verlustrechnungen (ohne Berücksichtigung von Verlustvorträgen) nach Zinsen und vor Steuern für die kommenden 5 Jahre folgendes Bild:

Jahr der Nutzung	1	2	3	4	5
Gewinn bzw. Verlust nach Zinsen und vor Steuern	193.000,–	160.000,–	–2.500,–	–56.000,–	90.000,–

Aus den vorangegangenen Perioden existieren folgende Verlustvorträge:

t	–6	–5	–4	–3	–2	–1	0
Verlustvortrag aus t	70.000,–	50.000,–	50.000,–	20.000,–	30.000,–	15.000,–	1.000,–

Berechnen Sie nach der Nettomethode mit expliziter Berücksichtigung der Steuern den Kapitalwert für das Investitionsprojekt.

Lösung

Bei einer Annuität von

$$Ann = 100.000 \cdot \frac{0,1 \cdot (1+0,1)^5}{(1+0,1)^5 - 1}$$
$$= 26.379,75$$

ergibt sich der folgende Zins- und Tilgungsplan:

	1	2	3	4	5
ausstehendes Nominale zu Periodenbeginn	100.000,00	83.620,25	65.602,53	45.783,03	28.981,59
Annuität	26.379,75	26.379,75	26.379,75	26.379,75	26.379,75
davon Zinsen	10.000,00	8.362,03	6.560,25	4.578,30	2.398,16
davon Tilgung	16.379,75	18.017,72	19.819,50	21.801,44	23.981,59

Um die Vorteilhaftigkeit des Projektes bewerten zu können, sind vorerst die Steuern ohne Durchführung des Investitionsprojekts zu ermitteln. Unter Berücksichtigung der Verlustvorträge (VV_t) haben diese folgende Höhe:

	1	2	3	4	5
Gewinn nach Zinsen und vor Steuern	193.000	160.000	-2.500	-56.000	90.000
$- VV_{-6}$	-70.000				
$- VV_{-5}$	-50.000				
$- VV_{-4}$	-50.000				
$- VV_{-3}$	-20.000				
$- VV_{-2}$	-3.000	-27.000			
$- VV_{-1}$		-15.000			
$- VV_0$		-1.000			
$- VV_3$					-2.500
$- VV_4$					-56.000
= Steuerbasis ohne IP	0	117.000	0	0	31.500
Steuern ohne IP	0	46.800	0	0	12.600

Der Gewinn aus dem Investitionsprojekt inklusive Restwert ergibt sich aus:

	1	2	3	4	5
C_t	100.000,-	-50.000,-	120.000,-	150.000,-	150.000,-
$+ R_T$					25.000,-
$- AfA_t$	-106.666,66	-106.666,67	-106.666,67		
$- Z'_t$	-10.000,-	-8.362,03	-6.560,25	-4.578,30	-2.398,16
= Gewinn aus IP	-16.666,66	-165.028,70	6.773,08	145.421,70	172.601,84

Unter Berücksichtigung der Verlustvorträge (VV_t) ergeben sich die Steuern mit Durchführung des Investitionsprojekts aus:

	1	2	3	4	5
Gewinn nach Zinsen und vor Steuern	193.000,-	160.000,-	-2.500,-	-56.000,-	90.000,-
+ Gewinn aus IP	-16.666,66	-165.028,70	6.773,08	145.421,70	172.601,84
= Gewinn mit IP	176.333,34	-5.028,70	4.273,08	89.421,70	262.601,84
- VV_{-6}	-70.000,-				
- VV_{-5}	-50.000,-				
- VV_{-4}	-50.000,-				
- VV_{-3}	-6.333,34		-4.273,08	-9.393,58	
- VV_{-2}				-30.000,-	
- VV_{-1}				-15.000,-	
- VV_0				-1.000,-	
- VV_2				-5.028,70	
= Steuerbasis mit IP	0,-	0,-	0,-	28.999,42	262.601,84
Steuern mit IP	0,-	0,-	0,-	11.599,77	105.040,74

Die Steuern des Investitionsprojekts ergeben sich somit aus:

	1	2	3	4	5
Steuern mit IP	0,-	0,-	0,-	11.599,77	105.040,74
- Steuern ohne IP	0,-	-46.800,-	0,-	0,-	12.600,-
= Steuern des IPs	0,-	-46.800,-	0,-	11.599,77	92.440,74

Mit diesen zusätzlichen Steuerzahlungen können auch die zusätzlichen Zahlungen an die Eigenkapitalgeber bestimmt werden, die bei Durchführung ausschließlich auf das neue Projekt zurückzuführen sind:

	1	2	3	4	5
C_t	100.000,-	-50.000,-	120.000,-	150.000,-	150.000,-
+ R_T					25.000,-
- Z_t	-10.000,-	-8.362,03	-6.560,25	-4.578,30	-2.398,16
- Steuern	0,-	+46.800,-	0,-	-11.599,77	-92.440,74
= NCF_t	90.000,-	-11.562,03	113.439,75	133.821,93	80.161,10
- Y_t	-16.379,75	-18.017,72	-19.819,50	-21.801,44	-23.981,59
	73.620,25	-29.579,75	93.620,25	112.020,49	56.179,51

Bei einem Kapitalkostensatz der Anteilseigner nach Steuern von $k_B^{nachSt} = 10\,\%$ p.a. haben diese einen Kapitalwert von

$$K_0 = -320.000 + 100.000 + \frac{73.620,25}{1,1} - \frac{29.579,75}{1,1^2} + \frac{93.620,25}{1,1^3} + \frac{112.020,49}{1,1^4} + \frac{56.179,51}{1,1^5}$$

$$= 4.214,27$$

Aufgabe 5.16

Die Faden & Co GmbH überlegt die Anschaffung einer Zwirbelmaschine, für die folgende Daten bekannt sind:

Anschaffungsauszahlungen:	100.000,–
maximale Nutzungsdauer:	3 Jahre
Restwert am Ende der Nutzungsdauer:	20.000,–

erwarteter Cash Flow vor Zinsen und Steuern:

Jahr der Nutzung	1	2	3
C_t	30.000,–	40.000,–	50.000,–

Zur Finanzierung des Projektes müßte ein Kredit mit folgenden Konditionen aufgenommen werden:

Nominale:	60.000,–
Laufzeit:	3 Jahre
Nominalzinssatz:	8 % p.a.
Auszahlungsdisagio:	2 %
Rückzahlungsagio:	1 %
Ratentilgung, 1 Freijahr	

Die Unternehmung rechnet mit einem Steuersatz von 40 %. Die Anlage kann steuerlich linear über 5 Jahre abgeschrieben werden, außerdem soll ein Investitionsfreibetrag gemäß § 10 EStG in der Höhe von 9 % gebildet werden. Der Kalkulationszinssatz für das Eigenkapital nach Steuern beträgt 15 % p.a. Entscheiden Sie mit Hilfe des Kapitalwertes mit expliziter Berücksichtigung der Steuer, ob das Investitionsprojekt realisiert werden soll,

(a) *falls die Unternehmung über hinreichend hohe Gewinne in den übrigen Geschäftsbereichen verfügt und ein sofortiger Verlustausgleich möglich ist.*

(b) *falls die Unternehmung in den übrigen Geschäftsbereichen weder Gewinn noch Verlust erzielt und daher gegebenenfalls Verlustvorträge durchführt.*

Investitionsfreibetrag, Zins– und Tilgungsplan

$$IFB = 0,09 \cdot 100.000$$
$$= 9.000,-$$
$$Y_0 = 60.000 \cdot (1 - 0,02) = 58.800,-$$
$$Y_1 = 0,-$$
$$Y_2 = Y_3 = \frac{60.000}{3-1} = 30.000,-$$

	1	2	3
ausstehendes Nominale zu Periodenbeginn	60.000	60.000	30.000
Zinsen	4.800	4.800	2.400
Tilgung	0	30.000	30.000
Rückzahlungsagio	0	300	300

(a) Hinreichend hohe Gewinne in den übrigen Geschäftsbereichen

Zusätzliche Steuern aufgrund des Investitionsprojekts:

	1	2	3
C_t	30.000	40.000	50.000
+ R_T			20.000
− AfA_t	−20.000	−20.000	−20.000
− BW_T			−40.000
− IFB	−9.000		9.000
− Z_t'	−5.400	−5.400	−3.000
= Steuerbasis	−4.400	14.600	16.000
Steuern ($s = 40$ %)	−1.760	5.840	6.400

Zahlungen an die Eigenkapitalgeber:

	1	2	3
C_t	30.000	40.000	50.000
+ R_T			20.000
− Z	−4.800	−4.800	−2.400
− Agio		−300	−300
− Steuern	1.760	−5.840	−6.400
= NCF_t	26.960	29.060	60.900
− Y_t		−30.000	−30.000
	26.960	−940	30.900

Bei einem Kapitalkostensatz der Anteilseigner nach Steuern von $k_E = 15$ % p.a. ergibt sich als Kapitalwert:

$$K_0 = -100.000 + 58.800 + \frac{26.960}{1,15} - \frac{940}{1,15^2} + \frac{30.900}{1,15^3}$$

$$= 1.849,95$$

(b) Verlustvorträge

Zusätzliche Steuern aufgrund des Investitionsprojekts:

	1	2	3
C_t	30.000	40.000	50.000
+ R_T			20.000
− AfA_t	−20.000	−20.000	−20.000
− BW_T			−40.000
− IFB	−9.000		9.000
− Z_t'	−5.400	−5.400	−3.000
=	−4.400	14.600	16.000
− VV_1		−4.400	16.000
= Steuerbasis	0	10.200	16.000
Steuern ($s = 40$ %)	0	4.080	6.400

Zahlungen an die Eigenkapitalgeber:

	1	2	3
C_t	30.000	40.000	50.000
+ R_T			20.000
− Z	−4.800	−4.800	−2.400
− Agio		−300	−300
− Steuern	0	−4.080	−6.400
= NCF_t	25.200	30.820	60.900
− Y_t		−30.000	−30.000
	25.200	820	30.900

Bei einem Kapitalkostensatz der Anteilseigner nach Steuern von $k_E = 15$ % p.a. ergibt sich als Kapitalwert

$$K_0 = -100.000 + 58.800 + \frac{25.200}{1,15} + \frac{820}{1,15^2} + \frac{30.900}{1,15^3}$$
$$= 1.650,33.$$

5.4 Steuerliche Investitionsbegünstigungen in der Investitionsrechung

Aufgabe 5.17

Eine Unternehmung plant die Anschaffung eines Spezialaggregats, für das die folgenden Daten ermittelt worden sind:

Anschaffungsauszahlungen:	100.000,–
geplante Nutzungsdauer:	6 Jahre
Restwert am Ende der Nutzung:	20.000,–
steuerliche Abschreibung:	linear über 5 Jahre
Gewinnsteuersatz:	40 %

Der Kapitalkostensatz für das Eigenkapital beträgt 13 % p.a. nach Steuern. Die erwarteten Cash Flows vor Zinsen und Steuern haben folgende Höhe:

Jahr der Nutzung:	1	2	3	4	5	6
C_t	60.000,–	38.000,–	27.000,–	14.000,–	2.000,–	1.000,–

Für das Spezialaggregat wird bei der Durchführung folgender Kredit aufgenommen:

Nominale:	60.000,–
Nomineller Zinssatz:	8 % p.a.
Laufzeit:	6 Jahre
Auszahlungsdisagio:	4 % vom Nominale
Rückzahlungsagio:	keines
Tilgung:	zur Gänze am Ende der Laufzeit
Zinszahlungen:	jährlich im nachhinein

Unterstellen Sie, daß die Unternehmung in den sonstigen Geschäftsbereichen über genügend anderweitige Gewinne verfügt. Berechnen Sie nach der Nettomethode mit expliziter Berücksichtigung der Steuern den Kapitalwert für das Projekt, falls ein Investitionsfreibetrag nach § 10 EStG im Ausmaß von 30 % geltend gemacht wird und das Auszahlungsdisagio steuerlich gleichverteilt auf die Laufzeit des Kredits gewinnmindernd abgesetzt werden kann.

Lösung

Zins- und Tilgungsplan:

$$Y_0 = 60.000 \cdot (1 - 0,04)$$
$$= 57.600, -$$

	1	2	3	4
ausstehendes Nominale zu Periodenbeginn	60.000	60.000	60.000	60.000
Zinsen	4.800	4.800	4.800	4.800
Tilgung	0	0	0	60.000

Die Höhe des Investitionsfreibetrags beträgt

$$0,3 \cdot 100.000 = 30.000, -.$$

Steuern aus dem Investitionsprojekt:

	1	2	3	4	5	6
C_t	60.000	38.000	27.000	14.000	2.000	1.000
+ R_T						20.000
- AfA_t	-20.000	-20.000	-20.000	-20.000	-20.000	
- IFB	-30.000					
- Z'_t	-5.200	-5.200	-5.200	-5.200	-5.200	-5.200
= Steuerbasis	4.800	12.800	1.800	-11.200	-23.200	15.800
Steuern ($s = 40$ %)	1.920	5.120	720	-4.480	-9.280	6.320

Zahlungen an die Eigenkapitalgeber:

	1	2	3	4	5	6
C_t	60.000	38.000	27.000	14.000	2.000	1.000
+ R_T						20.000
- Z_t	-4.800	-4.800	-4.800	-4.800	-4.800	-4.800
- Steuern	-1.920	-5.120	-720	4.480	9.280	-6.320
= NCF_t	53.280	28.080	21.480	13.680	6.480	9.880
- Y_t						-60.000
	53.280	28.080	21.480	13.680	6.480	-50.120

Bei einem Kapitalkostensatz der Anteilseigner nach Steuern von $k_E = 13$ % p.a. ergibt sich als Kapitalwert:

$$K_0 = -100.000 + 57.600 + \frac{53.280}{1,13} + \frac{28.080}{1,13^2} + \frac{21.480}{1,13^3} + \frac{13.680}{1,13^4} + \frac{6.480}{1,13^5} - \frac{50.120}{1,13^6}$$
$$= 29.461,64.$$

Aufgabe 5.18

Eine Unternehmung plant die Anschaffung eines Spezialaggregats, für das die folgenden Daten ermittelt worden sind:

Anschaffungsauszahlungen:	100.000,–
geplante Nutzungsdauer:	5 Jahre
Restwert am Ende der Nutzung	20.000,–
steuerliche Abschreibung:	linear über 10 Jahre

erwartete Cash Flows vor Zinsen und Steuern:

Jahr der Nutzung	1	2	3	4	5
C_t	40.000,–	20.000,–	14.000,–	36.000,–	40.000,–

Unterstellen Sie, daß die Unternehmung in den sonstigen Geschäftsbereichen über genügend anderweitige Gewinne verfügt.

Der Gewinnsteuersatz beträgt 40 % und der gewichtete durchschnittliche Kapitalkostensatz ist 10 % p.a. nach Steuern.

Berechnen Sie nach der Bruttomethode mit expliziter Berücksichtigung der Steuern den Kapitalwert für das Projekt, falls ein Investitionsfreibetrag nach §10 EStG im Ausmaß von 20 % geltend gemacht wird und eine in $t = -1$ gebildete Investitionsrücklage (§ 9 EStG) im Ausmaß von 3.000,– übertragen werden muß.

Lösung

Die zu $t = -1$ gebildete Investitionsrücklage von 3.000,– muß gegen den zu bildenden Investitionsfreibetrag in Höhe von

$$0,2 \cdot 100.000 = 20.000,-$$

aufgelöst werden. Es verbleibt ein Investitionsfreibetrag in der Höhe von

$$20.000 - 3.000 = 17.000,-.$$

Die Steuern aus dem Investitionsprojekt ergeben sich aus:

	1	2	3	4	5
C_t	40.000	20.000	14.000	36.000	40.000
$+\ R_T$					20.000
$-\ AfA_t$	−10.000	−10.000	−10.000	−10.000	−10.000
$-\ IFB$	−17.000				
$-\ BW$					−50.000
$=$ Basis	13.000	10.000	4.000	26.000	0
Steuern ($s = 40\,\%$)	5.200	4.000	1.600	10.400	0

Der Operating Cash Flow inklusive Restwert nach Steuern ergibt sich aus:

t	1	2	3	4	5
C_t	40.000	20.000	14.000	36.000	40.000
$+\ R_T$					20.000
$-$ Steuern	−5.200	−4.000	−1.600	−10.400	0
$=\ OCF_t + R_T$	34.800	16.000	12.400	25.600	60.000

Bei einem gewichteten durchschnittlichem Kapitalkostensatz nach Steuern von $k_G = 10\,\%$ p.a. ergibt sich als Kapitalwert:

$$K_0 = -100.000 + \frac{34.800}{1,1} + \frac{16.000}{1,1^2} + \frac{12.400}{1,1^3} + \frac{25.600}{1,1^4} + \frac{60.000}{1,1^5}$$
$$= 8.916,23.$$

Aufgabe 5.19

Eine Unternehmung plant die Anschaffung eines Spezialaggregats, für das die folgenden Daten ermittelt worden sind:

Anschaffungsauszahlungen:	*200.000,-*
geplante Nutzungsdauer:	*4 Jahre*
erwarteter Restwert am Ende der Nutzung:	*50.000,-*
erwarteter Cash Flow	
vor Zinsen und Steuern pro Jahr:	*55.500,-*
steuerliche Abschreibung:	*linear über 4 Jahre*
Gewinnsteuersatz:	*30 %*
Kapitalkostensatz für das Eigenkapital nach Steuern:	*12 % p.a.*

Für das Investitionsprojekt wird bei Durchführung der folgende Kredit aufgenommen:

Kreditnominale:	*80.000,-*
Laufzeit:	*4 Jahre*
nomineller Zinssatz:	*11 % p.a.*
Auszahlungsdisagio:	*1 % p.a.*
Rückzahlungsagio:	*2 % p.a.*
Annuitätentilgung (ohne Freijahre) mit	
jährlichen Zahlungen am Ende jeden Jahres	

Bei der Ermittlung der Steuerbasis ist zu berücksichtigen, daß das Auszahlungsdisagio und das Rückzahlungsagio steuerlich gleichmäßig über die Laufzeit des Kredits abgesetzt werden sollen.

Berechnen Sie nach der Nettomethode mit expliziter Berücksichtigung der Steuern den Kapitalwert für das Investitionsprojekt, falls

(a) *ein Investitionsfreibetrag nach § 10 EStG in der Höhe von 20 % in Anspruch genommen werden soll.*

(b) *in t = -1 eine Investitionsrücklage gemäß § 9 EStG in der Höhe von 30.000,– gebildet worden ist und für das Spezialaggregat ein Investitionsfreibetrag nach § 10 EStG in der Höhe von 20 % in Anspruch genommen werden soll.*

Zins– und Tilgungsplan

$$Y_0 = 80.000 \cdot (1 - 0,01)$$
$$= 79.200, -$$
$$Ann = 80.000 \cdot \frac{0,11 \cdot 1,11^4}{1,11^4 - 1} + \frac{80.000 \cdot 0,02}{4}$$
$$= 26.186,11$$

	1	2	3	4
ausstehendes Nominale zu Periodenbeginn	80.000,–	63.013,89	44.159,31	23.230,73
Annuität	26.186,11	26.186,11	26.186,11	26.186,11
davon Zinsen	8.800,–	6.931,53	4.857,52	2.555,38
davon Rückzahlungsagio	400,–	400,–	400,–	400,–
davon Tilgung	16.986,11	18.854,58	20.928,58	23.230,73

(a) Investitionsfreibetrag

Die Höhe des Investitionsfreibetrags beträgt

$$0,2 \cdot 200.000 = 40.000, -.$$

Steuern aus dem Investitionsprojekt:

	1	2	3	4
C_t	55.500,–	55.500,–	55.500,–	55.500,–
$+ \ R_T$				50.000,–
$- \ AfA_t$	–50.000,–	–50.000,–	–50.000,–	–50.000,–
$- $ Agio	–400,–	–400,–	–400,–	–400,–
$- $ Disagio	–200,–	–200,–	–200,–	–200,–
$- \ Z_t$	–8.800,–	–6.931,53	–4.857,52	–2.555,38
$- \ IFB$	–40.000,–			
$= $ Steuerbasis	–43.900,–	–2.031,53	42,48	52.344,62
Steuern ($s = 30$ %)	–13.170,–	–609,46	12,74	15.703,39

Zahlungen an die Eigenkapitalgeber:

	1	2	3	4
C_t	55.500,–	55.500,–	55.500,–	55.500,–
+ R_T				50.000,–
– Z_t	–8.800,–	–6.931,53	–4.857,52	–2.555,38
– Agio	–400,–	–400,–	–400,–	–400,–
– Steuern	13.170,–	609,46	–12,74	–15.703,39
= NCF_t inkl. R_T	59.470,–	48.777,93	50.229,74	86.841,23
– Y_t	–16.986,11	–18.854,58	–20.928,58	–23.230,73
	42.483,89	29.923,35	29.301,16	63.610,50

Bei einem Kapitalkostensatz der Anteilseigner nach Steuern von $k_E^{nachSt} = 12$ % p.a. ergibt sich als Kapitalwert:

$$K_0 = -200.000 + 79.200 + \frac{42.483,89}{1,12} + \frac{29.923,35}{1,12^2} + \frac{29.301,16}{1,12^3} + \frac{63.610,50}{1,12^4}$$

$$= 2.268,36$$

(b) Investitionsrücklage und Investitionsfreibetrag

Unter Berücksichtigung der Investitionsrücklage kann der folgende Investitionsfreibetrag geltend gemacht werden:

$$40.000 - 30.000 = 10.000, -$$

Der Kapitalwert aus (a) ist daher um jene Steuerzahlung zu verringern, die sich aus der Reduktion des ansetzbaren Investitionsfreibetrages ergibt:

$$K_0 = 2.268,36 - \frac{0,3 \cdot 30.000}{1,13}$$

$$= -5.767,36.$$

5.5 Finanzierungsförderungen in der Investitionsrechung

Aufgabe 5.20

Eine Unternehmung plant die Anschaffung eines Spezialaggregats, für das die folgenden Daten ermittelt worden sind:

Anschaffungsauszahlungen:	*200.000,–*
geplante Nutzungsdauer:	*4 Jahre*
Restwert am Ende der Nutzung:	*30.000,–*
erwarteter Cash Flow vor Zinsen und Steuern pro Jahr:	*60.000,–*
steuerliche Abschreibung:	*linear über 4 Jahre*
Gewinnsteuersatz:	*40 %*

Als Kalkulationszinsfuß für das Eigenkapital wird 12 % p.a. nach Steuern angenommen. Für das Investitionsprojekt wird bei Durchführung der folgende Kredit aufgenommen:

Kreditnominale: *80.000,–*
nomineller Zinssatz: *11 % p.a.*
Laufzeit: *4 Jahre*
Auszahlungsdisagio: *1 %*
Rückzahlungsagio: *2 %*
Annuitätentilgung (ohne Freijahre) mit
jährlichen Zahlungen am Ende jeden Jahres

Bei der Ermittlung der Steuerbasis ist zu berücksichtigen, daß das Auszahlungsdisagio und das Rückzahlungsagio steuerlich gleichmäßig über die Laufzeit des Kredits abgesetzt werden sollen.

Berechnen Sie nach der Nettomethode mit expliziter Berücksichtigung der Steuern den Kapitalwert für das Investitionsprojekt, falls im Anschaffungsjahr ein nicht rückzahlbarer Investitionszuschluß in der Höhe von 40.000,– verrechnet werden kann und dieser erfolgsneutral zu behandeln ist.

Lösung

Zins– und Tilgungsplan:

$$Y_0 = 80.000 \cdot (1 - 0,01)$$
$$= 79.200,-$$
$$Ann = 80.000 \cdot \frac{0,11 \cdot 1,11^4}{1,11^4 - 1} + \frac{80.000 \cdot 0,02}{4}$$
$$= 26.186,11$$

	1	2	3	4
ausstehendes Nominale zu Periodenbeginn	80.000,–	63.013,89	44.159,31	23.230,73
Annuität	26.186,11	26.186,11	26.186,11	26.186,11
davon Zinsen	8.800,–	6.931,53	4.857,52	2.555,38
davon Rückzahlungsagio	400,–	400,–	400,–	400,–
davon Tilgung	16.986,11	18.854,58	20.928,58	23.230,73

Bei der Ermittlung der Steuern aus dem Investitionsprojekt ist zu berücksichtigen, daß der Investitionszuschuß erfolgsneutral zu behandeln ist. Demgemäß ist von einer jährlichen Absetzung für Abnutzung in der Höhe von

$$\frac{200.000 - 40.000}{4} = 40.000,-$$

auszugehen, und die Steuern aus dem Investitionsprojekt ergeben sich aus:

	1	2	3	4
C_t	60.000,–	60.000,–	60.000,–	60.000,–
$+\ R_T$				30.000,–
$-\ AfA_t$	−40.000,–	−40.000,–	−40.000,–	−40.000,–
$-$ Agio	−400,–	−400,–	−400,–	−400,–
$-$ Disagio	−200,–	−200,–	−200,–	−200,–
$-\ Z_t$	−8.800,–	−6.931,53	−4.857,52	−2.555,38
= Steuerbasis	10.600,–	12.468,47	14.542,48	46.844,62
Steuern ($s = 40\ \%$)	4.240,–	4.987,39	5.816,99	18.737,85

Die Zahlungen an die Eigenkapitalgeber betragen:

	1	2	3	4
C_t	60.000,–	60.000,–	60.000,–	60.000,–
$+\ R_T$				30.000,–
$-\ Z_t$	−8.800,–	−6.931,53	−4.857,52	−2.555,38
$-$ Agio	−400,–	−400,–	−400,–	−400,–
$-$ Steuern	−4.240,–	−4.987,39	−5.816,99	−18.737,85
$=\ NCF_t$	46.560,–	47.681,08	48.925,49	68.306,77
$-\ Y_t$	−16.986,11	−18.854,58	−20.928,58	−23.230,73
	29.573,89	28.826,50	27.996,91	45.076,04

Bei einem Kapitalkostensatz der Anteilseigner nach Steuern von $k_{EG}^{nachSt} = 12\ \%$ p.a. ergibt sich als Kapitalwert

$$K_0 = -200.000 + 40.000 + 79.200 + \frac{29.573,89}{1,12} + \frac{28.826,50}{1,12^2} + \frac{27.996,91}{1,12^3} + \frac{45.076,04}{1,12^4}$$
$$= 17.159,85.$$

Aufgabe 5.21

Aufgrund staatlicher Umweltschutzvorschriften ist für die Industrie–AG die Anschaffung folgender Filteranlage unumgänglich:

Anschaffungsauszahlungen:	*100.000,–*
geplante Nutzungsdauer:	*5 Jahre*
Restwert:	*5.000,–*
steuerliche Abschreibung:	*linear über 8 Jahre*

Dem Projekt können keine zusätzlichen Einzahlungen zugeordnet werden. Die zusätzlichen Auszahlungen betragen im ersten Jahr 10.000,– und erhöhen sich jedes Jahr aufgrund steigender Instandhaltungskosten um 2.000,–. Die Unternehmung verfügt über genügend sichere Gewinne aus den sonstigen Geschäftsbereichen, und der Gewinnsteuersatz beträgt 40 %.

Für die Filteranlage kann alternativ eine der beiden folgenden staatlichen Finanzierungsförderungen in Anspruch genommen werden:

(a) erfolgsneutraler Investitionszuschuß in der Höhe von 30 % der Anschaffungsauszahlungen.

(b) Zinszuschuß in der Höhe von jährlich 6,5 % der Anschaffungsauszahlungen.

Das Projekt soll ohne Eigenkapitaleinsatz durch folgenden risikolosen Kredit finanziert werden:

Laufzeit:	*5 Jahre*
nomineller Zinssatz:	*10 % p.a., jährlich im nachhinein*
Auszahlungsdisagio:	*keines*
Rückzahlungsagio:	*keines*
Tilgung:	*gesamtfällig*

Der Kreditauszahlungsbetrag entspricht den Anschaffungsauszahlungen abzüglich dem eventuell in Anspruch genommenen Investitionszuschuß.

Für welche der beiden staatlichen Finanzierungsförderungen soll sich die Unternehmung entscheiden (mit Begründung anhand des Zahlenbeispiels)?

(a) Erfolgsneutraler Invesitionszuschuß

Die Höhe des Investitionszuschusses beträgt

$$0,3 \cdot 100.000 \;=\; 30.000,-.$$

Zins- und Tilgungsplan:

	1	2	3	4	5
ausstehendes Nominale zu Periodenbeginn	70.000	70.000	70.000	70.000	70.000
Tilgung	0	0	0	0	70.000
Zinsen	7.000	7.000	7.000	7.000	7.000

Bei der Ermittlung der Steuern aus dem Investitionsprojekt ist zu berücksichtigen, daß der Investitionszuschuß erfolgsneutral zu behandeln ist. Demgemäß ist von einer jährlichen Absetzung für Abnutzung in der Höhe von

$$\frac{100.000 - 30.000}{8} = 8.750,-$$

auszugehen, und die Steuern aus dem Investitionsprojekt ergeben sich aus:

	1	2	3	4	5
C_t	−10.000	−12.000	−14.000	−16.000	−18.000
$+ \; R_T$					5.000
$- \; AfA_t$	−8.750	−8.750	−8.750	−8.750	−8.750
$- \; BW_T$					−26.250
$- \; Z_t$	−7.000	−7.000	−7.000	−7.000	−7.000
= Steuerbasis	−25.750	−27.750	−29.750	−31.750	−55.000
Steuern ($s = 40$ %)	−10.300	−11.100	−11.900	−12.700	−22.000

Die Zahlungen an die Eigenkapitalgeber betragen:

	1	2	3	4	5
C_t	−10.000	−12.000	−14.000	−16.000	−18.000
+ R_T					5.000
− Z_t	−7.000	−7.000	−7.000	−7.000	−7.000
− Steuern	−10.300	−11.100	−11.900	−12.700	−22.000
= NCF_t	−6.700	−7.900	−9.100	−10.300	2.000
− Y_t					−70.000
	−6.700	−7.900	−9.100	−10.300	−68.000

Bei einem Kapitalkostensatz der Anteilseigner nach Steuern von $k_E = 6$ % p.a. ergibt sich als Kapitalwert:

$$K_0 = -100.000 + 30.000 + 70.000 - \frac{6.700}{1,06} - \frac{7.900}{1,06^2} - \frac{9.100}{1,06^3} - \frac{10.300}{1,06^4} - \frac{68.000}{1,06^5}$$
$$= -79.964,38.$$

(b) Zinszuschuß

Die Höhe des Zinszuschusses beträgt

$$0,065 \cdot 100.000 = 6.500, -.$$

Für den Zins- und Tilgungsplan ergibt sich:

	1	2	3	4	5
ausstehendes Nominale zu Periodenbeginn	100.000	100.000	100.000	100.000	100.000
Tilgung	0	0	0	0	100.000
Zinsen	10.000	10.000	10.000	10.000	10.000

Bei der Ermittlung der Steuern aus dem Investitionsprojekt ist zu berücksichtigen, daß der Zinszuschuß auch versteuert werden muß, und die Steuern aus dem Investitionsprojekt ergeben sich aus:

	1	2	3	4	5
C_t	−10.000	−12.000	−14.000	−16.000	−18.000
+ R_T					5.000
− AfA_t	−12.500	−12.500	−12.500	−12.500	−12.500
− BW_T					−37.500
− Z_t	−10.000	−10.000	−10.000	−10.000	−10.000
+ Zinszuschuß	6.500	6.500	6.500	6.500	6.500
= Steuerbasis	−26.000	−28.000	−30.000	−32.000	−66.500
Steuern ($s = 40$ %)	−10.400	−11.200	−12.000	−12.800	−26.600

Die Zahlungen an die Eigenkapitalgeber betragen:

	1	2	3	4	5
C_t	−10.000	−12.000	−14.000	−16.000	−18.000
+ R_T					5.000
− Z_t	−10.000	−10.000	−10.000	−10.000	−10.000
+ Zinszuschuß	6.500	6.500	6.500	6.500	6.500
− Steuern	10.400	11.200	12.000	12.800	26.600
= NCF_t	−3.100	−4.300	−5.500	−6.700	10.100
− Y_t					−100.000
	−3.100	−4.300	−5.500	−6.700	−89.900

Bei einem Kapitalkostensatz der Anteilseigner nach Steuern von $k_E = 6$ % p.a. ergibt sich als Kapitalwert:

$$K_0 = -100.000 + 100.000 - \frac{3.100}{1,06} - \frac{4.300}{1,06^2} - \frac{5.500}{1,06^3} - \frac{6.700}{1,06^4} - \frac{89.900}{1,06^5}$$

$$= -83.854,96.$$

Investitionsentscheidung

Da es sich um eine Mußinvestition handelt, soll sich die Unternehmung für den Investitionszuschuß entscheiden, weil diese Variante den höheren Kapitalwert liefert.

Aufgabe 5.22

Zur Sicherung von Arbeitsplätzen plant die Republik Österreich die Modernisierungsinvestitionen einer österreichischen Niederlassung eines deutschen Konzerns finanziell zu fördern. Das gesamte Investitionsvolumen der Unternehmung beträgt 500 Mio öS, und die Förderung der Republik besteht aus einer sofortigen, einmaligen, nicht rückzahlbaren Zahlung in Höhe von 300 Mio öS. Die steuerliche Abschreibung der Investition erfolgt linear über 10 Jahre, der Gewinnsteuersatz beträgt 34 %, und der relevante Kalkulationszinsfuß nach Steuern ist 5 % p.a.

Bestimmen Sie den Wert der Finanzierungsförderung, falls es sich dabei

(a) *um eine Investitionszulage*

(b) *um einen Investitionszuschuß mit*

    (b1) *erfolgswirksamer Behandlung,*

    (b2) *erfolgsneutraler Behandlung*

handelt.

(a) Investitionszulage

Bei der Investitionszulage handelt es sich um eine steuerfreie Zahlung zu $t = 0$, daher beträgt der Wert dieser Finanzierungsföderung

$$300.000.000, -.$$

(b1) Investitionszuschuß mit erfolgswirksamer Behandlung

Der Investitionszuschuß muß versteuert werden, daher beträgt der Wert der Finanzierungsförderung in diesem Fall

$$300.000.000 \cdot (1 - 0,34) = 198.000.000, -.$$

(b2) Investitionszuschuß mit erfolgsneutraler Behandlung

Durch den Investitionszuschuß vermindert sich die Abschreibungsbasis von 500 Mio öS auf 200 Mio öS und somit auch die jährlichen Abschreibungen von 50 Mio öS auf 20 Mio öS, was zu höheren jährlichen Steuerzahlungen in der Höhe von

$$30.000.000 \cdot 0,34 = 10.200.000, -$$

führt. Der Wert des Investionszuschusses ergibt sich somit zu

$$300.000.000 - 10.200.000 \cdot RBF_{i=5\%;T=10} = 221.238.304, -.$$

6 Emission junger Aktien

Aufgabe 6.1

Von der Industrie AG existieren derzeit 20.000 Altaktien, die ein Nominale von 100,– haben und deren aktueller Aktienkurs $S_0^{cumB} = 768,-$ beträgt. Die Dividende je Altaktie beträgt 35,–. Die Gesellschaft hat beschlossen, junge Aktien mit einem Nominale von 100,– emittieren, deren Bezugskurs 700,– beträgt und die im Emissionsjahr zu 90 % dividendenberechtigt sind. Das Bezugsverhältnis beträgt 4:1.

(a) Um welchen Betrag steigt aufgrund der Aktienemission das Grundkapital, um welchen Betrag der Buchwert des Eigenkapitals der Unternehmung?

(b) Bestimmen Sie den rechnerischen Kurs des Bezugsrechts.

(c) Ermitteln Sie den rechnerischen Kurs der jungen Aktie sowie den rechnerischen exB–Kurs der Altaktie.

(d) Ein Investor besitzt 100 Altaktien. Ermitteln Sie seine Vermögenspositionen vor und nach der Kapitalerhöhung, falls er

(d1) alle Bezugsrechte ausübt,

(d2) genau so viele Bezugsrechte verkauft, daß er aus dem Erlös die restlichen Bezugsrechte ohne weiteren Bargeldeinsatz ausüben kann.

Unterstellen Sie dabei, daß das Bezugsrecht zu seinem rechnerischen Wert notiert.

(a) Grund– und Eigenkapitaländerung

Das stückmäßige Bezugsverhältnis beträgt $BV = 4 : 1$, auf vier Altaktien kommt somit eine junge Aktie. Bei $N = 20.000$ Altaktien werden daher

$$BV = \frac{N}{n}$$
$$\iff n = \frac{N}{BV}$$
$$= \frac{20.000}{4}$$
$$= 5.000$$

junge Aktien begeben.

Das Grundkapital der Industrie AG steigt um das zusätzliche Nominalvermögen der jungen Aktien, also um

$$n \cdot Nom^{\text{jung}} = 5.000 \cdot 100$$
$$= 500.000.$$

Das Eigenkapital der Industrie AG hingegen steigt um das gesamte Emissionsvolumen, und das sind

$$n \cdot X = 5.000 \cdot 700$$
$$= 3.500.000.$$

Dieser Betrag wird auf das Grundkapital (500.000,–) und die gesetzlichen Rücklagen (3.000.000,–) aufgeteilt.

(b) Rechnerischer Kurs des Bezugsrechts

Das Bezugsrecht wird einen rechnerischen Wert von

$$c_0 = \frac{S_0^{\text{cumB}} - [X + (1 - s) \cdot Div]}{BV + 1}$$
$$= \frac{768 - [700 + 0,1 \cdot 35]}{4 + 1}$$
$$= 12,90$$

haben.

(c) Aktienkurse unmittelbar nach der Emission

Der rechnerische Kurs der Altaktien ergibt sich gemäß der Bewertungsformel aus

$$S_0^{\text{exB,alt}} = \frac{N \cdot S_0^{\text{cumB}} + n \cdot [X + (1 - s) \cdot Div]}{N + n}$$
$$= \frac{20.000 \cdot 768 + 5.000 \cdot [700 + 0,1 \cdot 35]}{20.000 + 5.000}$$
$$= 755,10.$$

Am exB–Tag wird das Bezugsrecht von der Aktie abgetrennt und wird ein eigenständiges Wertpapier, weshalb der Kurs der Altaktie um genau den Wert des abgetrennten Bezugsrechtes sinken wird. Da c_0 bereits aus Punkt (b) bekannt ist, kann der exB–Kurs auch alternativ durch

$$S_0^{\text{exB,alt}} = S_0^{\text{cumB}} - c_0$$
$$= 768 - 12,90$$
$$= 755,10$$

ermittelt werden. Die junge Aktie unterscheidet sich von der alten lediglich im niedrigeren Dividendenanspruch für das aktuelle Geschäftsjahr, und dieser Dividendennachteil verursacht auch genau den Kursunterschied:

$$S_0^{\text{exB,jung}} = S_0^{\text{exB,alt}} - (1 - s) \cdot Div$$
$$= 755,10 - (1 - 0,9) \cdot 35$$
$$= 751,60.$$

Auch hier existiert eine alternative Bewertungsmethode: Um eine junge Aktie beziehen zu können, müssen der Emissionskurs und die entsprechende Anzahl von Bezugsrechten aufgebracht werden. Bei fairen Preisen muß der Kurs der jungen Aktie dem Wert dieser „Einzelteile" entsprechen:

$$S_0^{jung} = X + BV \cdot c_0$$
$$= 700 + 4 \cdot 12,90$$
$$= 751,60.$$

(d) Vermögensposition

Vor Erhöhung befinden sich lediglich 100 Altaktien im Besitz des Altaktionärs, die zu ihrem cumB–Kurs notieren. Sein Vermögen beträgt somit

$$100 \cdot S_0^{cumB} = 100 \cdot 768$$
$$= 76.800, -.$$

Falls die Bezugsrechte und Altaktien bereits getrennt gehandelt werden, dann beträgt sein Vermögen ebenfalls

$$100 \cdot S_0^{exB} + 100 \cdot c_0 = 100 \cdot 755,10 + 100 \cdot 12,90$$
$$= 76.800, -.$$

(d1) Wert nach Erhöhung bei Ausübung aller Bezugsrechte:
Dank der 100 Altaktien besitzt der Investor ebensoviele Bezugsrechte, für die er aufgrund des geltenden Bezugsrechtes $\frac{100}{4} = 25$ junge Aktien zum Emissionskurs beziehen kann. Nach Ausübung aller Bezugsrechte hat er daher die entsprechenden Zahlungen zu leisten, besitzt dafür aber neben den 100 Altaktien (die jetzt zu ihrem exB–Kurs notieren) auch 25 Jungaktien mit einem Kurswert von je S_0^{jung}. Sein Gesamtvermögen setzt sich daher wie folgt zusammen:

	100 Altaktien à $S_0^{exB,alt}$	=	75.510	
+	25 junge Aktien à $S_0^{exB,jung}$	=	18.790	
=	Aktienvermögen			94.300
	Zahlungen für 25 junge Aktien $25 \cdot X$	=	-17.500	
=	Barvermögen			-17.500
	Gesamtvermögen			76.800,-

Das Gesamtvermögen bleibt unverändert; der Altaktionär ist somit vor Vermögensnachteilen geschützt, hat aber durch die Emission auch keinen rechnerischen Vermögensvorteil. Durch die Ausübung aller seiner Bezugsrechte hat er aber eine Umschichtung innerhalb seines Vermögens vorgenommen, und zwar von Bar– in Aktienvermögen.
Wie sich übrigens in späteren Aufgaben noch zeigen wird, hätte ein Verkauf sämtlicher Bezugsrechte eine Umschichtung von Aktien– in Barvermögen zur Folge, wobei das Gesamtvermögen ebenfalls nicht beeinträchtigt würde.

(d2) Wert nach Erhöhung bei Durchführung der Opération blanche:
Möchte der Investor die in (d1) beobachtete Vermögensumschichtung vermeiden, dann wird er nach Möglichkeit genau soviele Bezugsrechte zu ihrem Kurs c_0 verkaufen, daß er mit den Einnahmen die Ausübung der verbleibenden Bezugsrechte finanzieren kann, d.h. daß er sein aktuelles Barvermögen aufgrund der Auszahlungen für den Emissionskurs nicht verringern muß.

Bezeichnet man mit y die Anzahl der jungen Aktien, die gekauft werden sollen (und daher mit $y \cdot BV$ die Anzahl der ausgeübten Bezugsrechte) und mit z die Anzahl der verkauften Bezugsrechte, dann muß bei verfügbaren 100 Bezugsrechten einerseits

$$z = 100 - y \cdot BV$$

gelten, da die Anzahl der verkauften gleich der Anzahl der nicht ausgeübten Bezugsrechte sein soll (andernfalls würde er ja Bezugsrechte verfallen lassen). Andererseits sollen die Einnahmen aus dem Verkauf ($z \cdot c_0$) wenn möglich gleich, keinesfalls aber unter den notwendigen Auszahlungen für die jungen Aktien ($X \cdot y$) liegen; es soll also gelten

$$z \cdot c_0 \geq X \cdot y.$$

Verbindet man diese beiden Bedingungen, dann ergibt sich

$$y \leq \frac{c_0 \cdot 100}{X + c_0 \cdot 4}$$

$$y \leq 1,72$$

Da nur ganze Stückzahlen junger Aktien bezogen werden können, wird gemäß dem Ungleichheitszeichen für y der nächstkleinere ganze Wert, also $y = 1$ gewählt, und es werden aufgrund des herrschenden Bezugsverhältnisses vier Bezugsrechte ausgeübt. Dementsprechend bleiben nach der Ausübung noch $100 - 1 \cdot 4 = 96$ Bezugsrechte zum Verkauf. Für den Investor ergeben sich daher folgende Vermögenspositionen:

	100 Altaktien à $S_0^{\text{exB,alt}}$	=	75.510,–
+	1 junge Aktie à $S_0^{\text{exB,jung}}$	=	751,60
=	Aktienvermögen		76.261,60
	Einzahlungen aus Bezugsrechtsverkauf $96 \cdot c_0$	=	1.238,40,–
–	Auszahlungen für 1 junge Aktien $1 \cdot X$	=	–700,–
=	Barvermögen		+538,40
	Gesamtvermögen		76.800

(Anmerkung: Hätte der Investor aufgerundet und $y = 2$ gewählt, dann wäre sein Gesamtvermögen zwar ebenfalls unverändert geblieben, sein Aktienvermögen wäre aber 213,20 gestiegen — und sein Barvermögen um den gleichen Betrag gesunken. Dies würde aber dem ursprünglichen Wunsch, das Barvermögen nicht zu verringern, widersprechen.)

Aufgabe 6.2

Eine AG möchte im Rahmen einer ordentlichen Kapitalerhöhung das Grundkapital von 1.000.000,– auf 1.500.000,– aufstocken. Das Nominale von alten und jungen Aktien ist identisch und beträgt 1.000,– je Stück. Die alte Aktie notiert vor der Kapitalerhöhung mit 2.000,–, für die jungen Aktien wurde ein Emissionskurs von 1.400,– festgesetzt. Die erwartete Dividende je Aktie im Ausgabejahr beträgt 60,–. Als rechnerischer Wert des Bezugsrechts wurde 192,– ermittelt.

(a) Zu wie viel Prozent sind die jungen Aktien im Ausgabejahr dividendenberechtigt?

(b) Wie hoch werden die Kurse der Aktien nach der Kapitalerhöhung sein?

(c) Ein Investor besitzt 200 Aktien der AG und ein Barvermögen in der Höhe von 200.000,-.
Über welches Barvermögen, Aktienvermögen und Gesamtvermögen verfügt der Investor
nach der Kapitalerhöhung, wenn er

(ca) alle Bezugsrechte ausübt,

(cb) alle Bezugsrechte verkauft?

(d) Der Investor möchte, daß seine Barposition unverändert bleibt. Wie viele Bezugsrech-
te muß der Investor verkaufen bzw. wie viele junge Aktien sind von dem Investor zu
erwerben?

(a) Dividendenberechtigung

Die AG hat $N = \frac{1.000.000}{1.000} = 1.000$ Stück Altaktien begeben und möchte ihr Gesamtnominale
um 500.000,- anheben. Sie muß daher $n = \frac{500.000}{1.000} = 500$ Stück junge Aktien emittieren. Das
stückmäßige Bezugsverhältnis beträgt somit $BV = \frac{1.000}{500} = 2$. Beim angegebenen Bezugsrechtskurs ergibt sich für die Dividendenberechtigung

$$c_0 = \frac{S_0^{cumB} - (X + (1-s) \cdot Div)}{BV + 1}$$

$$\Longleftrightarrow s = \frac{c_0 \cdot (BV + 1) - S_0^{cumB} + X + Div}{Div}$$

$$= \frac{192 \cdot (2+1) - 2.000 + 1.400 + 60}{60}$$

$$= 60 \ \%.$$

(b) Kurse unmittelbar nach der Emission

Rechnerischer exB–Kurs der Altaktie:

$$S_0^{exB,alt} = \frac{BV \cdot S_0^{cumB} + X + (1-s) \cdot Div}{BV + 1}$$

$$= \frac{2 \cdot 2.000 + 1.400 + 0,4 \cdot 60}{2+1}$$

$$= 1.808, -$$

bzw. alternativ aus

$$S_0^{exB,alt} = S_0^{cumB} - c_0$$

$$= 2.000 - 192$$

$$= 1.808, -.$$

Rechnerischer Kurs der jungen Aktie:

$$S_0^{jung} = S^{exB,alt} - (1-s) \cdot Div$$

$$= 1.808 - 0,4 \cdot 60$$

$$= 1.784, -$$

bzw. alternativ aus

$$S_0^{\text{jung}} = X + BV \cdot c_0$$
$$= 1.400 + 2 \cdot 192$$
$$= 1.784, -.$$

(c) Vermögensposition der Altaktionäre

(c1) Bei der Ausübung aller Bezugsrechte kann der Investor 100 junge Aktien beziehen, wobei er pro Jungaktie den Emissionskurs von 1.400,– bezahlen muß.

	Barvermögen	Aktienvermögen	Gesamtvermögen
vorher	200.000	$200 \cdot 2.000$ $= 400.000$	600.000
nachher	$200.000 - 100 \cdot 1.400$ $= 60.000$	$200 \cdot 1.808 + 100 \cdot 1.784$ $= 540.000$	600.000
Änderung	-140.000	$+140.000$	± 0

(c2) Durch den Verkauf sämtlicher Bezugsrechte erhält der Investor pro Bezugsrecht c_0, gleichzeitig sinkt aber der Kurs der Altaktien von S_0^{cumB} auf S_0^{exB}:

	Barvermögen	Aktienvermögen	Gesamtvermögen
vorher	200.000	$200 \cdot 2.000$ $= 400.000$	600.000
nachher	$200.000 + 200 \cdot 192$ $= 238.400$	$200 \cdot 1.808$ $= 361.600$	600.000
Änderung	$+38.400$	-38.400	± 0

(d) Opération blanche

Bezeichnet man mit y die Anzahl der jungen Aktien, die gekauft werden sollen (d.h. mit $y \cdot BV$ die Anzahl der ausgeübten Bezugsrechte), und mit z die Anzahl der verkauften Bezugsrechte, dann ergibt sich

$$y \leq \frac{200 \cdot 192}{1.400 + 2 \cdot 192}$$
$$y \leq 21,52.$$

Aufgrund der Ganzzahligkeitsbedingung werden somit 21 junge Aktien gekauft, wozu 42 Bezugsrechte benötigt werden. Zum Verkauf bleiben daher

$$z = 200 - 21 \cdot 2$$
$$= 158$$

Bezugsrechte.

	Barvermögen	Aktienvermögen	Gesamtvermögen
vorher	200.000	$200 \cdot 2.000$ $= 400.000$	600.000
nachher	$200.000 + 158 \cdot 192$ $-21 \cdot 1.400$ $= 200.936$	$200 \cdot 1.808 + 21 \cdot 1.784$ $= 399.064$	600.000
Änderung	+936	−936	±0

Aufgabe 6.3

Zum Erwerb einer Beteiligung an einem ihrer Lieferanten hat die Hauptversammlung der Industrie–AG beschlossen, eine ordentliche Kapitalerhöhung mit einem Emissionsvolumen von 100 Mio. öS durchzuführen. Vor dieser Kapitalerhöhung beträgt das Nominale Grundkapital der Industrie–AG 1 Mrd. S und das Nominale je Aktie 1.000,–. Das Nominale der zu emittierenden jungen Aktien soll ebenfalls 1.000,– betragen. Für die nächste Dividende je Altaktie sind 60,– vorgeschlagen, und die jungen Aktien werden im laufenden Geschäftsjahr zu 30 % dividendenberechtigt sein. Die Altaktie notiert unmittelbar vor der Kapitalerhöhung mit 3.000,–.

(a) Innerhalb welchen Rahmens kann der Bezugskurs der jungen Aktien festgelegt werden?

Der Bezugskurs für eine junge Aktie sei 2.000,–.

(b) Wie groß ist das Nominale Grundkapital der Industrie–AG nach der ordentlichen Kapitalerhöhung?

(c) Wie wird in der Bilanz der Industrie–AG der restliche Teil des Emissionsvolumens ausgewiesen?

(d) Berechnen Sie das nominelle und das stückmäßige Bezugsverhältnis.

(e) Bestimmen Sie die rechnerischen Kurse für die Altaktien und für die jungen Aktien am Ex–Bezugsrechtstag. Ab welchem Zeitpunkt notieren beide Aktienarten wieder einheitlich?

(f) Bestimmen Sie den rechnerischen Wert des Bezugsrechts.

(g) Eine Investorin besitzt 10.000 Altaktien der Industrie–AG und möchte damit soviel junge Aktien wie möglich beziehen. Dabei sollen jedoch die zu bezahlenden Bezugspreise zur Gänze aus dem Verkauf eines Teils der Bezugsrechte aufgebracht werden.

Wie viele Bezugsrechte muß die Investorin veräußern und wie viele junge Aktien kann sie beziehen, falls das Bezugsrecht zu seinem rechnerischen Wert notiert?

Berechnen Sie den Wert des Vermögens der Investorin vor und nach dieser Opération blanche.

(a) Grenzen für den Bezugskurs

Gemäß den gesetzlichen Bestimmungen muß der Emissionskurs zumindest in der Höhe des mit
der Aktie verbrieften Nominale festgelegt werden; andernfalls würde weniger als das haftende
Kapital aufgebracht werden. Gleichzeitig muß X aber unter dem cumB-Kurs der Altaktie
abzüglich eines allfälligen Dividendennachteils liegen, da sonst der Wert des Bezugsrechts negativ werden würde. Als Grenzen ergeben sich daher

$$Nom \leq X \leq S_0^{cumB} - (1 - s) \cdot Div$$
$$1.000 \leq X \leq 2.958, -$$

(b) Höhe des Grundkapitals

Vor der Kapitalerhöhung wird das Grundkapital in Höhe von 1 Milliarde ausschließlichen von
Altaktien mit Nominale von jeweils 1.000,- gestellt. Insgesamt müssen daher

$$N = \frac{1.000.000.000}{1.000}$$
$$= 1.000.000$$

Altaktien existieren. Um gleichzeitig bei einem Emissionskurs von $X = 2.000$,- insgesamt ein
Emissionsvolumen (= Grundkapitalerhöhung plus in den Rücklagen zu bilanzierendes Agio)
von 100 Millionen aufzubringen, müssen

$$n = \frac{100.000.000}{2.000}$$
$$= 50.000$$

junge Aktien begeben werden. Bei einem Nominale von 1.000,- je junger Aktien beträgt daher
das gesamte Grundkapital nach der Erhöhung

$$GK^{ges} = \underbrace{1.000.000 \cdot 1.000}_{GK^{alt}} + \underbrace{50.000 \cdot 1.000}_{GK^{jung}}$$
$$= 1.050.000.000, -$$

(c) Bilanzielle Behandlung des Agios

Wie bereits angedeutet, fließt die Differenz zwischen Emissionsvolumen und jungem Grundkapital in die gesetzlichen Rücklagen. Konkret handelt es sich dabei um einen Gesamtbetrag
von

$$50.000 \cdot (X - Nom^{jung}) = 50.000 \cdot (2.000 - 1.000)$$
$$= 50.000.000, -$$

(d) Bezugsverhältnisse

Setzt man Alt– und Jungaktien bezüglich ihres Gesamtnominales und ihrer Stückzahl zueinander in Relation, dann erhält man

$$BV^{nom} = \frac{1.000.000.000}{50.000.000}$$
$$= 20 : 1$$
$$BV^{stück} = \frac{1.000.000}{50.000}$$
$$= 20 : 1$$

Im konkreten Beispiel müssen beide Verhältnisse gleich sein, da Jung– und Altaktien das gleiche Nominale je Stück aufweisen.

(e) Aktienkurse am Emissionstag

Die rechnerischen Kurse der Jung– und der Altaktie betragen

$$S_0^{exB,alt} = \frac{20 \cdot 3.000 + 2.000 + 0,7 \cdot 60}{20 + 1}$$
$$= 2.954,38$$
$$S_0^{jung} = S_0^{exB,alt} - (1 - s) \cdot Div$$
$$= 2.954,38 - 0,7 \cdot 60$$
$$= 2.912,38$$

Alte und junge Aktien unterscheiden sich nur bezüglich des Dividendennachteils für das erste Jahr. Ab dem nächsten exDiv-Tag werden somit beide zum gleichen Kurs notieren. An diesem Tag wird die Altaktie um die Dividende von $Div = 60, -$, die Jungaktie um die verringerte Dividende von $(1 - s) \cdot Div = 18, -$ sinken, und der Kursunterschied wird verschwinden.

(f) Kurs des Bezugsrechts

Der rechnerische Kurs des Bezugsrechtes kann einerseits durch Einsetzen in die entsprechende Bewertungsformel ermittelt werden. Da aber andererseits bereits der rechnerische exB–Kurs der Altaktie bekannt ist, ergibt sich c_0 auch einfach aus dem Kursabschlag, also aus

$$c_0 = S_0^{cumB} - S_0^{exB,alt}$$
$$= 3.000 - 2.954,38$$
$$= 45,62.$$

(g) Opération blanche

Bezeichnet man mit y die Anzahl der jungen Aktien, die gekauft werden sollen (d.h. mit $y \cdot BV$ die Anzahl der ausgeübten Bezugsrechte) und mit z die Anzahl der verkauften Bezugsrechte, dann muß gelten

$$z = 10.000 - y \cdot BV$$
$$z \cdot c_0 \geq y \cdot X$$

$$\Rightarrow y \le \frac{10.000}{\frac{X}{\infty} + BV}$$

$$\le \frac{10.000}{\frac{2.000}{45,62} + 20}$$

$$y \le 156,64$$

$$\Rightarrow y = 156$$

$$z = 10.000 - 156 \cdot 20$$

$$= 6.880$$

	Barvermögen	Aktienvermögen	Gesamtvermögen
vorher	0	$10.000 \cdot 3.000$ $= 30.000.000$	$30.000.000$
nachher	$6.880 \cdot 45,62 - 156 \cdot 2.000$ ≈ 1.865	$10.000 \cdot 2.954,38$ $+156 \cdot 2.912,38$ $\approx 29.998.135$	$\approx 30.000.000$
Änderung	$\approx +1.865$	≈ -1.865	± 0

(Anmerkung: Die Ungenauigkeiten ergeben sich aus Rundungsfehlern.)

Aufgabe 6.4

Die Auto-AG plant eine ordentliche Kapitalerhöhung zur externen Eigenfinanzierung einer neuen Produktionshalle, die Investitionen in der Höhe von 4 Mio. Schilling erfordert. Derzeit sind 10.000 Aktien mit einem Nominale von je 100,- im Umlauf. Die Altaktien notieren unmittelbar vor Beginn der Bezugsfrist mit 950,- Schilling, und der Bezugskurs der jungen Aktien beträgt 800,-.

(a) *Berechnen Sie das Bezugsverhältnis, falls die jungen Aktien ebenfalls ein Nominale von je 100,- aufweisen.*

(b) *Das Bezugsrecht notiert mit 40,-. Welche Dividende auf die Altaktien erwartet sich der Markt, wenn die jungen Aktien im Emissionsjahr zu 40 % dividendenberechtigt sind?*

(c) *Welche rechnerischen Kurse werden alte bzw. junge Aktien am ersten Tag des Bezugsrechtshandels aufweisen?*

(d) *Sie besitzen 100 Aktien und planen, alle Ihre Bezugsrechte auszuüben. Den Kauf der jungen Aktien finanzieren Sie über einen Kredit. Stellen Sie Ihre Reinvermögenspositionen vor und nach der Kapitalerhöhung dar. Wie viel an Dividenden-Zahlungen können Sie insgesamt im Emissionsjahr erwarten?*

(a) Bezugsverhältnis

$$n = \frac{4.000.000}{800}$$
$$= 5.000 \text{ Stück junge Aktien}$$
$$BV^{stück} = \frac{10.000}{5.000}$$
$$= 2 : 1$$

(b) Höhe der Dividende

Löst man die Bewertungsgleichung für den rechnerischen Bezugsrechtskurs nach der Dividende auf, dann ergibt sich

$$Div = \frac{S_0^{cumB} - X - (BV + 1) \cdot c_0}{1 - s}$$
$$= \frac{950 - 800 - (2 + 1) \cdot 40}{1 - 0,4}$$
$$= 50, -.$$

(c) Rechnerische Kurse unmittelbar nach der Emission

$$S_0^{exB,alt} = S_0^{cumB} - c_0 = 950 - 40$$
$$= 910, -$$
$$S_0^{jung} = S_0^{exB,alt} - (1 - s) \cdot Div = 910 - 0,6 \cdot 50$$
$$= 880, -$$

(d) Vermögensposition des Altaktionärs

	Barvermögen	Aktienvermögen	Gesamtvermögen
vorher	0	$100 \cdot 950$ $= 95.000$	95.000
nachher	$-50 \cdot 800$ $= 40.000$	$100 \cdot 910 + 50 \cdot 880$ $= 135.000$	95.000
Änderung	-40.000	$+40.000$	± 0

Gesamte Dividendenzahlungen:

$$\underbrace{100 \cdot 50}_{\text{Altaktien}} + \underbrace{50 \cdot (0,4 \cdot 50)}_{\text{junge Aktien}} = 6.000, -$$

Aufgabe 6.5

Die Unternehmung Phila AG befindet sich gerade mitten im Geschäftsjahr und verfügt derzeit über ein Eigenkapital von 1.050.000,– Schilling, das sich zusammensetzt aus 200.000,– Schilling Grundkapital, 800.000,– Schilling Rücklagen und 50.000,– Schilling im laufenden Geschäftsjahr akkumulierter Gewinn. Das Grundkapital ist in Aktien zu 100,– Schilling Nominalwert gestückelt und ist voll an der Börse zugelassen. Der derzeitige Kurs der Aktie der Unternehmung beträgt 525,– Schilling.

Die Unternehmung erhöht nun durch eine Emission neuer Aktien ihr Eigenkapital um 200.000,– Schilling, wobei sie das Grundkapital lediglich um 50.000,– erhöht.

Hinweis: Die Differenz zwischen dem Bezugskurs der neuen Aktien und ihrem Nominalwert von 100,– Schilling pro Stück ist in die Rücklagen einzustellen.

(a) *Wie viele neue Aktien werden emittiert und wie hoch ist der Bezugskurs der neuen Aktie?*

Es wird erwartet, daß die Unternehmung bis zum Ende des Geschäftsjahres noch zusätzlich 55.000,– Schilling an Gewinn akkumulieren wird und an dessen Ende den gesamten Gewinn in Höhe von 105.000,– Schilling an die Aktionäre ausschütten wird. Dabei werden die neuen Aktien nur zu 20 Prozent dividendenberechtigt sein.

(b) *Wie hoch ist der rechnerische Wert eines Bezugsrechts?*

(c) *Wie hoch sind unmittelbar nach der Kapitalerhöhung die Kurse der jungen und der alten Aktie?*

(d) *Angenommen, Sie besitzen vor der Kapitalerhöhung 40 Aktien der Unternehmung. Wie verändert sich Ihr Aktienvermögen, wenn Sie im Rahmen der Kapitalerhöhung*

(d1) *Ihre Bezugsrechte voll ausnutzen?*

(d2) *alle Ihre Bezugsrechte verkaufen?*

(d3) *maximal so viele neue Aktien erwerben, wie Sie vollständig aus dem Verkauf von Bezugsrechten finanzieren können?*

(a) Anzahl der jungen Aktien

Eine Erhöhung des Grundkapitals um 50.000,– bedeutet, daß $n = \frac{50.000}{100} = 500$ junge Aktien emittiert werden müssen. Damit nun tatsächlich ein Emissionsvolumen $(= n \cdot X)$ von 200.000,– erzielt wird, muß der Emissionskurs $X = \frac{200.000}{500} = 400$,– betragen.

(b) Rechnerischer Wert des Bezugsrechts

Vor der Kapitalerhöhung gab es $N = \frac{200.000}{100} = 2.000$ Altaktien. Teilt man den Gewinn gemäß der jeweiligen Dividendenberechtigung auf alle Aktien auf, dann ergibt sich

$$105.000 = \underbrace{Div \cdot 2.000}_{\text{Altaktien}} + \underbrace{(0,2 \cdot Div) \cdot 500}_{\text{junge Aktien}}$$

$$\Rightarrow Div = 50, -$$

$$c_0 = \frac{525 - (400 + (1 - 0,2) \cdot 50)}{\frac{2.000}{500} + 1}$$

$$= 17, -$$

(c) Kurse unmittelbar nach der Emission

$$S_0^{\text{exB,alt}} = 525 - 17$$

$$= 508, -$$

$$S_0^{\text{jung}} = 508 - (1 - 0,2) \cdot 50$$

$$= 468, -$$

(d) Vermögensposition der Altaktionäre

Vor der Kapitalerhöhung beträgt das Aktienvermögen $40 \cdot 525 = 21.000, -$. Das stückmäßige Bezugsverhältnis beträgt $\frac{2.000}{500} = 4$.

(d1) Ausübung aller Bezugsrechte:
Das Aktienvermögen besteht jetzt aus 40 Altaktien zu einem Kurs von 508,– und $\frac{40}{4} = 10$ jungen Aktien zu einem Kurs von 468,–, es hat somit einen Gesamtwert von $40 \cdot 508 + 10 \cdot 468 = 25.000, -$, was einen Anstieg von 4.000,– bedeutet.

(d2) Verkauf aller Bezugsrechte:
Das Aktienvermögen besteht in diesem Fall ausschließlich aus 40 Altaktien mit einem Gesamtwert von $40 \cdot 508 = 20.320, -$. Der Wert des Aktienvermögens ist somit um 680,– gefallen.

(d3) Opération blanche:
Bezeichnet man mit y die Anzahl der jungen Aktien, die gekauft werden sollen (d.h. mit $y \cdot 4$ die Anzahl der ausgeübten Bezugsrechte) und mit z die Anzahl der verkauften Bezugsrechte, dann muß gelten

$$z = 40 - y \cdot 4$$

$$z \cdot c_0 \geq y \cdot X$$

$$\Rightarrow y \leq \frac{40}{\frac{X}{\infty} + 4}$$

$$\leq \frac{40}{\frac{400}{17} + 4}$$

$$\leq 1,45$$

$$\Rightarrow y = 1$$

$$z = 40 - 1 \cdot 4$$

$$= 36$$

Das Aktienvermögen besteht daher aus 40 Altaktien und einer jungen Aktien und hat einen Gesamtwert von $40 \cdot 508 + 1 \cdot 468 = 20.788, -$. Der Wert des Aktienvermögens ist somit um $212,-$ gesunken. In allen drei Fällen ist zu berücksichtigen, daß die Änderung im Aktienvermögen vollständig durch die Änderung im Barvermögen ausgeglichen wird, wodurch Aktionäre letztlich keine Gesamtvermögensänderung erfahren.

Aufgabe 6.6

Wegen diverser Fehlspekulationen im Warenterminbereich sieht sich die Blech AG gezwungen, von einer bereits genehmigten Kapitalerhöhung Gebrauch zu machen und das Grundkapital um 10 % zu erhöhen. Der Bezugsrechtshandel beginnt am 1. Dezember 1994.

Der am 30. November 1994 am Schottenring festgestellte Börsenkurs der Blech AG beträgt 1.250,-. Zu diesem Zeitpunkt befinden sich 20.000 Aktien des Unternehmens mit einem Nominalwert von jeweils 500,- im Umlauf. Die jungen Aktien werden mit einem Nominalwert von 500,- zu einem Emissionskurs von 1.000,- emittiert. Als sichere Dividende für die Altaktien sind 75,- avisiert, die jungen Aktien sind im Emissionsjahr zu 60 % dividendenberechtigt.

(a) *Wo werden die der Blech AG zufließenden Geldmittel, die über den Nominalwert von 500,- je Aktie hinausgehen, verbucht?*

(b) *Berechnen Sie das nominelle Bezugsverhältnis sowie den rechnerischen Wert des Bezugsrechtes.*

(c) *Berechnen Sie den rechnerischen Wert der Altaktie am 1. Dezember 1994.*

(d) *Der Aktionär Schmidt hat am 30. November 1994 200 Aktien der Blech AG in seinem Depot verbucht. Stellen Sie seine Vermögensposition am 30. November 1994 dar. Vergleichen Sie diese mit seiner Vermögensposition am 1. Dezember 1994 für den Fall, daß er seine Bezugsrechte ausgeübt, und für den Fall, daß er seine Bezugsrechte verkauft hat. Unterstellen Sie hierfür, daß die Bezugsrechte zu ihrem rechnerischen Wert notieren.*

(a) Verbuchung des Agios

Die Differenz zwischen Emissionsvolumen und Nominale ist in den gesetzlichen Rücklagen zu verbuchen.

(b) Bezugsverhältnis und Bezugsrechtskurs

$$Nom^{alt} = 20.000 \cdot 500$$
$$= 10.000.000$$
$$Nom^{jung} = 10.000.000 \cdot 0,1$$
$$= 1.000.000$$
$$n = \frac{1.000.000}{500}$$
$$= 2.000$$
$$BV^{nom} = \frac{10.000.000}{1.000.000}$$
$$= 10 : 1$$
$$c_0 = \frac{1.250 - (1.000 + (1 - 0,6) \cdot 75)}{10 + 1}$$
$$= 20,-$$

(c) Kurs der Altaktie

$$S_0^{exB,alt} = \frac{20.000 \cdot 1.250 + 2.000 \cdot (1.000 + (1 - 0,6) \cdot 75)}{20.000 + 2.000}$$
$$= 1.230,-$$
$$= S_0^{cumB,alt} - c_0$$
$$= 1.250 - 20$$
$$= 1.230,-$$
$$S_0^{jung} = 1.230 - (1 - 0,6) \cdot 75$$
$$= 1.200,-$$

(d) Vermögensposition

(d1) Alle Bezugsrechte werden ausgeübt:

	Barvermögen	Aktienvermögen	Gesamtvermögen
30.11.1994	0	$200 \cdot 1.250$ $= 250.000$	250.000
1.12.1994	$-20 \cdot 1.000$ $= -20.000$	$200 \cdot 1.230 + 20 \cdot 1.200$ $= 270.000$	250.000
Änderung	−20.000	+10.000	±0

(d2) Alle Bezugsrechte werden verkauft:

	Barvermögen	Aktienvermögen	Gesamtvermögen
30.11.1994	0	$200 \cdot 1.250$ $= 250.000$	250.000
1.12.1994	$200 \cdot 20$ $= 4.000$	$200 \cdot 1.230$ $= 246.000$	250.000
Änderung	+4.000	−4.000	±0

Aufgabe 6.7

Die F–AG führt eine ordentliche Kapitalerhöhung durch. Derzeit hat die Unternehmung 3 Mio. Aktien mit einem Nominale von 100,– je Aktie begeben. Die neuen Aktien haben ebenfalls ein Nominale von je 100,–. Vor der Kapitalerhöhung beträgt der Aktienkurs 300,–, der Bezugspreis einer jungen Aktie ist mit 200,– festgelegt. Ihr Wertpapierberater weist Sie darauf hin, daß die jungen Aktien in Emissionsjahr nur zu 40% dividendenberechtigt sind. Es wird allgemein eine Dividende von 20,– Schilling je alter Aktie erwartet.

(a) *Wie groß wird das Grundkapital nach der Kapitalerhöhung sein, wenn der rechnerische Wert des Bezugsrechts 8,– Schilling beträgt?*

(b) *Wie viel zahlt die F–AG bei der nächsten Dividendenzahlung insgesamt aus?*

(c) *Der Aktionär Paul P. hat 1.000 Aktien und verkauft so viele Bezugsrechte, um sich mit dem Erlös den Kauf von jungen Aktien mit den restlichen Rechten zu finanzieren. Berechnen Sie sein Vermögen vor und nach der Kapitalerhöhung, falls die Bezugsrechte zu ihrem rechnerischen Wert notieren.*

(a) Ermittlung des Gesamtnominale

$$c_0 = \frac{S_0^{cumB} - (X + (1-s) \cdot Div)}{\frac{N}{n} + 1}$$

$$\Rightarrow n = \frac{N \cdot c_0}{S_0^{cumB} - (X + (1-s) \cdot Div) - c_0}$$

$$= \frac{3.000.000 \cdot 8}{300 - (200 + (1-0,4) \cdot 20) - 8}$$

$$= 300.000$$

$$GK^{ges} = \underbrace{3.000.000 \cdot 100}_{=GK^{alt}} + \underbrace{300.000 \cdot 100}_{=GK^{jung}}$$

$$= 330.000.000,-$$

(b) Ermittlung der gesamten Dividendenausschüttung

$$\underbrace{3.000.000 \cdot 20}_{\text{für Altaktien}} + \underbrace{300.000 \cdot (0,4 \cdot 20)}_{\text{für junge Aktien}} = 62.400.000$$

(c) Opération blanche

Das Bezugsverhältnis beträgt $BV = \frac{3.000.000}{300.000} = 10 : 1$, und die rechnerischen Aktienkurse unmittelbar nach Ausübung der Bezugsrechte betragen

$$S_0^{exB,alt} = 300 - 8$$

$$= 292,-$$

und

$$S_0^{\text{jung}} = 292 - (1 - 0,4) \cdot 20$$
$$= 280, -.$$

Bezeichnet man mit y die Anzahl der jungen Aktien, die gekauft werden sollen (d.h. mit $y \cdot BV$ die Anzahl der ausgeübten Bezugsrechte) und mit z die Anzahl der verkauften Bezugsrechte, dann muß gelten

$$y \leq \frac{1.000}{\frac{200}{8} + 10}$$
$$y \leq 28,57,$$

wobei dieses Ergebnis aufgrund der Ganzzahligkeitsbedingung auf $y = 28$ abgerundet wird. In der Folge bleiben Paul noch $z = 1.000 - 28 \cdot 10 = 720$ Bezugsrechte zum Verkauf.

	Barvermögen	Aktienvermögen	Gesamtvermögen
vorher	0	$1.000 \cdot 300 =$ 300.000	300.000
nachher	$720 \cdot 8 - 28 \cdot 200 =$ 160	$1.000 \cdot 292 + 28 \cdot 280$ 299.840	300.000
Änderung	+160	−160	±0

Aufgabe 6.8

Die ABC AG plant eine ordentliche Kapitalerhöhung zur Finanzierung einer neuen Fertigungsanlage, die eine Investition von 10 Mio. erfordert. Bisher hat die ABC AG 100.000 Aktien zu einem Nominale von 100,- begeben, die derzeit zu einem Kurs von 240,- notieren. Für alte Aktien wird eine Dividende von 12,50 je Aktie erwartet. Die jungen Aktien können zu einem Kurs von 200,- bezogen werden und weisen ebenfalls ein Nominale von 100,- auf. Die Bezugsrechte werden derzeit zu einem Kurs in der Höhe des rechnerischen Wertes von 10,- gehandelt.

(a) *Zu wie viel Prozent sind die jungen Aktien im Emissionsjahr dividendenberechtigt?*

(b) *Aktionär Peter P. hat ein Barvermögen von 200.000,- und besitzt 1.000 alte Aktien der ABC AG. Berechnen Sie sein Barvermögen, sein Aktienvermögen und sein Gesamtvermögen, wenn er*

(b1) *alle Bezugsrechte ausübt,*

(b2) *alle Bezugsrechte verkauft,*

(b3) *maximal so viele junge Aktien erwirbt, wie er aus dem Verkauf von Bezugsrechten finanzieren kann.*

Berechnen Sie in allen drei Fällen, wie hoch die Dividendenzahlungen an ihn bei der nächsten Ausschüttung sein werden.

(a) Dividendenberechtigung

Durch Umformung der Bewertungsgleichung für Bezugsrechte ergibt sich

$$s = \frac{c_0 \cdot \left(\frac{N}{n} + 1\right) + X + Div - S_0^{cumB}}{Div}$$
$$= \frac{10 \cdot \left(\frac{100.000}{50.000} + 1\right) + 200 + 12,5 - 240}{12,5}$$
$$= 0,20.$$

Die jungen Aktien sind somit im Jahr der Emission zu 20 % dividendenberechtigt.

(b) Vermögenspositionen

Die rechnerischen Aktienkurse am exB–Tag betragen

$$S_0^{exB,alt} = \frac{100.000 \cdot 240 + 50.000 \cdot [200 + (1 - 0,20) \cdot 12,5]}{100.000 + 50.000}$$
$$= 230,-$$
$$S_0^{exB,jung} = 230 - (1 - 0,20) \cdot 12,5$$
$$= 220,-$$

Unmittelbar vor seinen Transaktionen besteht Peters Vermögen somit aus 1.000 Altaktien (mit einem exB–Kurs von 230,-) und ebensovielen Bezugsrechten (mit einem Kurs von 10,-), sowie Barmittel. Sein Gesamtvermögen beträgt daher

	1.000 Altaktien à 230,-	= 230.000	
+	1.000 Bezugsrechte à 10,-	= 10.000	
=	Wertpapiervermögen		240.000
+	Barvermögen		+200.000
=	Gesamtvermögen		440.000

(b1) Ausübung aller Bezugsrechte
Bei einem Bezugsverhältnis von $BV = \frac{100.000}{50.000} = 2$ kann Peter insgesamt 500 junge Aktien beziehen. Sein Vermögen setzt sich dann wie folgt zusammen:

	1.000 Altaktien à 230	= 230.000	
+	0 Bezugsrechte (weil ausgeübt)	= 0	
+	500 junge Aktien à 220	= 110.000	
=	Aktienvermögen (+100.000)		340.000
	Anfangsbarvermögen	= 200.000	
−	Zahlungen für 500 junge Aktien von je X	= −100.000	
=	Barvermögen (−100.000)		+100.000
	Gesamtvermögen (±0)		440.000

(b2) Verkauf aller Bezugsrechte
Werden alle Bezugsrechte verkauft, dann setzt sich Peters Vermögen folgendermaßen zusammen:

1.000 Altaktien à 230	=	230.000	
+ 0 Bezugsrechte (weil verkauft)	=	0	
+ 0 junge Aktien	=	0	
= Aktienvermögen (−10.000)			230.000
Anfangsbarvermögen	=	200.000	
+ Einzahlungen aus Bezugsrechtsverkäufen	=	+10.000	
= Barvermögen (+10.000)			+210.000
Gesamtvermögen (±0)			440.000

(b3) Opération blanche

Bezeichnet man mit y die Anzahl der jungen Aktien und mit z die Anzahl der zu verkaufenden Bezugsrechte, so müssen die Einzahlungen aus dem Verkauf der Bezugsrechte, $c_0 \cdot z$, mindestens die Auszahlungen für den Kauf der jungen Aktien, $X \cdot y$, decken. Der Investor würde dies bei einem Kauf von exakt

$$y \le \frac{1.000 - 909,\overset{\cdot}{0}\overset{\cdot}{9}}{2}$$

$$y \le 45,\overset{\cdot}{4}\overset{\cdot}{5}$$

jungen Aktien erreichen. Aufgrund der Ganzzahligkeitsbedingung wird er sich aber für $y = 45$ entscheiden und die restlichen $z = 100 - BV \cdot y = 910$ Bezugsrechte verkaufen. Unmittelbar nach dieser Opération blanche wird sein Vermögen folgende Struktur aufweisen:

1.000 Altaktien à 230	=	230.000	
+ 0 Bezugsrechte (weil aufgebraucht)	=	0	
+ 45 junge Aktien	=	9.900	
= Aktienvermögen (−100)			239.900
Anfangsbarvermögen	=	200.000	
+ Einzahlungen aus Bezugsrechtsverkäufen	=	+9.100	
− Auszahlungen für junge Aktien	=	−9.000	
= Barvermögen (+100)			+200.100
Gesamtvermögen (±0)			440.000

Dividendenzahlungen

Je Altaktie werden 12,50, je junger Aktien $12,50 \cdot s = 2,50$ ausgeschüttet. Je nach Verhalten des Investors ergeben sich daher folgende Dividendenzahlungen:

	(b1)	(b2)	(b3)
Anzahl Jungaktien	500	0	45
Dividende von den Jungaktien	1.250,−	0,−	112,50
Dividende von den 1.000 Altaktien	12.500,−	12.500,−	12.500,−
gesamt	13.750,−	12.500,−	12.612,50

Die unterschiedlichen Dividendenzahlung bedeuten aber keine Vermögensnachteile für die Investoren, da die Kurse der Aktien entsprechend der ausgeschütteten Dividende sinken werden — Änderungen im Barvermögen werden daher mit jenen im Aktienvermögen ausgeglichen, und das Gesamtvermögen bleibt wiederum unbeeinträchtigt.

Aufgabe 6.9

Am 2. November 1995 veröffentlichte die Austria Mikro Systeme International AMS in einer Presseinformation über eine ordentliche Kapitalerhöhung u.a. folgendes:

AMS hat am 11. Juli 1995 52 % der South African Micro-Electronic Systems (PTY.) Ltd. (SAMES) und am 18. Oktober 1995 51,25 % der Thesys Gesellschaft für Mikroelektronik erworben.

Die Finanzierung beider Beteiligungen sowie des weiteren Ausbaus am AMS–Firmenstandort in Unterpremstätten — insbesondere Schlüsselinvestitionen für Maschinen und Infrastruktur — wird durch die teilweise Verwendung der Kapitalerhöhung im Ausmaß von Nominale 50 Mio. öS erfolgen. Der verbleibende Teil wird zur Finanzierung des weiteren Wachstums von AMS zur Verfügung stehen.

Kaufbedingungen für die AMS–Aktien im Zuge der Kapitalerhöhung:

Angebotenes Volumen / Stückelung:	*500.000 junge, auf den Inhaber lautende Stammaktien à Nom. S 100,–*
Dividendenberechtigung:	*ab 1. Jänner 1995*
Bezugsfrist:	*6. bis 20. November 1995*
Bezugsrechtshandel:	*13. bis 15. November*
Bezugsverhältnis:	*5:1, fünf alte Aktien à Nom. S 100,– berechtigen zum Bezug einer jungen Aktien*
Bezugspreis:	*öS 1.540,– je Aktie à Nom. S 100,–*
Steuerbegünstigung:	*Der Antrag auf Bescheinigung der Begünstigungsfähigkeit der jungen Aktien im Sinne des § 18 EstG an das Bundesministerium für Finanzen wurde gestellt.*
Kassatag:	*20. November 1995*
Börseneinführung:	*Die Börseneinführung ist für den 23. November 1995 vorgesehen.*
Wertpapier–Kenn–Nr.:	
a) der jungen Aktien	*092 085*
b) der Bezugsrechte	*092 089*
Zum Bezug laden ein:	*Die Creditanstalt–Bankverein sowie alle österreichischen Banken*

Die Kassakurse der AMS Stammaktien im November 1995 betrugen

Woche	Mo	Di	Mi	Do	Fr
44				1.820	1.790
45	6. Nov. 1.760 exBR	1.775	1.795	1.800	1.830
46	13. Nov. 1.835	1.810	1.790	1.775	1.780
47	20. Nov. 1.765	1.770	1.765	1.750	1.715
48	27. Nov. 1.660	1.651	1.695	1.780	

Die erwartete Dividende je Aktie beträgt 10,–, und das Wirtschaftsjahr der AMS ist identisch mit dem Kalenderjahr.

(a) Wie groß ist das Grundkapital der Stammaktien von AMS vor und nach der Kapitalerhöhung?

(b) Bestimmen Sie den rechnerischen Wert des Bezugsrechts am Ex–Bezugsrechtstag.

(c) Bestimmen Sie den rechnerischen Kurs der Altaktie am Ex–Bezugsrechtstag.

(d) Eine Investorin besitzt 5.000 Altaktien der AMS und möchte damit so viele junge Aktien wie möglich beziehen. Dabei sollen jedoch die zu bezahlenden Bezugspreise zur Gänze aus dem Verkauf eines Teils der Bezugsrechte aufgebracht werden.
Wie viele Bezugsrechte muß die Investorin am 13. November veräußern und wie viele junge Aktien kann sie beziehen, falls das Bezugsrecht an diesem Tag mit 53,– notiert?
Berechnen Sie den Wert des Vermögens der Investorin am 13. November vor und nach dieser Opération blanche.

(a) Höhe des Grundkapitals

Da es 500.000 junge Aktien gibt und das Bezugsverhältnis 5:1 beträgt, müssen 2.500.000 Altaktien notieren. Das gesamte Grundkapital ergibt sich daher aus

$$GK = \underbrace{500.000 \cdot 100}_{=GK^{jung}} + \underbrace{2.500.000 \cdot 100}_{=GK^{alt}}$$

$$= 50.000.000 + 250.000.000$$

$$= 300.000.000$$

(b) und (c) Rechnerische Werte von Altaktie und Bezugsrecht

$$S_0^{exB,alt} = \frac{2.500.000 \cdot 1.790 + 500.000 \cdot (1.540 + (1-1) \cdot 10)}{3.000.000}$$

$$= 1.748,33$$

$$c_0 = 1.790 - 1.748,33$$

$$= 41,67$$

Da die jungen Aktien keinen Dividendennachteil aufweisen, werden sie immer den gleichen Kurs wie die Altaktien haben.

Anmerkung: c_0 kann hier nicht aus der Differenz zwischen dem zuletzt notierten cumB–Kurs und dem angegebenen exB–Kurs ermittelt werden, da diese beiden Werte Schlußkurse sind. Der Kursunterschied beinhaltet daher neben dem Bezugsrechtsabschlag auch zusätzliche Kursschwankungen, die während des Handels am Montag aufgetreten sind.

(d) Vermögen am 13.11.1995

Vor der Opération blanche haben die 5.000 Altaktien (exB) à 1.835,– und die 5.000 Bezugsrechte à 53,– einen Gesamtwert von

$$9.175.000 + 265.000 = 9.440.000, -.$$

Bezeichnet man mit z die Anzahl der verkauften Bezugsrechte und mit y die Anzahl der gekauften jungen Aktien, dann gilt

$$z \cdot c_0 \geq y \cdot X$$
$$z + y \cdot BV = 5.000$$
$$\Rightarrow \quad 53 \cdot (5.000 - y \cdot 5) \geq y \cdot 1.540$$
$$y \leq 146,8$$

Es werden daher 146 junge Aktien gekauft (Auszahlungen: $146 \cdot 1.540 = 224.840$), wozu 730 Bezugsrechte ausgeübt werden. Die restlichen 4.270 Bezugsrechte werden verkauft, um die jungen Aktien zu finanzieren (Einzahlungen: $4.270 \cdot 53 = 226.310$). Die Investorin hat daher ein Barvermögen von $226.310 - 224.840 = 1.470, -$.

Nach der Opération blanche beträgt das Gesamtvermögen (bestehend aus 5.000 Altaktien und 146 jungen Aktien à 1.835 sowie aus dem Barvermögen)

$$5.146 \cdot 1.835 + 1.470 = 9.444.380, -.$$

Anhang: Formelsammlung für die Diplomprüfung aus Grundzüge der Betriebwirtschaftslehre

A. Kapitalwerte

- **mit expliziter Berücksichtigung von Steuern:**

    - <u>Bruttomethode</u>:
        * mit nominellen Werten:

$$K_0 = -A_0 + \sum_{t=1}^{T} \frac{OCF_t^{\text{nom}}}{\left(1 + k_G^{\text{nom,nachSt}}\right)^t} + \frac{R_T^{\text{nom}} - s \cdot \left(R_T^{\text{nom}} - BW_T\right)}{\left(1 + k_G^{\text{nom,nachSt}}\right)^T}$$

    mit

$$OCF_t^{\text{nom}} = C_t^{\text{nom}} - s \cdot \left(C_t^{\text{nom}} - AfA_t\right)$$

        * mit realen Werten:

$$K_0 = -A_0 + \sum_{t=1}^{T} \frac{OCF_t^{\text{real}}}{\left(1 + k_G^{\text{real,nachSt}}\right)^t} + \frac{R_T^{\text{real}} - s \cdot \left[R_T^{\text{real}} - \frac{BW_T}{(1+\pi)^T}\right]}{\left(1 + k_G^{\text{real,nachSt}}\right)^T}$$

    mit

$$OCF_t^{\text{real}} = C_t^{\text{real}} - s \cdot \left[C_t^{\text{real}} - \frac{AfA_t}{(1+\pi)^t}\right]$$

    - <u>Nettomethode</u>:
        * mit nominellen Werten:

$$K_0 = -A_0 + Y_0 + \sum_{t=1}^{T} \frac{NCF_t^{\text{nom}} - Y_t}{\left(1 + k_E^{\text{nom,nachSt}}\right)^t} + \frac{R_T^{\text{nom}} - s \cdot \left(R_T^{\text{nom}} - BW_T\right)}{\left(1 + k_E^{\text{nom,nachSt}}\right)^T}$$

    mit

$$NCF_t^{\text{nom}} = C_t^{\text{nom}} - Z_t - s \cdot \left(C_t^{\text{nom}} - AfA_t - Z_t'\right)$$

        * mit realen Werten:
        weder in der Literatur noch in der Praxis üblich.

- **mit impliziter Berücksichtigung von Steuern:**

    - <u>Bruttomethode</u>:
        * mit nominellen Werten:

$$K_0 = -A_0 + \sum_{t=1}^{T} \frac{C_t^{\text{nom}}}{\left(1 + k_G^{\text{nom,vorSt}}\right)^t} + \frac{R_T^{\text{nom}}}{\left(1 + k_G^{\text{nom,vorSt}}\right)^T}$$

        * mit realen Werten:

$$K_0 = -A_0 + \sum_{t=1}^{T} \frac{C_t^{\text{real}}}{\left(1 + k_G^{\text{real,vorSt}}\right)^t} + \frac{R_T^{\text{real}}}{\left(1 + k_G^{\text{real,vorSt}}\right)^T}$$

- <u>Nettomethode</u>:

* mit nominellen Werten:

$$K_0 \;=\; -A_0 + Y_0 + \sum_{t=1}^{T} \frac{C_t^{nom} - Z_t - Y_t}{\left(1 + k_E^{nom,vorSt}\right)^t} + \frac{R_T^{nom}}{\left(1 + k_E^{nom,vorSt}\right)^T}$$

* mit realen Werten:
weder in der Literatur noch in der Praxis üblich.

B. Kettenkapitalwert

$$KK_0 \;=\; \begin{cases} K_0 \cdot \dfrac{(1+k)^{(m+1)\cdot T}-1}{(1+k)^{m\cdot T}\cdot\left((1+k)^T-1\right)} & \text{Bei } m\text{-maliger identischer} \\[2mm] & \text{Reinvestition} \\[4mm] K_0 \cdot \dfrac{1}{1-\left(\frac{1}{1+k}\right)^T} & \text{Bei unendlicher} \\ & \text{identischer Reinvestition} \end{cases}$$

C. Kapitalwert bei laufenden Zahlungen mit konstanter Wachstumsrate π

Für $C_t \;=\; C_1 \cdot (1+\pi)^{t-1}$ für $t = 1, \dots, T$
mit
$C_1 \dots$ nomineller laufender Cash Flow am Ende der ersten Periode

$$K_0 \;=\; \begin{cases} -A_0 + C_1 \cdot \dfrac{\left(\frac{1+\pi}{1+k}\right)^T - 1}{(k-\pi)\left(\frac{1+\pi}{1+k}\right)^T} + \dfrac{R_T}{(1+k)^T} & \text{für endliche Laufzeit und } k \neq \pi \\[4mm] -A_0 + C_1 \cdot \dfrac{1}{k-\pi} & \text{für } T \to \infty \text{ und } k > \pi \end{cases}$$

D. Zinssätze

• gegeben: $k_E^{nom,nachSt}$, $i^{nom,vorSt}$

gesucht:

$$k_G^{nom,nachSt} \;=\; (1-v_0) \cdot k_E^{nom,nachSt} + v_0 \cdot (1-s) \cdot i^{nom,vorSt}$$

$$k_G^{nom,vorSt} \;\approx\; \frac{k_G^{nom,nachSt}}{1-s}$$

$$k_G^{real,nachSt} \;=\; \frac{1 + k_G^{nom,nachSt}}{1+\pi} - 1$$

$$k_G^{real,vorSt} \;=\; \frac{1 + k_G^{nom,vorSt}}{1+\pi} - 1$$

$$k_E^{nom,vorSt} \;\approx\; \frac{k_E^{nom,nachSt}}{1-s}$$

$$k_E^{real,nachSt} \;=\; \frac{1 + k_E^{nom,nachSt}}{1+\pi} - 1$$

$$k_E^{real,vorSt} \;=\; \frac{1 + k_E^{nom,vorSt}}{1+\pi} - 1$$

- realer Zinssatz vor und nach Steuern:

$$k^{\text{real,vorSt}} \approx \frac{k^{\text{real,nachSt}}}{1-s} + \frac{s \cdot \pi}{(1-s) \cdot (1+\pi)}$$

- approximative Effektivverzinsung (vor Steuern):

$$i_{\text{proxy}} = \frac{i_{\text{nom}} + \frac{a+d}{MLZ}}{1-d}$$

mit

$$MLZ = \frac{TJ+1}{2} + FJ$$

- konformer Zinssatz:

$$k^{\bullet} = (1+k_m)^m - 1$$

mit dem relativen Zinssatz

$$k_m = \frac{k}{m}$$

- vorschüssiger und nachschüssiger Zinssatz:

$$k^{\text{vor}} = \frac{k^{\text{nach}}}{1 + k^{\text{nach}}}$$

E. Rentenrechnung

- konstante Renten $(C_t = C_{t-1})$

	vorschüssig	nachschüssig
K_T	$C \cdot (1+i) \cdot \frac{(1+i)^T - 1}{i}$	$C \cdot \frac{(1+i)^T - 1}{i}$
K_0	$C \cdot (1+i) \cdot \frac{(1+i)^T - 1}{i \cdot (1+i)^T}$	$C \cdot \underbrace{\frac{(1+i)^T - 1}{i \cdot (1+i)^T}}_{=RBF_{T,i}}$
C	$K_0 \cdot \frac{i \cdot (1+i)^{T-1}}{(1+i)^T - 1}$	$K_0 \cdot \underbrace{\frac{i \cdot (1+i)^T}{(1+i)^T - 1}}_{=AF_{T,i}}$

$$RBF_{T,i} = \frac{1}{i} \quad \text{für } T \to \infty$$

- arithmetisch wachsende Renten $(C_t = C_{t-1} + d)$

	vorschüssig	nachschüssig
K_T	$\left(C + \frac{d}{i}\right) \cdot (1+i) \cdot \frac{(1+i)^T - 1}{i} - \frac{d \cdot T \cdot (1+i)}{i}$	$\left(C + \frac{d}{i}\right) \cdot \frac{(1+i)^T - 1}{i} - \frac{d \cdot T}{i}$
K_0	$\left(C + \frac{d}{i}\right) \cdot \left(\frac{(1+i)^T - 1}{i \cdot (1+i)^{T-1}}\right) - \frac{d \cdot T}{i \cdot (1+i)^{T-1}}$	$\left(C + \frac{d}{i}\right) \cdot \left(\frac{(1+i)^T - 1}{i \cdot (1+i)^T}\right) - \frac{d \cdot T}{i \cdot (1+i)^T}$
C	$K_0 \cdot \frac{i \cdot (1+i)^{T-1}}{(1+i)^T - 1} + \frac{d \cdot T}{(1+i)^T - 1} - \frac{d}{i}$	$K_0 \cdot \frac{i \cdot (1+i)^T}{(1+i)^T - 1} + \frac{d \cdot T}{(1+i)^T - 1} - \frac{d}{i}$

- geometrisch veränderliche Renten $(C_t = g \cdot C_{t-1})$

	vorschüssig	nachschüssig
K_T	$C \cdot (1+i) \cdot g^T \cdot \frac{\left(\frac{1+i}{g}\right)^T - 1}{1+i-g}$ für $g \neq 1+i$ $C \cdot T \cdot (1+i)^T$ für $g = 1+i$	$C \cdot g^T \cdot \frac{\left(\frac{1+i}{g}\right)^T - 1}{1+i-g}$ für $g \neq 1+i$ $C \cdot T \cdot (1+i)^{T-1}$ für $g = 1+i$
K_0	$C \cdot (1+i) \cdot \frac{\left(\frac{1+i}{g}\right)^T - 1}{(1+i-g) \cdot \left(\frac{1+i}{g}\right)^T}$ für $g \neq 1+i$ $C \cdot T$ für $g = 1+i$	$C \cdot \frac{\left(\frac{1+i}{g}\right)^T - 1}{(1+i-g) \cdot \left(\frac{1+i}{g}\right)^T}$ für $g \neq 1+i$ $\left(\frac{C}{1+i}\right) \cdot T$ für $g = 1+i$
C	$\frac{K_0}{1+i} \cdot \frac{(1+i-g) \cdot \left(\frac{1+i}{g}\right)^T}{\left(\frac{1+i}{g}\right)^T - 1}$ für $g \neq 1+i$ $\frac{K_0}{T}$ für $g = 1+i$	$K_0 \cdot \frac{(1+i-g) \cdot \left(\frac{1+i}{g}\right)^T}{\left(\frac{1+i}{g}\right)^T - 1}$ für $g \neq 1+i$ $K_0 \cdot \frac{1+i}{T}$ für $g = 1+i$

F. Bezugsrechte

- rechnerischer exB–Kurs der Altaktie:

$$S_0^{exB} = \frac{N \cdot S_0^{cumB} + n \cdot [X + (1-s) \cdot Div]}{N + n}$$

- rechnerischer Wert des Bezugsrechtes:

$$c_0 = \frac{S_0^{cumB} - [X + (1-s) \cdot Div]}{\frac{N}{n} + 1}$$

G. Reihen

- arithmetische Reihe:

$$\sum_{j=1}^{n} j = n \cdot \frac{n+1}{2}$$

- geometrische Reihe:

$$\sum_{t=0}^{T} q^t = \frac{q^{T+1} - 1}{q - 1}$$

$$\sum_{t=1}^{T} q^t = q \cdot \frac{q^T - 1}{q - 1}$$

Parameterliste

a Rückzahlungsagio in %

A_0 Anschaffungsauszahlungen zu $t = 0$

AfA_t steuerliche Abschreibung im t-ten Jahr der Nutzung

BW_T Buchwert am Ende der Nutzung

C bei Rentenrechnung: Höhe der ersten Rentenzahlung

C_t erwarteter zusätzlicher nomineller Cash Flow vor Zinsen und vor Steuern im t-ten Jahr der Nutzung

d bei Krediten: Auszahlungsdisagio in %
bei Renten: Änderung bei arithmetisch veränderlichen Renten

Div Dividendenzahlung je Altaktie

FJ Anzahl der Freijahre

g Wachstumsfaktor bei geometrisch veränderlichen Renten

i_{nom} nomineller Zinssatz

i Effektivverzinsung (vor Steuern) des Kredits

i_{proxy} approximative Effektivverzinsung (vor Steuern) eines Kredits mit Raten- oder gesamtfälliger Tilgung

k_E Kapitalkostensatz der Anteilseigner nach Steuern

k_E^{vorSt} Kapitalkostensatz der Anteilseigner vor Steuern

k_G gewichteter durchschnittlicher Kapitalkostensatz nach Steuern

k_G^{vorSt} gewichteter durchschnittlicher Kapitalkostensatz vor Steuern

K_0 Kapitalwert zu $t = 0$

KK_0 Kettenkapitalwert zu $t = 0$

MLZ mittlere Laufzeit

m Zinsperioden pro Jahr

n Anzahl der jungen Aktien

N Anzahl der Altaktien

NCF_t Net Cash Flow im t-ten Jahr der Nutzung

OCF_t Operating Cash Flow im t-ten Jahr der Nutzung

S_0^{cumB} Kurs der Altaktie mit Bezugsrecht

s bei Kapitalwert: Gewinnsteuersatz
bei Bezugsrecht: prozentuelle Dividendenberechtigung der jungen Aktien im Emissionsjahr

t Zeitindex

T bei Investitionsrechnung: Nutzungsdauer
bei Rentenrechnung: Anzahl der Perioden

TJ Anzahl der Tilgungsjahre

v_0 Verschuldungsgrad zu Marktwerten zum Zeitpunkt $t = 0$

X Bezugskurs

Y_0 Kreditauszahlungsbetrag zu $t = 0$

Y_t Tilgungszahlungen zu t für $t > 0$

Z_t Zinszahlungen zu t

Z_t' steuerlich absetzbare Kreditkosten
(= Zinsen + Anteil am Auszahlungsdisagio und Rückzahlungsagio)

Literaturverzeichnis

Brealey, R.A. und S.C. Myers, *Principles of Corporate Finance*, 5. Aufl., New York et al. 1996.

Drukarczyk, J., *Finanzierung*, 7. Aufl., Stuttgart 1996.

Franke, G. und H. Hax, *Finanzwirtschaft des Unternehmens und Kapitalmarkt*, 3. Aufl., Berlin et al. 1994.

Fischer, E.O., *Finanzwirtschaft für Anfänger*, 2. Aufl., München–Wien 1996.

Fischer, E.O., *Finanzwirtschaft für Anfänger*, 2. Aufl., München–Wien 1996.

Kruschwitz, L., *Finanzmathematik*, 2. Aufl., München 1995.

Kruschwitz, L., *Investitionsrechnung*, 6. Aufl., Berlin–New York 1995.

Perridon, L. und M. Steiner, *Finanzwirtschaft der Unternehmung*, 9. Aufl., München 1997.

Swoboda, P., *Investition und Finanzierung*, 5. Aufl., Göttingen 1996.